LatinX @ UW

Historias e imágenes de latinas y latinos
en la Universidad de Washington

*Stories and images of Latinos and Latinas
at the University of Washington*

Ricardo Gómez

University of Washington Information School

LatinX @ UW is published by
Latino Center for Health,
University of Washington
http://latinocenterforhealth.org/

Proceeds benefit scholarships for
LatinX students at UW

Available at Amazon.com

ISBN: 0692083162
ISBN-13: 978-0692083161

A mi hijo Tomás, B.S. Sicología, WWU 2018

To my son Tomás, B.S. Psychology, WWU 2018

Table of Contents

....

....

LatinX =

Latinas, latinos, y otras identidades no binarias

Latinas, Latinos, and other non-binary gender identities

Introducción

··

"¿Qué trabajos hacen los latinos en Estados Unidos?" me preguntó mi hijo Tomás un día, como parte de una tarea de la escuela media. Sonia Sotomayor acababa de ser nombrada en la Corte Suprema de Justicia, y yo le respondí: "Son jueces de la Corte Suprema, doctores, abogados, ingenieros, inventores, y profesores universitarios, como yo." Él no estaba muy conforme con la respuesta. "No, papá, quiero decir, jardineros, lavaplatos, niñeras, cosas así." Yo estaba muy sorprendido que aún en su escuela, una escuela de inmersión en español en los suburbios de Seattle, le hicieran sentir que ésta era la respuesta "correcta." Aun cuando mis hijos son LatinX, a los 11 años mi hijo Tomás ya se sentía incómodo de decir que los latinos pueden ser algo más que el estereotipo. El aumento en el racismo y la xenofobia que vivimos hoy en los Estados Unidos parece ignorar el hecho que los inmigrantes son parte de lo que hace que los Estados Unidos sean grandiosos (make America great). Estados Unidos es un país de inmigrantes, un país en el que latinos y latinas son también jueces de la Corte Suprema, doctores, abogados, ingenieros, inventores, y profesores universitarios, como yo.

Yo soy un Profesor Asociado en la Facultad de Información de la Universidad de Washington, donde enseñamos e investigamos la intersección entre información, tecnología y sociedad. Mi trabajo de investigación se centra en cómo las tecnologías de información contribuyen a mejorar las vidas de las personas, y en entender mejor las prácticas de información de migrantes y otras comunidades marginadas. He usado fotografía participativa y entrevistas, un proceso que llamo Fotohistorias, para documentar las vidas de migrantes LatinX en la frontera entre EEUU y México, y con jornaleros y trabajadoras domésticas en Seattle. En ese trabajo he buscado humanizar y dar visibilidad a las historias ocultas, los sueños y las aspiraciones de migrantes que llaman a los Estados Unidos su hogar: migrantes marginalizados que, aunque trabajan duro, casi siempre viven en condiciones de pobreza; con frecuencia, viven en Estados Unidos indocumentados.

En 2017, el Latino Center for Health de la Universidad de Washington hizo un reconocimiento a 19 profesoras y profesores LatinX en la universidad. Los criterios para el reconocimiento eran haber sido promovido recientemente, tener una publicación o una financiación de investigación, o estar a punto de pensionarse. Al principio yo me sentí incómodo con el reconocimiento. No parecía gran cosa, ya que estos criterios son parte de la vida cotidiana de cualquier miembro de la facultad. Sin embargo, mis estudiantes LatinX estaban encantadas. Me mostraron la importancia de tener profesores y profesoras LatinX reconocidas públicamente, y cómo este reconocimiento sirve como modelo para otros LatinX en la universidad, para otros LatinX que aspiran a un día llegar a la universidad,

Introduction

· ·

"What jobs do Latinos in the U.S. do?" asked my son Tomás one day as part of a middle school homework assignment. Sonia Sotomayor had just been appointed to the US Supreme Court so I said: "Supreme Court justices, doctors, lawyers, engineers, inventors and university professors, like me." He was not comfortable with this response. "No, dad, I mean, like gardeners, dishwashers and nannies, that kind of thing." I was puzzled that even his school, a Spanish immersion school in suburban Seattle, made him feel this was the "right" answer. Even though my kids are LatinX themselves, at 11 my son Tomás already felt uncomfortable saying Latinos could be more than the stereotype. The heightened racism and xenophobia we are living in the US today seems to ignore the fact that immigrants are part of what make America great. The US is a country of immigrants, a country where Latinos and Latinas are in fact also Supreme Court justices, doctors, lawyers, engineers, inventors and university professors, like me.

I am an Associate Professor at the Information School of the University of Washington, where we teach and conduct research on the intersection between information, technology and people. My research focuses on how information technologies contribute to improving people's lives, and on understanding the information practices of migrants and other marginalized communities. I have used participatory photography and interviews, a process I call Fotohistorias, to document the lives of LatinX migrants at the US-Mexico border and day laborers in Seattle. In that work, I wanted to humanize and make visible the hidden stories, dreams and aspirations of marginalized, hardworking, poor, and frequently undocumented migrants who call the US home.

In 2017, the Latino Center for Health at the University of Washington recognized 19 Latina and Latino faculty at the university. The criteria for recognition was to have a recent promotion, publication, grant, or retirement. At first, I felt uncomfortable with the award. It did not feel like a very high bar, since these criteria are all part of the common practice of any faculty. However, my LatinX students were thrilled. They showed me the importance of having LatinX faculty recognized, and how this recognition serves as a model for other LatinX students, staff, aspiring students, and the LatinX community as a whole. At the recognition event, mine was one of the 19 photos and snippets of accomplishments that flashed briefly on the screen as we all walked up to shake the hand of the president of the university, herself a Latina. I realized that each of these was also a sample of the LatinX stories I needed to humanize and make visible in photos and stories, just as much as the stories and photos of the marginalized and undocumented Latinos of my previous work. This book is the result of that project.

During the summer of 2017, I interviewed 30 LatinX faculty, staff and students at UW. I asked them to bring a few photos or objects that reminded them of their place of origin, of how they (or their ancestors) got here, and of their current life. I used selection criteria for success that was similar to the criteria used by the Latino Center for Health for the recognition event: promotion, publication, grant, retirement, graduation, admission, award. I invited participants

Introducción

· · · · · · · · · · · · · · · · · ·

y para la comunidad LatinX en su conjunto. En el envento del reconocimiento en Mayo del 2017, la mía era una de las 19 fotos y brevísimas reseñas de logros que pasaban por la pantalla mientras cada uno de nosotros pasábamos a dar la mano a la presidenta de la universidad, latina ella también. Me di cuenta que ésta era una muestra de las historias de LatinX que yo necesitaba también humanizar y hacer visibles en fotos y en historias, igual que las historias y fotos de LatinX marginalizados e indocumentados de mi trabajo anterior. Este libro es el resultado de ese proyecto.

Durante el verano de 2017 entrevisté a 30 LatinX en la Universidad de Washington en cargos administrativos, profesoras y profesores, o estudiantes de pregrado o postgrado. A cada participante le pedía que trajera algunos objetos o fotos que le recordaran su lugar de origen, cómo llegaron aquí (ellas/ellos o sus ancestros), y su vida actual. Usé criterios de selección basados en éxito (genérico), similares a los del reconocimiento del Latino Center for Health: promoción, publicación, subvención, graduación, pensión, admisión, premio, etc. Invité a cada participante a una conversación individual, comenzando por los 19 del reconocimiento mencionado, y luego ampliando la red como bola de nieve de boca en boca y a través de listas de correo. Entrevisté a cada uno/una en el idioma de su preferencia, y luego transcribí y codifiqué todas las entrevistas utilizando un programa informático de codificación cualitativa. Incluyo aquí fragmentos seleccionados, con el idioma original en letra más grande, y su traducción en letra más pequeña. Condensé y edité los fragmentos para mayor claridad y brevedad. Reuní una muestra diversa de antecedentes, edades, especialidades, y roles en UW, y más personas querían participar, pero no pudimos cuadrar todas las entrevistas que quisimos. Estoy seguro que habrían contribuido riqueza y detalles adicionales a este tapiz de imágenes e historias.

Agradezco a todos y todas las que participaron en este proyecto, a Anggie por su ayuda con algunas entrevistas adicionales incluyendo entrevistarme a mí, y a estudiantes y colaboradores que ayudaron a transcribir (Juan Camilo, Juanita), traducir (Juan Camilo, Yvette) y codificar (María) las entrevistas para el análisis, y a Marie por el diseño gráfico. No creo que esta muestra sea representativa de la riqueza y diversidad de las vidas y sueños latinos. Sin embargo, espero que estas historias ayuden a humanizar y hacer visible el universo rico y vibrante de vida, experiencias y aspiraciones de LatinX en UW, y nuestra contribución a la sociedad americana más allá de los estereotipos que mis hijos encontraban tan difíciles de enfrentar cuando eran más chicos. Ésta es parte de mi herencia para ellos.

Introduction

•••••••••••••••••••••

individually, starting with the 19 original awardees at the LCH event, then found additional participants through mailing lists and word of mouth. I interviewed each person in his or her language of choice, then transcribed and coded all the interviews using qualitative analysis software. I include here selected fragments, with the original language in larger font and the translation in a smaller font. I condensed and edited the texts for clarity and brevity. I collected a diverse sample of backgrounds, ages, specialties and roles at UW. More people wanted to participate than we could schedule to interview. I am sure they would have contributed additional richness and details to this tapestry of images and stories.

I am thankful to all who participated in this project: to Anggie for her help doing a few additional interviews, including interviewing me, to students and collaborators who helped transcribe (Juan Camilo, Juanita), translate (Juan Camilo, Yvette) and code (Maria) the interviews for analysis, proofread (Ellen) and prepare the graphic design (Marie). I do not claim this collection of stories to be representative of the diverse LatinX lives and dreams. Nonetheless, I do hope these stories help humanize and render visible the rich and vibrant universe of life, experiences and aspirations of LatinX at UW, and of our contribution to the U.S. beyond the stereotypes my own kids were having a hard time overcoming when they were younger. This is part of my legacy to them.

Fieldwork - Trabajo de Campo
Ricardo Gomez, Chiapas, 2018

Entrevistas condensadas y editadas para mayor brevedad y claridad.
Idioma original en letra más grande; Inglés en itálicas.

• •

Interviews were condensed and edited for clarity and brevity.
Original language in larger font; English in italics.

Guía de Lectura
Guidance to the reader

••

Este libro es muchos libros. En homenaje a *Rayuela*, de Julio Cortázar, sugiero dos caminos de lectura. El primero es lineal, comenzando en la página uno y siguiendo en orden hasta la última página. El segundo camino salta de aquí para allá siguiendo mis propias sensaciones y asociaciones a medida que compongo este tapiz de historias y de imágenes. Como en Rayuela, comienzo en la número 73, y sigo el camino enumerado arriba. Para facilitar el recorrido, indico al final de cada historia el número de la que recomiendo leer en seguida.

This book is many books, and it can be read in many orders. In homage to Hopscotch by Julio Cortázar, I suggest two paths for reading. The first one is linear, starting on page one and continuing all the way to the last page. The second one jumps around in a way that resonates with my feelings as I compose this tapestry of images and stories. As in Hopscotch, I start with story number 73, and follow the path indicated below. To make it easy, I note at the end of each story the number that you can read next.

Si prefiere (o si le urge), puede también desatender estos caminos propuestos y crear su propio tapiz con las historias que he recogido para usted.

If you prefer (or if you must), you can also disregard these proposed paths and create your own tapestry with the stories I collected for you.

••

73 - 1 - 2 - 116 - 8 - 95 - 48 - 93 - 68 - 59 - 29 - 81 - 57 - 67 - 117 - 125 - 76 - 41 - 102 - 61 - 98 - 115 - 122 - 11 - 3 - 13 - 82 - 64 - 120 - 108 - 43 - 35 - 89 - 77 - 25 - 58 - 26 - 71 - 75 - 7 - 14 - 91 - 20 - 21 - 72 - 96 - 118 - 97 - 94 - 109 - 101 - 113 - 10 - 44 - 27 - 53 - 42 - 52 - 63 - 60 - 66 - 110 - 65 - 86 - 90 - 5 - 92 - 103 - 55 - 24 - 69 - 54 - 56 - 87 - 62 - 74 - 121 - 124 - 114 - 84 - 45 - 46 -31 - 39 9 - 104 - 32 - 23 - 4 - 78 - 88 - 99 - 15 - 36 - 18 - 6 - 22 - 28 - 38 - 83 - 107 - 123 - 51 - 33 - 12 - 30 - 70 - 111 - 79 - 50 - 80 - 47 - 19 - 34 - 105 - 112 - 16 - 106 - 49 - 17 - 40 -85 - 100 - 119 - 37.

Laberinto con muro y mapa
Labyrinth with wall and map
Ricardo Gomez, Exhibition "Internalized Borders"
Shiva Gallery, John Jay College of Criminal Justice,
New York, NY. Feb-Apr 2018

1. De dónde venimos

....

Cuando alguien me pregunta "de dónde eres," la respuesta suele ser complicada. ¿Dónde nací? ¿Dónde crecí? ¿Dónde están mis ancestros? ¿Dónde vivo actualmente? La respuesta es diferente si pienso en geografía, en cultura, en historia, en identidad… Nací en Canadá por azar, crecí en Colombia porque allí estaba mi familia, y he vivido en varios países porque he sido andariego. Sin embargo, mi identidad es latina, no importa lo que diga mi pasaporte o mi dirección. Me doy cuenta que para casi todos mis entrevistados, la pregunta "de dónde eres" tiene también connotaciones muy distintas. Algunas fueron traídas de niñas, otros decidieron venir siendo adultos, y otros más nacieron aquí de padres o abuelas que habían migrado antes.

Al invitar participantes a este proyecto, les pedí que trajeran a la entrevista una foto o un objeto que les recordara de su lugar de origen (además, algo sobre el camino o el tránsito para llegar aquí, y también algo sobre su momento actual). Varias personas mencionaron que parte de la dificultad de ser migrante es que no tienen muchos objetos o fotos del lugar de origen. Varios me mostraron y me contaron historias sobre fotos arrugadas y de colores lavados por el tiempo; otras me trajeron pequeños objetos y talismanes; otros más me describieron sin fotos sus recuerdos o las historias oídas de sus abuelas. La colección de objetos materiales parece ser más limitada entre quienes han migrado que quienes no, y esto hace que los pocos objetos o fotos que se tienen son aún más preciados, más valiosos como símbolo de los orígenes.

Además de tener una colección reducida de objetos materiales, la mayoría de los participantes en las entrevistas expresaron versiones complejas y multifacéticas sobre su lugar de origen. Aunque "de dónde eres?" sea una pregunta aparentemente sencilla, ésta despierta relatos sobre imágenes, recuerdos y sensaciones profundas y variadas relacionadas con las abuelas, los pueblos, la música, la familia, las comidas y los recuerdos, aunque el lugar de nacimiento o donde transcurrió la infancia sea a veces diferente al que se siente como "de origen". El lugar de dónde venimos es un asunto complejo, con muchas capas, con muchos significados, y puede ser más un lugar imaginado que un lugar vivido.

Estos relatos hablan de los lugares de origen de algunos de los miembros de la comunidad LatinX de UW.

1. Where do we come from?

....

When someone asks me "where are you from?" I tend to have a complex answer. Where was I born? Where did I grow up? Where are my ancestors? Where do I live now? The answer is different if I think of geography, culture, history, identity. I was born in Canada by chance, I grew up in Colombia because that is where my family lived, and I have lived in different countries because I've been restless. Nonetheless, my identity is Latino, regardless of what my address or my passport say. I realize that for most of the interviewees in this project the question "where are you from" also has different meanings. Some were brought here as children, others decided to come as adults, and still others were born here after their parents or grandparents had immigrated.

When I invited participants to this project, I asked them to bring to the interview a picture or an object that reminds them of their place of origin (and also something about their path or transit to get here, and something about their current moment in life). Several mentioned that part of the difficulty of being a migrant is that they did not have many pictures or objects from their place of origin. Some showed me and told me stories of wrinkled and washed out photos; others brought me small objects and talismans; still others described their memories or stories heard from their grandparents, but they did not have pictures to go with them. The collection of material objects seems to be more limited among those who have migrated than among those who have not, and this makes those few objects or pictures even more precious, more valuable as symbols of their origins.

In addition to having a small collection of material objects, most participants in the interviews offered complex and multifaceted versions of their place of origin. Even though "where are you from" appears to be a simple question, it evokes varied and profound stories with images, memories and feelings attached to grandparents, music, food, and the village, even when the place of birth or where they spent childhood years is different from the one they identify as place of origin. The place where we come from is a complex matter, with many layers and meanings, and can be more an imagined place than a lived one.

These stories speak of the place of origin of some of the members of the LatinX community at UW.

1   *Vero*

"Documents have all the formalities to remind you of where you're from"

....

I was born in Guadalajara, Jalisco, but as a kid I was in Ensenada and from there, we moved North to California, that's kind of the transition. I don't actually have any memories of Guadalajara, but I have memories in Ensenada, I was really small at the time, and then of course I have lots of memories in California. I was thinking: what is it that reminds you where you're from? I didn't really think about that until I was 15 or 16, when we became citizens, when the officialness of where are you from becomes very evident. I was thinking of my documents. The first kind of clue was my passport, my Mexican passport, and then the Matrícula Consular that you have to get. These were the first official documents that you would get when you're going to travel. I didn't think you needed them. I thought that these were interesting. For me, when you think about where you're from, it's always this question of the formality, dónde naciste, you know? That's different from "where is home." Those are two different things for me.

I brought these because they remind me the first time I actually thought about documentation in a legal way. Before that, as an undocumented person, you just know that you don't have documents. I mean, even though you have documents, but you don't have official documents, you know? So this was the first time I really thought about where are you from, I saw it on paper. Like, oh yeah, I guess I am from there! I didn't even actually go back to Guadalajara until I was around 18. I went to Ensenada first. So that was pretty interesting to me, and it made me look for other official documents. My mom had an original of my birth certificate, and that one has all the pieces: it tells you where your mom's from, where your dad's from. It has all those formalities that remind you where you're from, but they're not necessarily the place where you find home.

2

Vero "Los documentos tienen todas las formalidades
para recordarte de dónde eres"

Nací en Guadalajara, Jalisco, pero cuando niña vivía en Ensenada y de allí nos mudamos al norte de California, esa es como la transición. Realmente no tengo recuerdos de Guadalajara, pero tengo recuerdos en Ensenada, era muy pequeña en ese entonces, y luego, obviamente, tengo muchísimos recuerdos en California. Estaba pensando: ¿qué es lo que te recuerda de dónde eres? No pensé realmente en eso hasta que cumplí 15 o 16 años cuando nos hicimos ciudadanos, cuando la oficialidad de "de dónde eres" se hace evidente. Estaba pensando en mis documentos. La primera clave fue mi pasaporte, mi pasaporte mexicano, y luego la Matrícula Consular que debes conseguir. Estos fueron los documentos oficiales que sacabas cuando ibas a viajar, nunca pensé que los necesitarías. Pensé que serían interesantes. Para mí, cuando piensas acerca de dónde eres, siempre está esta pregunta de formalidad, dónde naciste, ¿sabes? es diferente a "dónde es el hogar." Esas son dos cosas distintas para mí.

Traje esto porque me recuerda de la primera vez en que realmente pensé en la documentación de una manera legal. Antes de eso, como indocumentado, tu solo sabes que no tienes documentos. Quiero decir, aunque tienes documentos, pero no tiene documentos oficiales, ¿sabes? Así que esta fue la primera vez en que realmente pensé sobre de dónde eres, y lo vi en el papel. Como, oh si, supongo que soy de allá, de hecho, no volví a Guadalajara hasta que tenía unos 18 años. Primero fui a Ensenada, así que eso fue muy interesante para mí y me hizo buscar otros documentos oficiales. Mi mamá tenía un original de mi partida de bautismo, y esa tiene todas las partes: dice de dónde es tu mamá, de dónde es tu papá. Tiene todas esas formalidades que te recuerdan de dónde eres, pero no son necesariamente el lugar donde encuentras el hogar.

2   Tatiana

"Los aretes tienen historia"

· ·

Yo soy colombiana, nací en Bogotá, y lo que traje para mostrarte son unos aretes precolombinos. Mi abuela materna era básicamente indígena. Y siempre he tenido un afecto muy grande por las raíces de mi abuela, a quien de cierta manera debo el estar aquí.

Mi abuela materna viene del Huila, del área donde los Andes entran a Colombia. Ella nació en 1907 y tuvo una infancia difícil. Luego se casó con mi abuelo y tuvieron 3 hijas y 1 hijo. El hijo fue a la universidad, y cuando fue momento para que mi tía entrara a la universidad, mi abuelo dijo: a las muchachas no les vamos a pagar la universidad. Mi abuela dijo: mis hijas, así como mi hijo, van a la universidad. Eso hizo que mis tías y mi mamá fueran a la universidad. Tanto mi mamá como mi papá son como se dice en inglés first generation to college, y fue gracias a que mi abuela le dio equal participation a las muchachas que luego mi mamá y mi papá me apoyaron, que yo llegué aquí a ser profesora de matemáticas en la Universidad de Washington.

Estos aretes que me puse hoy para mostrarte son aretes precolombinos. Escogí estos aretes porque yo estoy muy amarrada la historia de mi abuela. Yo admiro a mi abuela por las dificultades que tuvo, de donde salió. Admiro a mi mamá porque realmente veo de donde venía, de un sitio muy difícil, y ver qué tan lejos han llegado. Uno de estos aretes fue el que usó mi marido en la solapa del saco con el que se casó, siempre han sido mis aretes de buena suerte. Como buena colombiana soy supersticiosa, y tengo un número de cosas que asocio con la buena suerte. Por ejemplo, cuando voy a dar una charla importante siempre uso aretes precolombinos, o que vienen de ind[igenas de Canadá. Por eso me puse estos aretes hoy, para esta entrevista.

Yo me gradué en matemáticas de la Universidad Nacional en Bogotá. Pero yo no pegaba en Colombia. Yo me comportaba diferente de las demás mujeres, yo nunca me maquillé y yo detestaba los tacones. Yo creo que yo nunca hice locuras, pero yo necesitaba algo de libertad. El día que yo me iba de Colombia para Stanford a hacer mi doctorado, mi hermano, que es 4 años menor que yo, me dijo: Acuérdese que tiene que hacer que esto le funcione, porque aquí no hay espacio para usted, usted aquí realmente no pega. Y pues por difícil que sea, yo el día que me fui a hacer un doctorado en matemáticas, aunque no tenía la más mínima idea de uno qué hacía con un doctorado en matemáticas, yo sabía que me había ido, que yo no iba a volver.

Tatiana   *"These earrings have a story"*

I am Colombian. I was born in Bogota, and what I brought to show you are these pre-Columbian earrings. Mi maternal grandmother was indigenous. And I always had a great appreciation for the roots, the roots of my grandmother, to whom I owe being here, in a certain way.

Mi maternal grandmother comes from Huila, where the Andes enter into Colombia. She was born in 1907 and had a difficult childhood. She then married my grandfather and they had three girls and a boy. The son went to university, and when it was time for my aunt to go to university my grandfather said: we will not pay for university for the girls. My grandmother said: my daughters, as well as my son, will go to university. This made it possible for my aunts and my mom to go to university. My mom and my dad are both what you call in English first generation in college. And it was because my grandma had given equal participation to the girls that my parents then supported me, and that is how I ended up being a math professor at University of Washington.

These earrings that I'm wearing today to show you are pre-Columbian. I chose these earrings because I am very tied to the story of my grandmother. I admire her for the difficulties she overcame, where she came from. I admire my mom because I see where she came from, from a difficult place, and to see how far she has been able to go. One of these earrings was worn as a lapel by my husband on his wedding suit, and they have always been my earrings for good luck. As a good Colombian I am superstitious, and I have several things I associate with good luck. For example, when I'm going to give an important talk I always wear pre-Columbian earrings or ones that come from Canadian First Nations. That is why I wore these earrings today, for this interview.

I graduated in mathematics from the National University in Bogota. But I did not fit well in Colombia. I behaved differently from the other women, I never wore makeup, I hated high heels. I think I never did anything crazy, but I needed some freedom. The day I left Colombia to go to Stanford to do my doctorate, my brother, who is four years younger than me, said: Remember that you have to make this work for you, because here there is no space for you, you don't really fit here. So, difficult as it sounds, the day I left to do my PhD in Mathematics, even though I had no idea what you could do with a PhD in Mathematics, I knew that I was leaving and I was not going back.

3

Antonio

"My abuela sang me songs in Spanish"

•••

This is my abuelita, my abuelito, and that's my great abuelita, his mother, my abuelita Paulina. I don't know how old they are in the picture; it is one of the only pictures I have of them. I was born here in Seattle, about five or ten miles away, in Swedish Hospital. My grandparents lived in Chicago ever since they migrated to the United States, and since I lived here in Seattle, I would only get to see them every few years. I met my abuelita maybe two or three times. I was very young; she unfortunately passed away when I was 4 years old.

I remember one time when I was 2 or 3, I think she was holding me, and singing me songs, but I don't remember exactly what or where. The songs were in Spanish. I honestly don't have any idea what, it was one of those bedtime songs my dad also sang to me, and I guess that he got them from her. I don't know how long these songs have been in our family.

13

•••

Antonio "Mi abuela me cantaba canciones en español"

Esta es mi abuelita, mi abuelito, y esa es mi bisabuelita, su mamá, mi abuelita Paulina. No sé qué edades tienen en la foto, es una de las pocas fotos que tengo de ellos. Nací aquí en Seattle, como a cinco o diez millas de aquí, en el Swedish Hospital. Mis abuelos vivieron en Chicago desde que emigraron a los Estados Unidos, y como yo vivía aquí en Seattle, solo podía verlos cada tantos años. Yo me vi con mi abuelita unas dos o tres veces, era muy joven, desafortunadamente ella murió cuando yo tenía 4 años.

Recuerdo una vez cuando tenía 2 o 3 años, creo que me estaba cargando y cantándome canciones, pero no recuerdo exactamente qué o en dónde. Las canciones eran en español, yo honestamente no tengo idea cuál, era como una de esas canciones de cuna, como las que mi papá siempre me cantaba y me imagino que se las aprendió a ella. No se por cuánto tiempo han estado estas canciones en nuestra familia.

4   Rocío

"Ni soy de aquí ni soy de allá"

....

Tengo esta almohada. La tengo desde pequeña. Mi abuela la hizo, así que me recuerda de mi casa con mi abuela. Me gusta pensar que mi hogar cambia mucho. Ni soy de aquí, ni soy de allá. A veces siento que mi hogar es aquí, y a veces siento que mi hogar es en Morelia, Michoacán, donde nací. Pero me doy cuenta que mi hogar es donde están mis seres queridos. Ahora tengo la fortuna de ir a México cada seis meses a ver a mi familia, pero cuando era indocumentada la almohada era lo que me recordaba a ellos.

78

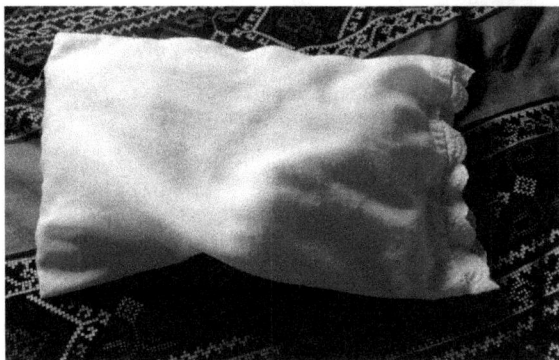

....

Rocío   *"I'm not from here nor from there"*

I have this pillow. I have this pillow since I was little. My grandma made it, so this reminds me of back home with my grandma. I like to think that "home" changes a lot. I'm not from here nor from there. Sometimes I feel that my home is here, sometimes I feel my home is in Morelia, Michoacán, where I was born. But I realize that home is where my loved ones are. Now I have the fortune of going to Mexico every six months to see my family, but when I was undocumented the pillow was what reminded me of them.

5   *Guillermo*

"My mom came here so I could have a better education"

I'm from Ecatepec, Estado de Mexico. I brought a photo of myself with my grandmother, who raised me since I was very young. I call her mom. She moved here before me, and I stayed in Mexico for about 2 years until I moved here after her. She came here because, you know, classic, she wanted to live a better life, to get better jobs, and she brought me here so that I could have a better education. That's me in the picture with my grandmother, I'm graduating from community college. That contextualizes everything for me, because after transitioning from living in Mexico to living in the US, and then moving away from home to Seattle to go to community college, my going to school was the main goal for my mother and I'm very happy to have carried that out. It's only half of the celebration because now I'm completing my bachelor's degree at UW. I worked really hard for that. So this picture is bringing everything together; it synthesizes everything in one spot.

92

· ·

Guillermo   "My mamá vino aquí para que yo tuviera una mejor educación"

Yo soy de Ecatepec, Estado de Mexico. Traje una foto en que estoy con mi abuela, que me crió desde que yo estaba muy chico. Yo la llamo mamá. Ella se mudó para acá antes que yo, y yo me quedé en México por unos dos años antes de mudarme aquí con ella. Ella vino por las razones habituales, quería una vida mejor, un trabajo mejor, me trajo aquí para que yo pudiera tener una educación mejor. Ese soy yo con mi abuela, en la foto. Me estoy graduando del colegio comunitario. Eso le da el contexto a todo para mi, porque después de la transición de vivir en México y mudarme a los EEUU, y luego irme de casa para venir a Seattle al colegio comunitario, mi escuela era el objetivo principal de mi abuela y yo estoy feliz de haberlo conseguido. Es solo la mitad de la celebración, porque ahora estoy terminando mi licenciatura en UW. Trabajé muy fuerte para conseguirlo. Así que esta foto reúne todo esto, sintetiza todo en un solo lugar.

6 Ale

"Yo siempre estaba feliz en la playa"

Me hace feliz mostrarte estas fotos, because I don't remember anything but being happy in Mexico, and it was because as a child I was always at the beach. Para mi cumpleaños mis papás siempre me llevan a la playa y en mi cumpleaños siempre paso todo mi día en la playa y ya. Y por eso traje esta foto de la playa, y de contraste traje mi primera foto en la nieve, porque pensé que la nieve era lo mejor. Aquí está primera vez en la nieve y yo estaba feliz, yo pensé wow, qué padre, es como en las películas, pero ya no me hace muy feliz el frio.

La foto de mi primera nieve también me hace pensar que era el inicio de mi nuevo futuro. Mi familia finalmente estaba completa, mi papá siempre iba y venía entre los Estados Unidos y a México, pero allí estábamos juntos todos. Allí fue la primera vez que hicimos family time todos los domingos. Ya podíamos estar juntos y empezar una nueva vida, algo nuevo que tenía mucho futuro.

22

. . . .

Ale   *"I was always happy at the beach"*

It just makes me happy like to show you these pictures because I don't remember anything but being happy in Mexico, and it was because as a child I was always at the beach. For my birthday my parents always took me to the beach, and during my birthday I just spend the whole day at the beach and that's it. That is why I brought this picture of the beach, and to contrast I brought you my first picture in the snow, because I thought that snow was the best. This was my first time in the snow and I was happy. I thought, wow, how beautiful, it's like the movies, but I'm no longer that happy with the cold.

The picture of my first snow also makes me think that it was the beginning of my new future. My family was finally complete. My dad always came and went between the USA and Mexico, but here we were all together. This was the first time we did family time every Sunday. We could be together and start a new life, something new that had a lot of future.

7 Ricardo

"El sitio a donde quiero algún día volver"

· ·

Yo nací en Canadá, pero no supe que era ciudadano canadiense sino hasta mucho después cuando fui a la universidad. Encontré esta foto mía de cuando cumplí un año, sentado en un columpio en Toronto, con mi mamá al lado. La foto era una diapositiva y tenía la fecha escrita en el marco. Mi papá estaba estudiando una maestría en Toronto, es una historia larga, él antes había vivido en Canadá y había hecho su bachillerato y universidad en Toronto. Poco después de esta foto la familia regresó a Colombia, donde yo crecí. Yo me siento mucho más colombiano que canadiense. Aunque tener pasaporte canadiense me ha servido mucho, y después viví varios años en Canadá y mis hijos nacieron allá, mi identidad es colombiana, latinoamericana.

Hay un lugar en Colombia que es muy especial para mí. Se llama Rio el Medio. Es un recodo en una playa en la costa caribe donde íbamos cuando yo era chico. Ese lugar, que está en otra foto que traje, era donde íbamos pasar la temporada de navidad y año nuevo. Esa playa se ha convertido en algo emblemático para mí, algo que me hace pensar en mi lugar de origen. Era la casa de una familia local, la familia de Marcos Cuadrado, carpintero. Era un sitio de una belleza natural incomparable, que no he vuelto a encontrar en ninguna parte, y es un sitio idílico que yo recuerdo con nostalgia, como si fuera un paraíso perdido. Un día me gustaría poder volver allí, pero a esa zona no se pudo volver a ir por la violencia en Colombia. Es un sitio que para mí representa un sitio de pertenencia, una playa remota, de una belleza natural muy única, muy agreste, y donde las personas te reciben siempre con una calidez humana muy especial. Ese tipo de sensación es muy difícil de volver a encontrar en ninguna otra parte, y tal vez por eso representa para mí el sitio de donde soy, el sitio a donde quiero un día volver.

14

· ·

● ●

Ricardo   *"The place where I want to return one day"*

I was born in Canada, but I did not find out I was a Canadian citizen until much later when I went to university. I found this this picture of me when I turned one in Toronto, with my mom beside me. The picture is a slide and had the date written on the border. My dad was studying in a Master's program in Toronto. It is a long story. He had previously lived in Canada and had done high school and college in Toronto. Soon after this picture was taken, our family returned to Colombia, where I grew up. I feel more Colombian than I do Canadian. Even though having a Canadian passport has been useful, later I would live for several years in Canada, and my kids were born there, my identity is Colombian, Latin-American.

There is a place in Colombia that is very special to me. It is called Rio el Medio. It's a bend in a beach on the Caribbean coast where we would go when I was a teenager. That place, the one in another photo I brought, was where we would spend our Christmas and New Year holiday. That beach has become something emblematic for me, something that makes me think of my place of origin. It was the home of a local family, the family of Marcos Cuadrado, a carpenter. It was a place of incomparable natural beauty, which I have not found anywhere else, and it is an idyllic place that I remember with nostalgia, as if it were a lost paradise. One day I would like to return to this place, but we were unable to return to that area because of the violence in Colombia. It is a place that for me represents a place of belonging, a remote beach, a unique natural beauty, very rustic, and where people always receive you with a very special human warmth. That kind of feeling is very difficult to find anywhere else, and maybe that's why for me it represents the place where I am from, the place where I want to return one day.

14

8 Andrés Z.

"Echarle ganas a todo lo que hagas"

....

Lo que te traje es una toma de pantalla de Google Maps donde está la calle de la casa de mi abuelita. La tomé porque representa muchos momentos de mi infancia. Cuando hacíamos posadas ahí todos nos juntábamos, la comida, las fiestas. Las posadas se formaban dentro y fuera de la casa. Todo el pueblito se juntaba, la casa se llenaba y la calle también. Era como mucha convivencia, comunión social. Y también parte de las razones por las que escogí la foto es porque yo siempre he admirado mucho a mi abuelito. Él aprendió a leer y a escribir él solo, él era un peón de campo, pero en las noches se ponía a leer y escribir. Eso le ayudó a conocer a su suegro que era contador de una de las tierras más grandes. Y pues ya se conoció con mi abuelita, y nacieron mis tíos, mi papá. Él tuvo nueve hijos: cinco hombres, cuatro mujeres. Y antes como se usaba que todos los hijos se repartían la tierra del papá, entonces llegó un punto en que el pueblo no tiene suficientes tierras, entonces lo que hacía la gente es que se venía para los Estados Unidos. En ese entonces, no había mucha comunicación, la gente se iba y ya no sabías si le había ido bien, si había llegado, si no. Mi abuelito no tenía tantas tierras, entonces sus hijos solo tenían la opción de irse para Estados Unidos. En ese momento no había otra opción.

Entonces, cuentan las historias que iba a misa a un pueblito cercano y ahí había un padre que era muy cercano y educado. Entonces, mi abuelito se acercó a él a pedirle consejos sobre qué hacer. Y el padre le dijo que debía llevar a sus hijos a la escuela, y eso era gastar mano de obra en ese tiempo, pues desde niños pueden llevar los animales, sembrar, cosechar. Él le hizo caso al padre, y llevó a sus hijos a la escuela. También le echaban la mano en el campo, pero la prioridad era ir a la escuela. Mi papá me cuenta que ellos le decían a mi abuelo que no querían ir a la escuela, que mejor los dejara con los animales. Ir a la escuela en ese entonces implicaba caminar dos horas de ida y dos de regreso, sin árboles, con sol. Y pues cuando llovía había que pasar charcos, pero aun así mi abuelo los obligaba a ir. Eso les enseñó a valorar lo que tenían, y los sacó adelante. Ya después ellos crecieron, unos se fueron a la ciudad, otros se quedaron con mi abuelito. Entonces mi papá se quedó con la idea de no solo hacer lo que ten dicen que hagas, como lo normal o lo esperado. Pues hay que tener visión para hacer cosas más allá. Esa enseñanza fue lo que nos inculcó a nosotros. Él fue el que nos dijo que nuestra primera obligación era estudiar, pero que no solo nos debíamos enfocar en eso, teníamos que aprender otras cosas y siempre hacer más y echarle ganas a todo lo que hagas.

95

Andrés Z.   *"Willing to do it with our best effort"*

What I brought you is a screenshot from Google Maps that shows the street where my grandmother's house is. I took it because it represents many moments of my childhood. When we hosted posadas (nativity scenes) there, we all got together, the food, the festivities. The posadas would take place inside and outside the house. The whole town came together; the house was full and the street too. It was a lot of coexistence, social communion. Also, part of the reason why I chose the photo is because I have always admired my grandpa. He learned to read and write by himself. He was a field laborer, but at night he would read and write. That helped him meet his father-in-law who was an accountant for one of the largest lands. And that's how he met my grandmother, and my aunts and uncles were born, my dad. He had nine children: five men, four women. And before, it was the custom that all the children would parcel out their father's land, it then got to a point where the town did not have enough land, so then the people began coming to the United States. At that time, communication was limited, people would leave and you did not know if it had gone well, if they had arrived, or not. My grandpa did not have so much land, so his children only had the option to go to the United States. In that moment there was no other option.

Then, they tell the stories that he would go to mass in a nearby town and there was a priest who was very close and educated. So my grandpa approached him to ask him for advice on what to do. The priest told him that he should take his children to school, and at that time that was considered wasted labor, since from childhood kids can take animals, sow, harvest. He listened to the priest, and he took his children to school. They would still help in the field, but the priority was to go to school. My dad tells me that they would tell my grandfather that they did not want to go to school, that they would rather stay with the animals. Going to school at that time involved walking two hours each way, without trees, in the sun. When it rained it meant walking through puddles, but even so my grandfather forced them to go. That taught them to value what they had, and helped them get ahead. Afterwards, when they grew up, some went to the city, others stayed with my grandpa. However, my dad was left with this idea of only doing what you are told to do, what is normal or expected. You have to have vision to do things beyond that. He instilled in us that lesson. He was the one who told us that our first priority was to study, but also not just focus on that; that we should also learn other things and always do more and be willing to do it with our best effort.

16

9   *Ivette*

"'I could not afford to bring many things with me"

I was born in Miami. My parents had to leave Cuba. When they left they could only leave with very few items. They weren't able to bring their things, they weren't able to bring pictures, my mom couldn't even bring her wedding ring. Leaving the country meant that you were abandoning it, and therefore you were treated like less than human. I realized just how important that is this past Thanksgiving, because we were at Greg's sister's house, which is where he grew up, in northern Illinois, and the mom brought tubs of items from 3 or 4 generations. Little trinkets and earrings, fake jewelry, and the siblings were like, I don't want that! And I was like, that's your history! It's probably not valuable, like a pin from the great grandfather's high school that said "res, non verba" and it meant: actions not words. And Greg said OK, I want that, and I was like, yeah! That's powerful in a way, and its connecting that thread of your ancestors and now, and what is it that we want to carry forward?

When I migrated from Miami to Seattle, I couldn't affort to bring many things with me, but I had this collage. It was in my office, in my classroom, and then it was also in my office at Seattle Public Schools. It reminds me of home because it has pictures of my son Ricky. We're in a pool at a friend's house, we're in Disney World, this was for his first year's birthday, here we're probably in the keys or in the Dominican Republic. He has been my inspiration to pursue the doctorate. How can I show him the sacrifices that we make for the things that we love, and the things that we see we can improve. Of all the things that I had, this photo collage has been moved from location to location and remained intact.

104

Ivette   "No tenía cómo traer muchas cosas conmigo"

Nací en Miami. Mis padres se tuvieron que ir de Cuba. Cuando se fueron solo podían llevarse muy poco, no podían traer sus cosas, no podían traer fotos, mi mamá no podía ni traer su anillo de bodas. Salir del país significaba que lo estabas abandonando y por ende te trataban como menos que humano. Hasta ahora me di cuenta de lo importante que es, este pasado día de acción de gracias, porque estábamos en la casa de la hermana de Greg, que es donde él creció, en Northern Illinois, y la mamá nos trajo cantidades de objetos de 3 o 4 generaciones, pequeñas chucherías y aretes, joyas de fantasía, y los hermanos eran como, yo no quiero eso, y yo era como: ¡esa es tu historia! Probablemente no tenga valor, como un pin del bachillerato del bisabuelo que decía "res, non verba" que quiere decir: acciones, no palabras. Y Greg dijo OK, quiero eso, y yo como, ¡sí! Eso es poderoso de cierta manera, y está conectando ese hilo de tus ancestros y el ahora, y ¿qué es lo que queremos llevar hacia adelante?

Cuando emigré de Miami a Seattle no tenía cómo traer muchas cosas conmigo, pero tenía esto, este collage estaba en mi oficina, en mi salón de clases y luego estaba también en mi oficina en Seattle Public Schools. Me recuerda de casa porque tiene fotos de mi hijo Ricky, estamos en una piscina en casa de unos amigos, estamos en Disney World, este fue su primer cumpleaños, acá estamos probablemente en los cayos o en la República Dominicana. Él ha sido mi inspiración para perseguir el doctorado. Como puedo mostrarle los sacrificios que he hecho por las cosas que amamos, y las cosas que vemos que podemos mejorar. De todas las cosas que tenía, este collage de fotos se ha movido de sitio en sitio y permanece intacto.

●●●

10 Mónica

"De un momento a otro me di cuenta de que ya no regresaba"

....

Tú sabes que mi plan nunca fue quedarme aquí. Yo en Perú venía haciendo muchísimo trabajo con la comunidad afroperuana, como artista y después como activista. Luego me llegó una invitación para venir a Oregón a dar charlas sobre cultura afroperuana, y me salió una oportunidad de estudiar. Yo quería estudiar una carrera relacionada con el arte, yo quería hacer teatro, quería hacer música, quería hacer otras cosas. Pero se me abrió esta oportunidad de venir, yo ya estaba mayor, ya tenía yo 27 años, entonces empecé la universidad a los 27 años en Oregón, hice mi carrera de antropología. Pero como yo ya era adulta, ya venía yo trabajando en Perú, mi idea nunca fue quedarme, entonces han pasado los años, me gradué y siempre yo como estudiante internacional con mi pasaporte peruano. Luego hice la maestría y durante la maestría conocí al que es ahora mi esposo, entonces me casé. Empecé el doctorado, tuvimos una hija, me fui a hacer mi investigación recién tuvimos la segunda hija, y después el sistema te fuerza a que yo me hiciera residente, porque ya estamos casados, y me hice residente.

Después me di cuenta de que ellos podían parar en Panamá e ir a pasear por Panamá y yo no, porque yo era peruana. Ese fue un momento bien interesante porque teníamos 7 horas de espera en Panamá y mi esposo dijo -vámonos a conocer Panamá- yo le digo -vamos- y después me doy cuenta de que ellos tenían pasaporte americano y yo no, y yo no podía salir. Y empezaron a surgir otras cosas que me di cuenta de que yo estaba en desventaja en el sistema, entonces me hice americana. Después compramos una casa y ya llegó un momento en que me di cuenta de que ya no regresaba. Fue un balde de agua, te he contado esto que ha sido una cosa muy gradual, circunstancias, los años, los hijos y el trabajo, el estudio… ese momento fue bien difícil. Por eso yo siempre cuento eso, cómo yo obtuve mi pasaporte, y traté de sostener mi nacionalidad peruana lo más posible. Por eso traje mi pasaporte, porque todavía tengo mis documentos peruanos.

44

● ●

Mónica   *"All of a sudden I realized that I was not going back"*

You know that my plan was never to stay here. In Peru I was working a lot with the Afro-Peruvian community as an artist and then as an activist. Then I had an invitation to come to Oregon to give some talks on afro Peruvian culture, and I was offered an opportunity to study. I wanted to study in a career related to art. I wanted to do theater, or music. I wanted to do other things. But I had that opportunity to come. I was already older, I was 27, and in this way I started the university at 27 in Oregon, I studied anthropology. But since I was an adult, I had already been working in Peru, my idea was never to stay here. But the years passed, I graduated, still as an international student with my Peruvian passport. I then did my Master's, and during the Master's I met the guy who is today my husband, and I got married. I started my doctorate, we had a daughter, I went to do my research soon after we had the second daughter, and after that the system forces you to become a resident, because we were married, and I became a resident.

I then realized that they could stop in Panama and go visit around Panama and I couldn't, because I was Peruvian. That was a very interesting moment because we had a 7-hour layover in Panama and my husband said: Let's go see Panama. And I say, let's go, and then I realized that they had an American passport and I did not; I could not go out. There were other situations that arose, and I realized I was at a disadvantage in the system, so I became American. We then bought a house and all of a sudden I realized that I was not going back. It was like a bucket of water. I've said it was a very gradual process, the circumstances, the years, the kids, work, studies… but that moment was difficult. That is why I tell you how I got my passport, and how I tried to maintain my Peruvian citizenship as much as possible. That is why I brought you my passport, because I still have my Peruvian documents.

20

11 Andrés B.

"Los recuerdos más tempranos de mi niñez son de Allende"

Los recuerdos más tempranos de mi niñez son de Allende siendo elegido, el estado que había en mi casa donde eran todos partidarios de Allende. Y bueno, después vino la crisis del 11 de septiembre del 73 cuando se da el golpe militar, y mis padres tienen que salir al exilio, y un par de meses después salgo yo con mi hermana. Entonces si me preguntas qué me recuerda mi origen, qué es mi origen, mi origen es el intento de hacer una revolución socialista por la vía democrática, que era la propuesta de Salvador Allende. Así que una imagen que represente esto puede ser cualquier foto de la Campaña de Salvador Allende, y cualquier foto del golpe de estado, que hay muchas. Por ejemplo, una en que aparece el Palacio de la Moneda, que es el palacio de gobierno, siendo bombardeado, y Allende con una metralleta que le regaló el Che, en el balcón presidencial con un casco, haciendo una resistencia obviamente simbólica, porque él les dejó muy en claro que él no iba a renunciar, él había sido elegido por la gente y no iba a renunciar.

Para la siguiente imagen yo vivo en Argentina, juego rugby con un club que se llama CASI, Club Atlético San Isidro, que está en las afueras de Buenos Aires. Vivo cuatro años ahí, entre los seis y los diez años, en que las cosas eran relativamente normales. Recuerdo muy claramente el día que yo estaba en el colegio y llegaron a avisar que había muerto Perón, recuerdo que entra la directora llorando, se murió Perón. Eso es otro vendaval político que terminó en la dictadura en Argentina, y con mis padres nuevamente teniendo que exiliarse. Esta vez en Venezuela.

Luego la tercera imagen es en Venezuela, que no es la Venezuela de hoy. Era la Venezuela de Carlos Andrés Pérez, acababan de nacionalizar el petróleo, entraba dinero por montones, y recuerdo a mis padres muy deprimidos, muy alienados, porque pensaron que lo que había ocurrido en Chile iba a ser algo transitorio, pero resultó no ser transitorio. Venezuela era un país culturalmente muy distinto, les costó trabajo adaptarse. Ellos estaban muy deprimidos, pero yo me adapté muy bien. Y aquí sí tengo una imagen y algunos recuerdos que conservo conmigo, es que yo pertenecía a un grupo scout. Esto me lo regalaron cuando me fui de Venezuela. Era el banderín de nuestra patrulla. Bueno, existen pocas fotos de esa época, no era como hoy en día que es más común tener fotos. Cuando cumplí 18 años tenía que entrar a la universidad y tenía la disyuntiva, me quedo en la universidad en Venezuela o me voy a Chile. Entonces decidí ir a Chile, mis padres todavía no podían entrar, así que se quedaron en Venezuela un par de años más. Y bueno, la universidad nos cambia todo. A los que tenemos la suerte y la oportunidad de ir a la universidad, ahí nos cambia todo, nos transforma.

3

Andrés B.   *"The earliest memories of my childhood are of Allende"*

The earliest memories of my childhood are of Allende's election and the state of my home where everyone was a supporter of Allende. Then came the crisis on September 11, 1973, with the military coup and my parents having to leave into exile, a few months later my sister and I also left. So then, if you ask me what reminds me of my origin, my origin is the intent to create a socialist revolution through democratic means, which was what Salvador Allende was proposing. So an image that represents this can be a picture from the Salvador Allende campaign, and a picture of the coup d'etat, of which there are many. For example, a picture that shows the Palacio de la Moneda, the government palace, being bombed, and Allende on the presidential balcony with a helmet and a submachine gun that Che gave him. He is making an obvious symbolic resistance, because he had made it very clear that he was not going to resign; the people had chosen him and he was not going to resign.

In the next image, I am living in Argentina, I played rugby with a club called CASI, Club Atlético San Isidro, which is on the outskirts of Buenos Aires. I live there for four years, between the ages of six and ten, when things were relatively normal. I remember very clearly the day I was in school and they came to tell me that Perón had died, I remember that the director came in crying, Perón died. Another political storm that ended with dictatorship in Argentina and my parents again having to go into exile, this time to Venezuela.

The third picture is in Venezuela, which is not the Venezuela of today. It was the Venezuela of Carlos Andrés Pérez. They had just nationalized the oil, money was pouring in, and I remember my parents very depressed, very alienated, because they thought that what had happened in Chile was going to be something transitory, but it turned out not to be transitory. Venezuela was culturally very different, it was hard for them to adapt. They were very depressed, but I adapted very well. Here I do have an image and some memories that I keep with me. I belonged to a scout group there and it impacted me a lot. This was given to me when I left Venezuela. It was the flag of our troop. Well, there are few photos of that time; it was not like today that it's more common to have photos. When I turned 18 I had to enter university and had the choice: I stay at the university in Venezuela or I go to Chile. So I decided to go to Chile, my parents still could not go back, so they stayed in Venezuela a couple of years more. And, well, the university changes everything. For those of us who have the luck and the opportunity to go to university, everything changes us there, it transforms us.

12 Anaid

"Me considero latina porque nací en México"

....

Yo nací en el Distrito Federal y viví ahí unos cuantos años. Mis papás se conocieron ahí, pero ninguno era del Distrito Federal. Vivimos ahí como 2 o 3 años hasta que nos mudamos a Chihuahua, que es donde mis papás viven ahora. Hemos viajado por varios lugares, pero me considero latina por que nací en México. Durante toda mi niñez crecí escuchando historias acerca de la familia de mi mamá; y de ahí he aprendido muchas cosas de la vida, y sobre todo de la relación de mis abuelos, la relación que tuvo mi mamá o que tiene mi mamá con sus hermanos y sus hermanas.

Podemos empezar con una foto de mi abuela, de la familia de mi mamá. Mi mamá me cuenta que ésta es una foto de pasaporte, que en esa época se tomaban las fotos en grupo. Como vivían en Chihuahua, cerca de la frontera con Estados Unidos, regularmente iban de compras a El Paso, entonces supongo que, al tomar la foto con el grupo, ella podía viajar con cualquiera de los que estaban en la foto.

Después de que yo termino la carrera en México, mi papá se había convertido en ciudadano 1 o 2 años antes, entonces mis papás quisieron aprovechar la oportunidad de que nosotros también tuviéramos la doble nacionalidad. Entonces después de terminar la carrera nos mudamos a Riverside, en donde comencé a trabajar como Arquitecto.

30

Anaid   *"I consider myself a Latina because I was born in Mexico"*

I was born in Mexico City and lived there for a few years. My parents met there, but neither of them was from Mexico City. We live there like 2 or 3 years until we move to Chihuahua, which is where my parents live now. We have traveled to several places, but I consider myself a Latina because I was born in Mexico. Throughout my childhood, I grew up listening to stories about my mom's family. Through those stories I have learned many things about life, and about my grandparent's relationship, the relationship my mother had or has with her brothers and sisters.

We can start with a picture of my grandmother, of my mom's family. My mom tells me that this is a passport photo, that at that time they were taken as group photos. Since they lived in Chihuahua, near the border with the United States, they often went shopping in El Paso, so I suppose that, taking the picture with the group, she could travel with anyone in the photo.

After I finished my degree in Mexico, my father had become a citizen 1 or 2 years before, so my parents wanted to take the opportunity for us to also have dual citizenship. So after finishing my degree we moved to Riverside, where I started working as an architect.

••

13

René

"When you're an immigrant you have to wear multiple hats"

●●●

What I brought is a tourist card from about 20 years ago, from Walt Disney World, in Orlando, Florida. You get this when you go into the park, right? It is meaningful to me because I was growing up in Mexico City and finishing high school, and my grandma always told me that if I got good grades she would take me to Disney World in Florida. For me Disney World was always like a reward, a dreamy place where, if I behaved, they would take me. And she did! This is the card that came from that trip; it was only her, and myself. By then I was a little older and the park is really for kids, but I still played the part of being a kid. So, I kept this card; it's almost like a lucky charm with me. Everywhere I go, I always have it with me. My grandma is no longer with me, but this card signifies that she wanted to expose me to something different, she wanted me to see other things, and that meant a lot to me ever since. That was my first time in the US, visiting Disney World, and I got a skewed version of US society, right? Everything there is a little fake, the grass is manicured, everything is clean, and they have hordes of tourists walking around with turkey legs and all that. But I think it was a glimpse of what kind of society this was. And then a couple of years later I ended up moving to San Diego and just working my way up there.

I think the bulk of Mexican immigrants in the US tend to be from a more humble background, but coming to the US I also lived a lot of similar experiences, I worked in many different places, I worked in hotels, I used to work in dock yards, I was a Spanish tutor, everything! I think when you are an immigrant, you have to wear multiple hats if you want to survive, so I've actually done that. But sometimes I just look back at this card and what it means to me, all the goodwill that my grandma had for me, and it is very precious… I never talked about this before, and it really means a lot to me.

82

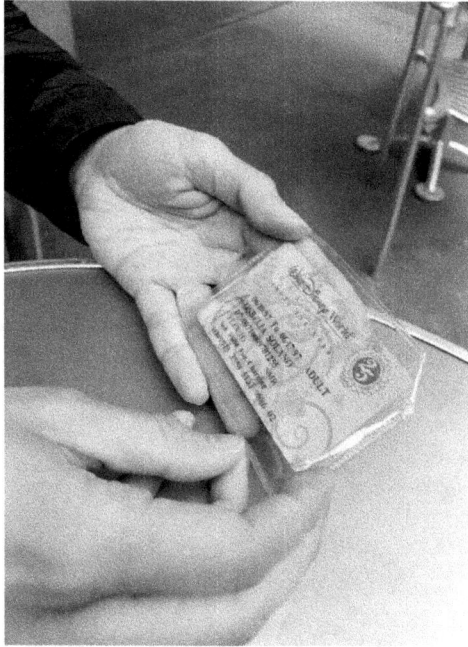

René   "Cuando eres un inmigrante tienes que usar múltiples sombreros"

Lo que traje es una tarjeta turística de hace cerca de 20 años de Walt Disney World, en Orlando, Florida. Te dan esto cuando entras al parque ¿cierto? Es significativa para mí porque yo estaba creciendo en Ciudad de México y terminando la secundaria y mi abuela siempre me dijo que si obtenía buenas calificaciones ella me llevaría a Disney World en la Florida. Para mí Disney World siempre fue como un premio, un lugar soñado a donde, si me comportaba, me llevarían a conocer. ¡Y así lo hizo! Ésta es la tarjeta que viene de ese paseo; fuimos solo ella y yo. Para ese entonces yo ya era un poco mayor y el parque es realmente para niños, pero aun así asumí el papel de ser un niño. Así que mantuve esta tarjeta conmigo, casi como un amuleto de la suerte, a donde voy, siempre lo tengo conmigo. Mi abuelita ya no está conmigo, pero esta tarjeta significa que ella quiso exponerme a algo diferente, ella quería que yo viera otras cosas y eso significó mucho para mí desde entonces. Esa fue mi primera vez en los EE. UU. visitando Disney World y obtuve una versión distorsionada de la sociedad, ¿cierto? Todo allí es un poco falso, el pasto está maquillado, todo está limpio y tienen multitudes de turistas caminando con los perniles de pavo y todo eso. Pero pienso que fue un vistazo de qué tipo de sociedad era ésta. Y luego, un par de años después terminé mudándome a San Diego y trabajando para crecer allí ¿sabes?

Yo creo que la gran mayoría de los inmigrantes mexicanos en los EE. UU. tienden a venir de pasados humildes; pero al venir a los EE. UU. también viví muchas experiencias similares, trabajé en muchos lugares distintos, trabajé en hoteles, solía trabajar en los muelles, fui tutor de español, ¡todo! Pienso que cuando eres un inmigrante, tienes que ponerte múltiples sombreros si quieres sobrevivir, así que yo he hecho eso. Pero algunas veces solo miro de nuevo esta tarjeta y lo que significa para mí, toda la buena voluntad que mi abuela tuvo para mí, y es muy preciosa... Nunca hablé de esto antes, y realmente significa mucho para mí.

14 *Miguel*

"My dad continued the tradition of having the kid learn math via a parent"

I come from two generations of mixed marriages, so if you go back, my grandfather on my dad's side was from Spain, my grandmother on my dad's side was from Mexico, my grandfather on my mom's side was mostly Irish, and then my grandmother's family is much more mixed, but mostly English with long ties in the eastern US. My dad grew up in San Antonio and Spanish was his first language. My mom didn't grow up speaking Spanish, she learned Spanish and became a Spanish bilingual teacher later in her career. I'm not a native speaker. So that's kind of my background, that's where I come from.

What I have here is called a Curta, a mechanical calculator, and these are terribly rare. It is a purely mechanical calculator, and the reason I brought this in was because I do physics and computation, and both of my grandfathers did this in their own way. This mechanical calculator actually belonged to my maternal grandfather, who was a land surveyor and this is what he would use. This was a portable calculator in the sixties, before electronic calculators came across, and this is what you used. On the other hand, my paternal grandfather, where the Morales name comes from, programmed very early computers for the Air Force. He had a high school education. He was the youngest of a bunch of siblings, mostly sisters, there in San Antonio, and he was the only one who graduated from high school. He came back and got a job at an Air Force base as a janitor. There is a thing in my family's history: testing has been good to my family. So at the base where he was working as a janitor they were trying to come up with some computer stuff. He didn't quite know what that was, but they laid out an exam and they said: Anybody who wants to take an exam, you can come and take it. So, he tested in and then was trained on these incredibly early computers; in graveyard shift classes, he learned to program. He then slowly rose up through the ranks, to the point where he was a manager of the computing teams.

So there's a bit of technical history with my grandfather. And then there is the math. In order to be a physicist you have to do a lot of math. I'm not completely good at math, but I was pretty good as a kid. I didn't learn math when I was in kindergarten, first grade, second grade. I didn't learn any math in school because I was taught by my dad, at home, mostly to keep me entertained. You know, how do you make the kid quiet? Well, you give him two eleven digit numbers and tell him to go add them in the corner, so it was a game. And when I was sick, it was also a game. So my grandfather taught my dad, and my dad continued the tradition of having the kid learn math via a parent. That was a funny side story.

I was born in British Columbia because my dad was avoiding the Vietnam War. Then when I was eight months old we went to Kansas where my dad was in graduate school, and then he got a Fulbright fellowship to go to Spain, and so we moved to Spain. But we were only there for about four months. I was four at the time and I ended up with kidney cancer. This was post Franco, one year after Franco's death, and they just didn't have the kind of facilities or survival rates that the big university hospitals in the US have, so on a week's notice my dad left the fellowship and we moved to San Francisco.

91

· ·

Miguel · "Mi padre continuó con la tradición de hacer que el hijo aprenda matemáticas de uno de sus padres."

Yo vengo de dos generaciones de matrimonios mixtos así que si te devuelves a mi abuelo paterno, él era de España, mi abuela paterna era de México, mi abuelo materno era mayormente irlandés y luego la familia de mi abuela era mucho más mezclada, pero en su mayoría inglesa con grandes vínculos en el este de los EE. UU. Mi papá creció en San Antonio y su idioma principal era el español. Mi mamá no creció hablando español, ella aprendió español y se volvió profesora de español bilingüe más adelante en su carrera. No soy hablante nativo. Así que ese es como mi pasado, de allí vengo.

Yo vengo de dos generaciones de matrimonios mixtos así que si te devuelves a mi abuelo paterno, él era de España, mi abuela paterna era de México, mi abuelo materno era mayormente irlandés y luego la familia de mi abuela era mucho más mezclada, pero en su mayoría inglesa con grandes vínculos en el este de los EE. UU. Mi papá creció en San Antonio y su idioma principal era el español. Mi mamá no creció hablando español, ella aprendió español y se volvió profesora de español bilingüe más adelante en su carrera. No soy hablante nativo. Así que ese es como mi pasado, de allí vengo.

Entonces, hay un poco de historia técnica con mi abuelo. Y luego están las matemáticas. Para poder ser Físico tienes que hacer muchas matemáticas. No soy del todo bueno para las matemáticas, pero era bastante bueno cuando niño. No aprendí matemáticas cuando estaba en el jardín infantil, primer grado ni segundo grado. No aprendí matemáticas en la escuela porque me enseñaba mi papá, en casa, más que todo para mantenerme entretenido. Ya sabes, ¿como mantienes a un niño quieto? Bueno, le das dos números de once dígitos y le dices que vaya y los sume en la esquina, entonces era un juego. Y cuando estaba enfermo, también era un juego. Así que mi abuelo le enseñó a mi papá y mi papá continuó la tradición de hacer que el niño aprendiera matemáticas a través del padre. Esa fue una historia divertida.

Yo nací en British Columbia porque mi papá estaba huyendo de la guerra de Vietnam, luego cuando yo tenía ocho meses de edad, nos fuimos a Kansas en donde mi padre estaba en la universidad y luego obtuvo una beca Fullbright para ir a España, entonces nos mudamos a España. Pero solo estuvimos allí como unos cuatro meses. Yo tenía cuatro años y resulté con cáncer de riñón. Esto fue después de Franco, un año luego de la muerte de Franco, y ellos no tenían las instalaciones ni los índices de supervivencia que tienen los grandes hospitales universitarios en los EE. UU., así que al término de una semana mi papá dejó la beca y nos mudamos a San Francisco.

15   *India*

"There is this intergenerational attachment to the homeland"

I have a lot of little tokens in my office to remind me of my place of origin, which is Mexico. I'm actually third generation, but my grandparents are from Mexico. This is a Valentine's card from my parents. I've always loved the heart of the lotería cards, and it just reminds me of the bright colors of Mexico and some of the symbols. I also have another piece of art at home that is an artist's representation of the lotería cards. So that's from my place of origin. And I didn't grow up there! Not even my father, he didn't grow up there. But I think there is still this intergenerational attachment to the homeland.

36

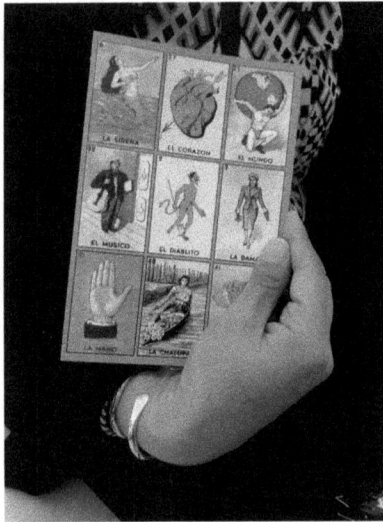

India   "Existe este apego intergeneracional a la patria"

Tengo muchos pequeños recuerdos en mi oficina para recordarme mi lugar de origen el cual es México. De hecho, soy de la tercera generación, pero mis abuelos son de México. Esta es una tarjeta de San Valentín de mis padres. Siempre he amado el corazón de las tarjetas de lotería y solo me recuerda de los colores vivos de México y algunos de los símbolos. También tengo otra pieza de arte en casa que es la representación de una artista de las tarjetas de lotería. Así que eso es de mi lugar de origen. ¡Y yo no crecí allá! ni siquiera mi padre, él no creció allá. Pero creo que aún existe este apego intergeneracional a la patria.

16 *Jessica*

"I was born in LA but I grew up with Ecuador inside of me"

••

Where I come from is always a tricky question for me because I feel like my place of origin is always intersecting with my parents' place of origin. I was born in Los Angeles, California, but my parents are from Quito, Ecuador. I brought a couple of trinkets to show you. Every time my parents go to Ecuador they bring me something, so I always have some little trinkets. It's funny because these are all little things but they represent something. I've been to Ecuador myself; it's always a joy to be there. My family is very musical, so I grew up with music around me. My dad was an instructor of danza folclórica del Ecuador. This always reminds me of all the music that we listened to while we were growing up and the dancing. As a place of origin, Ecuador really rises at the forefront. When people ask my origin, I was born and raised in LA, but I grew up with Ecuador inside of me.

106

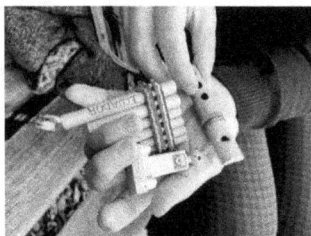

Jessica   "Yo nací en LA, pero crecí con Ecuador dentro de mí"

De dónde vengo siempre es una pregunta difícil para mí porque siento como que mi lugar de origen siempre se cruza con el lugar de origen de mis padres. Yo nací en Los Ángeles, California, pero mis padres son de Quito, Ecuador. Traje un par de objetos para mostrarte. Cada vez que mis padres van a Ecuador me traen algo, así que siempre tengo pequeñas chucherías. Es chistoso porque estos son todo cosas pequeñas, pero representan algo. He ido a Ecuador, siempre es una dicha estar allá. Mi familia es muy musical, así que crecí con música a mi alrededor. Mi papá era instructor de danza folclórica del Ecuador. Esto siempre me recuerda toda la música que escuchábamos cuando estábamos creciendo y bailando. Como lugar de origen, Ecuador realmente surge al primer plano. Cuando la gente me pregunta mi origen, yo nací y crecí en LA, pero crecí con el Ecuador dentro de mí.

17 Juan Carlos

"Ir a caballo es una de las grandes memorias de mi infancia"

En ésta foto estoy yo con mi mamá andando a caballo, en el rancho familiar en Nicaragua. Este es uno de los recuerdos de la infancia que recuerdo mejor, íbamos a los ranchos los fines de semana, íbamos a andar a caballo y la pasábamos muy bien en familia. Íbamos al rancho o a la playa, o hacíamos algo en familia, invitábamos a los tíos, a los abuelos, a los primos, y siempre la pasábamos muy muy bien. En el rancho yo iba a montar a caballo, me gustaba esa adrenalina de ir a caballo, ir a correr y después ir a las lagunas y hacer lo que yo quería, poder pasar un tiempo solo y pensar, eso es una de las grandes memorias de mi infancia. Vivíamos en un lugar que se llamaba Diriomo, que es un poco fuera, como los towns, era afuerita de la ciudad, teníamos caballos, teníamos tucanes, teníamos animales salvajes, cosas así. Yo solo recuerdo que uno de los días que nos fuimos, estaban todos los camiones y nos estábamos mudando y la vida estaba cambiando. Me acuerdo que yo estaba ahí chiquito y solo veía los grandes carrones, porque teníamos un carrito chiquito y eso era todo, pero veíamos todos los grandes camiones que metían todos los muebles y todas esas cosas. Allí nos estábamos mudando a la ciudad de Granada, que era la ciudad más grande cerca de nosotros en Nicaragua. Fue una de esas chispas que te acuerdan que las cosas van a cambiar y va a ser una gran transición. Más tarde fue que nos mudamos para Estados Unidos.

40

••

Juan Carlos   *"Horseback riding is one of the greatest memories of my childhood"*

In this picture, I am with my mom horseback riding at the family ranch in Nicaragua. This is one my childhood memories that I remember best. We would go to the ranch on the weekends, go horseback riding, and spending time with family. We would go to the ranch or to the beach and we would invite aunts and uncles, grandparents, cousins, and we always had a good time. At the ranch I would go horseback riding and I loved the adrenaline of riding, going for a ride and then to the lakes, and I could do whatever I wanted. I could spend alone and think; those are some of the greatest memories of my childhood. We lived in a place called Diriomo, which is a little outside, like a town, it was outside of the city. We had horses, we had toucans, we had wild animals, things like that. I just remember that on one of the days when we left, there were trucks, we were moving, and life was changing. I remember that I was very young and I only saw the big trucks, because we had a small car and that was all, but we saw all the big moving trucks with all the furniture and all those things. At that time we were moving to the city of Granada, which was the largest city near us in Nicaragua. It was one of those instances that remind you that things are going to change and it's going to be a great transition. It wasn't until later that we moved to the United States.

18 Anggie

"El café me recuerda de mi casa"

Traje una cafetera y café colombiano, no de Starbucks, éste me lo trajeron mis papás ahorita que vinieron de Colombia. Para mí algo que me recuerda mucho a mi casa es el café. Recuerdo cuando nos tomábamos las medias tardes, era sentarte a tomar el cafecito con pan, y te sentabas con tu mamá, o tus hermanos, o tus amigos a tomar café, a descansar, hablar sobre cómo estaban, qué tal había estado el día, tomar como un respiro. Siento que en Colombia el café es muy popular y tiene un sabor muy rico, y entonces no solo se utiliza en la casa sino cuando estás con tus amigos. Recuerdo que cuando estaba trabajando en organizaciones también hacíamos un break y tomábamos cafecito con pan y nos sentábamos a hablar, y como que era ese espacio en donde te sentías como bienvenido, en donde había mucha circulación de ideas, donde podías intercambiar conocimientos; donde te sentías en casa. No era tanto el lugar sino el momento, tener el cafecito caliente, el aroma, y estar hablando. Y a pesar de que me vine para acá, siento que el café ha seguido siendo esa excusa de cuando te ves con un amigo, "vamos por un cafecito," y nos sentamos a hablar. Y cuando te sientas a hablar son esas conversaciones intimas, en donde te puedes transportar a un lugar donde te sientes seguro, donde te sientes bienvenido, donde sientes que hay amor. Donde sea que esté y que pueda tomar café, el café me va a recordar a mi familia, me va a recordar espacios seguros, de construcción de ideas, espacios llenos de amor.

6

Anggie "Coffee reminds me of my home"

I brought a coffee maker and Colombian coffee, not from Starbucks; my parents brought this when they were visiting from Colombia. For me something that reminds me a lot of my house is coffee. I remember when we took a mid-afternoon break, we would sit down to have coffee with bread, and you sat down with your mom, or your siblings, or your friends for coffee, to rest, to talk about how they were, how the day had been, to take it as a breath. I feel that coffee in Colombia is very popular and has a very rich flavor, so it's not only used at home but also with your friends. I remember that when I worked in organizations we had breaks and we had coffee with bread. We would sit down to talk, and it was a space where you felt welcomed, where there was sharing of ideas and exchange of knowledge; where you felt at home. It wasn't the place itself but the moment, having the hot coffee, the aroma, and to be in discussion. Even though I came here, I feel that coffee has remained that excuse when you meet with a friend, "let's go for a coffee," and we sit down to talk. When you sit down to have those intimate conversations, you can transport yourself to a place where you feel safe, where you feel welcome, where you feel that there is love. Wherever I am and I can drink coffee, the coffee will remind me of my family, it will remind me of safe spaces, of building ideas, of spaces filled with love.

19 Marisol

"Yo traigo la música adentro"

Lo primero que te quiero mostrar es la foto de mi abuela Águeda, que es la mujer más importante en mi vida. Ella no sabía leer o escribir y tenía una sabiduría de esas que ya casi uno no ve. Abuela Águeda era un as en matemáticas, y crio a siete hijos, se dedicó a trabajar en su casa, era una cocinera extraordinaria y yo era el sol de su vida. Siempre me dijo desde que era chiquitita que yo tenía una luz, que nunca dejara que nadie me la quitara. Por eso te traje esa foto. Abuela Águeda nació en 1899, o sea que tengo esa trayectoria de una continuidad de Puerto Rico, mi isla querida de donde soy, y de sus quehaceres.

Además, te traigo mis güiros. Este güiro en particular te lo traje por que lleva 35 años conmigo, el tiempo que llevo en Estados Unidos. El güiro es un instrumento Taino, parte del grupo de instrumentos importantes y la herencia cultural nuestra, y mi güirito ya lo ves, está bien gastado, ha sido bien raspado por el mundo, porque lo he tocado en la China, lo he tocado en Berlín, lo he tocado en Venezuela, en Trinidad y Tobago, en muchas partes. Este instrumento es muy importante en mi vida. Me conocen aquí, me ha hecho famosa.

¡Óyelo cómo suena bello! (tocando el güiro). Y con estos ritmos que... pues que nací con ellos, me los he traído, eso es bien importante en mi vida académica, personal, y profesional. Yo traigo la música adentro, yo creo que desde que estaba en la barriga de mi mamá. Ella me cuenta que ella es bailadora, mi mamá y mi papá bailadores. Ellos no fueron músicos profesionales, pero fueron eso en lo que llamamos en Latinoamérica melómanos, que son estudiosos de la música, no de una forma formal como en la academia, pero se saben cuanto nombre de músicos e instrumentos que tocan, con quién se casaron, cuántos hijos tuvieron, qué amantes tenían, eso, así yo aprendí. Y me inculcaron desde chiquitita la importancia de la música, y eso era como la salvación. Yo vengo de una clase trabajadora bien fajada en mi país. De un barrio que se llama Santurce, un barrio de clase trabajadora completa, desde albañiles, plomeros, artesanos, músicos, pintores, filósofos, políticos; pero la música siempre fue el alma de ese barrio.

Puerto Rico es una mezcla de todas nuestras razas del Caribe, y de todas nuestras músicas del Caribe, y por eso cuando tú me dices qué es lo que hace la música latina, qué hace a un latino vibrar de música, pues yo la tenía en el desayuno, almuerzo, comida, y merienda; en todas las facetas de mi vida yo recuerdo que siempre había música. En las fiestas todos los domingos, en la radio o la televisión con música, bailando con la televisión, en los viernes sociales. Después cuando mis papás tuvieron su propia casa, siempre nos reuníamos las familias, y había la música, la comida, la bebida y la jugada de dominó.

Yo terminé el bachillerato en la Universidad de Puerto Rico, con una concentración en música y en literatura inglesa, y quería continuar. En puerto Rico no había escuelas graduadas, yo quería continuar con la música, y pues me atreví a irme de mi islita para estudiar. Decidí que no me quedaba en Puerto Rico, que me venía a hacer una maestría y me fui a los United States a hacer una maestría.

34

••

Marisol   *"I bring the music inside"*

The first thing I want to show you is the picture of my grandmother Águeda, who is the most important woman in my life. She did not know how to read or write and had the kind of wisdom we almost do not see anymore. Grandmother Águeda was an ace in mathematics, and raised seven children. She dedicated herself to work in the home. She was an extraordinary cook and I was the sun of her life. From a young age, she always told me that I had a light and I should never let anyone take it from me. That's why I brought that picture to you. Abuela Águeda was born in 1899, so I have that trajectory of a continuity in Puerto Rico, my beloved island where I am from, and of her chores.

Also, I bring you my güiros. I brought this güiro in particular because it has been with me for 35 years, the time I've been in the United States. The güiro is a Taino instrument, part of the group of important instruments and our cultural heritage, and my little güiro you see, it is well used. It has been well played around the world, because I played it in China, I played it in Berlin, I've played in Venezuela, in Trinidad and Tobago, in many places. This instrument is very important in my life. They know me here, it made me famous.

Listen to how beautiful it sounds! (plays the güiro). And with these rhythms that ... well, I was born with them, I brought them with me, that is very important in my academic, personal and professional life. I bring the music inside, I think since I was in my mother's belly. She tells me that she is a dancer, my mom and dad were dancers. They were not professional musicians, but that was what we call Latin American music lovers, who are students of music, not in a formal way like in the academy, but they know many musicians and instruments they play, with whom they got married, how many children they had, what lovers they had, that, so I learned. From a young age, they instilled in me the importance of music, and that was like salvation. I come from a hard-working class in my country. From a neighborhood called Santurce, a whole working class neighborhood, from bricklayers, plumbers, artisans, musicians, painters, philosophers, politicians; but music was always the soul of that neighborhood.

Puerto Rico is a mixture of all our Caribbean races, and of all our Caribbean music, and that's why when you ask me what Latin music does, what makes a Latino vibrate with music; I had it in breakfast, lunch, and dinner. In all facets of my life I remember that there was always music. At parties every Sunday, music on the radio or television, dancing with the television, on social Fridays. Later when my parents had their own house, they would invite families, and there was music, food, drink and a game of domino.

I finished my bachelor's at the University of Puerto Rico, with a concentration in music and English literature, and I wanted to continue. In Puerto Rico there were no graduate schools. I wanted to continue with music, and I dared to leave my little island to study. I decided that I would not stay in Puerto Rico, that I would leave to get a Master's degree and so I went to the United States to do a Master's degree.

20 *Linda*

"This is the moment when I felt I was Latina"

....

Mine is a long immigration story, and people find the story amazing when I tell them. My parents are Korean, and after the Korean war, the country was economically devastated. Their dream was to come to the US looking for a better life for all us. They were going through the immigration process, the paperwork with this person who was helping them get the legal visa to be able to immigrate to the US. This person, I think, was like an "immigration lawyer," and he said to my parents, I have got the paperwork ready for you, so get ready, have your plane tickets ready, you are flying on this date. My parents sold everything, they were ready to move, they were all packed up, and when they got the visa, it was for South America, for Paraguay. And they were shocked, first because they were conned and second because they didn't know where Paraguay was. At that point they had sold everything. My mother, being always very adventurous, she said "let´s go." They had five children, I was the fourth child, I was 7 years old then. It's easy to say "Oh, my god! They lost all this money, this is not the country that they wanted to go to," but looking back, I think it gave us a rich history and stories to tell. That is how I ended up in Paraguay, because of a con man [Laugh].

I brought some pictures of the moment I felt I was a Latina. I hesitated whether I should bring this picture because I didn't want to seem like I was bragging, but this was truly the moment I felt that way. This was in my first or second year of middle school, in Paraguay, where I grew up. I was living in a small, rural town named Alberdi. During the national holidays, we had to participate in these marches, and students with the highest academic scores were selected from each class to carry the Paraguayan flag, los abanderados, they are called. But there was also an understanding that you had to be a Paraguaya or a Paraguayo, which people interpreted as having to be born in Paraguay and/or having a parent who was born in Paraguay, to have the honor to carry the flag. So, I remember thinking, Oh! This is not going to happen to me, because I wasn't born in Paraguay. But there was a teacher (la maestra Carmen Cárdena) who advocated for me. She believed that I should be selected because I had the highest academic scores in my class, meeting the criteria. The school principal had already selected Walter, who had the second highest scores, but Ms. Cárdena rallied other teachers to support me. So I was also selected, and here I am carrying the flag and Walter is still there, too.

This is Walter holding the flag, and here are the students selected from the other classes. It was this feeling that it doesn't matter where you're born because of the contribution that you are making to the country. So when they gave me the sash and the flag, that was very special; that I have the honor of carrying the flag and representing the country. That was the moment when I was like any other Paraguayan, that I was part of the Latina culture.

21

· ·

Linda   "Este es el momento en que sentí que era Latina"

La mía es una larga historia de inmigración y la gente encuentra esta historia asombrosa cuando la cuento. Mis padres son coreanos y luego de la guerra de Corea el país estaba devastado económicamente. Su sueño era venir a los EE. UU. Buscando una mejor vida para todos nosotros. Ellos estaban pasando por el proceso de inmigración, el papeleo con esta persona que los estaba ayudando a obtener la visa legal para poder inmigrar a los EE. UU. Esta persona, creo, era como un "abogado de inmigración" y le dijo a mis padres, tengo el papeleo listo para ustedes, así que prepárense, tengan los tiquetes aéreos listos, viajan tal día. Mis padres vendieron todo, estaban listos para mudarse, tenían todo empacado y cuando recibieron la visa, era para Suramérica, para Paraguay. Y ellos estaban impactados, primero porque fueron estafados, y segundo porque no sabían dónde quedaba Paraguay. En ese punto ya habían vendido todo, mi madre siempre era muy aventurera así que dijo "vámonos". Ellos tenían cinco hijos, yo era la cuarta hija, tenía 7 años en ese entonces.es fácil decir: "¡Oh por Dios! Ellos perdieron todo su dinero, este no es el país al que querían ir, "pero mirando hacia atrás, pienso que eso nos dio un pasado abundante e historias que contar. Así es como terminé en Paraguay, por un estafador [Risa].

Traje algunas fotos del momento en que sentí que era Latina. Dudé sobre si debía traer esta foto porque no quería parecer como si estuviera presumiendo, pero éste fue realmente el momento en el que me sentí así. Esto fue en mi primer o segundo año de secundaria en Paraguay, donde crecí. Estaba viviendo en un pequeño pueblo rural llamado Alberdi. Durante las festividades nacionales teníamos que participar en estas marchas y se seleccionaban los estudiantes con las mejores calificaciones académicas de cada curso para llevar la bandera paraguaya, se llaman los abanderados. Pero se entendía que tenías que ser paraguaya o paraguayo, lo que la gente interpretaba como el haber nacido en Paraguay y/o tener un padre que hubiese nacido en Paraguay, para tener el honor de llevar la bandera. Así que recuerdo pensar, ¡Oh! Esto no va a sucederme a mí, porque yo no había nacido en Paraguay. Pero había una profesora (la maestra Carmen Cárdena) que abogó por mí. Ella creía que yo debía ser seleccionada porque tenía los puntajes más altos de mi clase cumpliendo con el criterio. El rector de la escuela ya había seleccionado a Walter, que tenía los segundos puntajes más altos, pero la señora Cárdena movilizó otros profesores para apoyarme. Así que también fui seleccionada, y aquí estoy llevando la bandera y Walter también está allí.

Este es Walter llevando la bandera y aquí están los estudiantes seleccionados de otros cursos. Era esta sensación de que no importa dónde naciste, por la contribución que estás haciendo al país. Así que cuando me dieron la banda y la bandera, eso fue muy especial. Que me sea otorgado el honor de llevar la bandera y representar el país. Fue en este momento en que sentí que era tal como cualquier otra paraguaya, parte de la cultura Latina.

36

21   *Ana Mari*

"I left when I was 3 and I don't have any of my own memories"

....

When we were kids my father was the one who was in charge of the family albums. I have three of them; I had to put on new covers because they were falling apart. But if you go back to the original album, every page has a number, and there is typewritten description like this one: "Ana Marita en el patio de la casa con su hermanito Cesar vestido de Superman."

And so it's fun, that's how I knew...I went back to Cuba the first time after my parents died, I really could not have comfortably gone back when they were alive. That is how I found the address of the house that we lived, by going to the album. I went back for the first time, almost fifty years to the date after I left, so that would have been about seven or eight years ago.

I left when I was 3 and I don't have any of my own memories. There are things that I've been told, and I would've recognized the house from pictures, no question. But the first thing I told myself was not to expect too much. That this would be like going to Puerto Rico, which is very similar culturally, and I got off the plane, and people look like me, walk like me, they talk like me. I knocked on the door of the house I had been born in and grown up in the first 3 years. This woman answered the door and I explained to her who I was, and she knew my father and she pointed out some locetas. *I don't know if I can show you here in a picture, there were some* locetas *that he had put in that were of Don Quixote. I'm not sure I was aware of these* locetas *with Don Quixote in the house. And there she was showing me, she said "your father put those in." I knew my dad was a big Don Quixote fan, and when I was in college I gave my father this print of Don Quixote. This was actually the first expensive prize that I gave my father, from a little bookstore near the corner of the dorms that I lived in at Yale.*

In Miami we were the first wave exiles; we arrived in '59. I did a lot of the mediating between the Cuban kids who didn't know English and the teachers who didn't know Spanish and I knew both, because, you know, when you are 3 years old, you pick it up like that. And so I always thought of myself as fairly Americanized because my English was fairly proficient. I didn't speak with an accent. And then, you get to Yale and you realize how Cuban you are.

72

....

Ana Mari   "Me fui cuando tenía 3 años, no tengo ningún recuerdo propio"

Cuando éramos niños mi padre era el que estaba a cargo de los álbumes de la familia. Tengo tres de ellos, tuve que ponerles nuevas cubiertas porque se estaban desbaratando. Pero si vuelves al álbum original, cada página tiene un número y hay una descripción escrita a máquina como ésta: "Ana Marita en el patio de la casa con su hermanito César vestido de Superman."

Entonces es divertido, así es como lo supe... Regresé a Cuba la primera vez luego de que mis padres murieron, realmente no habría podido regresar cómodamente cuando aún vivían, así es como encontré la dirección de la casa en la que vivimos, yendo al álbum. Regresé la primera vez casi cincuenta años después de la fecha en que me fui, así que eso fue

Me fui cuando tenía 3 y no tengo ningún recuerdo propio. Hay cosas que me han dicho y hubiese reconocido la casa de las fotos, sin dudarlo. Pero la primera cosa que me dije a mi misma fue no esperar demasiado. Que esto sería como ir a Puerto Rico, que es muy similar culturalmente, y bajé del avión, y las personas se parecen a mí, caminan como yo, hablan como yo, y yo estaba solo... Toqué la puerta de la casa en que había nacido y crecido los primeros 3 años, esta mujer abrió la puerta y le expliqué quién era, y ella conocía a mi padre y me señaló algunas losetas, no sé si te puedo mostrar aquí en una foto, había algunas losetas que había puesto que eran de Don Quijote. No sé si yo sabía de estas losetas con Don Quijote en la casa. Y allí estaba ella mostrándome, ella dijo, tu padre puso ésas. Yo sabía que mi padre era un gran fanático de Don Quijote y cuando estaba en la universidad yo le di a mi padre este cuadro de Don Quijote. De hecho, este fue el primer regalo costoso que le di a mi padre, de una pequeña librería cerca de la esquina de los dormitorios en los que vivía en Yale.

En Miami fuimos la primera ola de exiliados, llegamos en el 59. Yo realicé mucha de la mediación entre los niños cubanos que no sabían inglés y los profesores que no sabía español y yo sabía ambos, porque ya sabes, cuando tienes 3 años, lo coges así. Así que siempre pensé de mí como alguien bastante americanizada, porque mi inglés era bastante competente. No hablaba con acento. Y luego, llegas a Yale y te das cuenta cuán cubana eres.

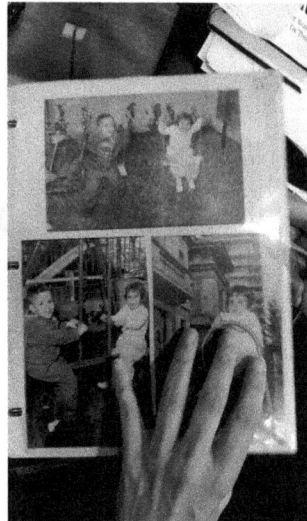

22 *Magdalena*

"My dad had to give up his love of music and go find work in the US"

....

My story is always connected to my family, specifically my dad's. He is from a small town in Mexico called Taranagua, Guanajuato. He is one of twelve children, the fourth oldest, so he always had a lot of responsibility to the younger children. But I think one of the things he really loved a lot and had fun with was music. My dad has always been musically inclined, he self-taught to read music, to play instruments, he taught himself how to play the trumpet, and for a really long time he was in a mariachi group in Mexico. But then he met my mom, they got married and started to have children, and so in order for him to be able to provide for his family he had to give up to his love of music, stop being a mariachi player, so he could come to the US and find work, so he could send money back to Mexico, to my mom and his kids. He did that in the 70's. He would come to the US, back and forth, for about six years. He finally landed in Washington state, and he found a work with a farmer in eastern Washington. The man really appreciated my dad's work, so he told him: "I have work for you all year round, so if you want, I'll sponsor your family. If you can bring them up here I can sponsor you family so you can begin the process of getting your visas."

I've always felt like we missed out on taking photos. I think we were so low on income that it was just impossible. So I missed out on this, I don't have a lot of artifacts from when I was young. I think it was more about survival and what you could provide for your family, and other things were seen as a luxury. This is why this photo is so important, I think it was when somebody went to Mexico and they brought the bag, so I was like, Oh my God, I actually have a young photo! I am probably five years old in here and I'm, like, that's cool, that's what I looked like. Because I don't have any other photos of myself; my parents couldn't always afford it.

28

....

Magdalena

"Mi papá tuvo que renunciar a su amor por la música e ir a buscar trabajo a los EE.UU."

Mi historia siempre está conectada con mi familia, específicamente la de mi papá. Él es de un pequeño pueblo en México llamado Taranagua, Guanajuato. Él es uno de doce hijos, el cuarto mayor, así que siempre tuvo mucha responsabilidad hacia los hijos menores. Pero creo que una de las cosas que él realmente amaba mucho y con lo que se divertía era la música. Mi papá siempre ha estado inclinado hacia la música, él se enseñó a sí mismo a leer música, a tocar instrumentos, él se enseñó a tocar la trompeta y durante mucho tiempo estuvo en un grupo de mariachis en México. Pero luego conoció a mi madre, se casaron y comenzaron a tener hijos, así para que él pudiera mantener a su familia tuvo que renunciar a su amor por la música, dejar de tocar con los mariachis, para poder venir a los EE. UU. y encontrar trabajo, para poder enviar dinero a México, a mi mamá y a sus hijos. Hizo eso en los 70, iba y venía a los EE. UU. durante cerca de seis años. Finalmente aterrizó en el Estado de Washington y encontró trabajo con un granjero en el este de Washington. El hombre realmente apreciaba el trabajo de mi papá así que le dijo: "Tengo trabajo para usted para todo el año, yo patrocinaré a su familia. Si usted puede traerlos acá arriba yo puedo patrocinar a su familia para que puedan iniciar el proceso de obtener sus visas."

Siempre he pensado que perdimos la oportunidad de haber tomado fotografías. Pienso que teníamos tan pocos ingresos que sencillamente era imposible. Así que me perdí de esto, no tengo muchos artefactos de cuando era joven. Pienso que era más acerca de sobrevivir y que podías proveer para tu familia y lo demás era visto como un lujo. Esta es la razón por la cual esta foto es tan importante, creo que fue cuando alguien fue a México y ellos trajeron la maleta, entonces yo estaba como ¡Oh Dios mío! De hecho, ¡tengo una foto joven! Probablemente tengo cinco años aquí y estoy como, eso es genial, así es como me veía. Porque no tengo otras fotos de mí, mis padres no podían costearlo.

23

Genia

"No pude descubrir quién era yo hasta que vine a la universidad"

Nací en Los Ángeles, California, y luego vino mi papá para Washington. Él era trabajador del campo y nosotros vivíamos con mi mamá, mi papá estaba acá en Washington. No nos movimos acá hasta cuando yo estaba en el segundo grado. Cuando vivíamos en Los Ángeles vivíamos en un trailer donde había mucho crimen y muchos cholos ahí. La verdad no me acuerdo mucho de lo que pensé cuando nos movimos para acá, pero me acuerdo que era muy diferente cuando llegué a Pasco porque acá había más gente blanca, aunque hay muchos latinos ahí y hay mucha gente latina, había más gente blanca ahí que la que había en California.

Y luego vine a Seattle para la universidad, y yo siento que durante la universidad fue cuando pude florecer más porque cuando vivía con mi madre y mi padre, en la cultura mexicana hay mucho machismo, siento que no pude descubrir quién era yo hasta que vine a la universidad.

Yo me fui de Pasco a Seattle porque en mi casa, it wasn't a healthy place to be. My dad never treated my mom well, he never treated any of us with respect, he was very controlling, we weren't allowed to do a lot of things, we were very limited and we didn't have a lot of food. A lot of times we didn't have water, when I grew up we didn't have a shower, we would use a bucket and fill it up with water. My mom, my younger sister and me would sleep in the same bed, our house was, it was just bad, and I knew that my education was going to be my freedom and my way to help my mom and inspire my other sister to want to pursue more. It can be hard to have hope because I know that my three older siblings are still at home, they weren't able to leave, and the reason why I left was so I could go back and be able to help them.

4

Genia   *" I could not discover myself until I came to college"*

I was born in Los Angeles, California, and then my dad moved to Washington. He was a field worker and we lived with my mom; my dad was here in Washington. We did not move here until when I was in the second grade. When we lived in Los Angeles, we lived in a trailer where there was a lot of crime and gangsters. Actually, I do not remember much of what I thought when we moved here, but I remember it was very different when I arrived in Pasco because there were more white people here. Although there are many Latinos there and there are many Latino people, there were more white people here than there were in California.

And then I came to Seattle for college, and I feel that it was during college that I blossomed more because when I lived with my mother and my father; in Mexican culture there is a lot of machismo, I feel that I could discover myself until I came to college.

I left Pasco for Seattle because at home, it wasn't a healthy place to be. My dad never treated my mom well; he never treated any of us with respect. He was very controlling. We weren't allowed to do a lot of things, we were very limited and we didn't have a lot of food. A lot of times we didn't have water. When I grew up we didn't have a shower, we would use a bucket and fill it up with water. My mom, my younger sister and me would sleep in the same bed. Our house was, it was just bad, and I knew that my education was going to be my freedom and my way to help my mom and inspire my other sister to want to pursue more. It can be hard to have hope because I know that my three older siblings are still at home, they weren't able to leave, and the reason why I left was so I could go back and be able to help them.

24 Diana

"La herencia de comer la comida mexicana"

....

Ésta es mi constancia de la primaria cuando estuve en Oaxaca con mis abuelos. Después de que mis papás se vinieron para acá tuvimos que irnos con nuestros abuelos para que nos cuidaran. Me acuerdo de esta foto porque me tuvieron que tomar esa foto y me cortaron los pelitos de la frente para que no salieran ahí porque no se querían meter para abajo y tenían que estar para abajo. En Oaxaca estaría parte de mis ancestros.

Mi relación con México es como diferente, porque siento que para mucha gente es donde está la familia, pero para mí significa dificultad. Sorry, fue muy difícil, fueron años difíciles porque mis papás se vinieron para acá, yo no tenía a mi mamá, y tenía que cuidar a mis hermanos y todo eso, entonces era como difícil. Pero al mismo tiempo fue un año que disfruté mucho porque tenía libertad, me iba con mis abuelitos, me mandaban a cuidar los animales y me la pasaba solita ahí cuidando los animales y corriendo, y no pensando en muchas cosas que te de niña te dan estrés. Entonces tengo recuerdos muy bonitos pero al mismo tiempo fueron también años difíciles. Es una relación muy diferente a lo que mucha gente podría decir. Al estar con mi familia a veces no había mucho apoyo por parte de ellos, y siempre decían que mis papás tenían que regresar a traernos porque no podían cuidarnos. Entonces con mi familia como que no hay una relación buena, yo casi no hablo con ellos por esa misma razón de que yo siempre sentí como que me negaban.

Pero al mismo tiempo sí disfruto recordar, porque me gusta mucho la comida, entonces me acuerdo y digo: quiero regresar porque quiero comer, por ejemplo, queso fresco o unos totopos, o unas quesadillas fritas con queso adentro y flor de calabaza. Entonces son muchas cosas diferentes, pero eso podría describir mi relación con México: la comida, la herencia de comer la comida mexicana, porque allá tiene un sabor diferente que cuando estas acá. Mi mamá lo hace, su comida siempre ha sido rica, pero puedes distinguir por ejemplo las tortillas recién hechas que salen de la tortillería. Me acuerdo que cada vez que íbamos a la tortillería en México, en la ciudad de México porque viví toda mi vida en el estado de México, iba a la tortillería y siempre me daban un taco recién hecho con sal arriba y me encantaba. La señora ya me conocía y me decía: ¿quieres un taco? y yo: ¡sí!, y por eso me voluntariaba yo, para que fuera yo a comprar tortillas. Eso sería mi descripción de México y de lo que me recuerda.

69

Diana   *"The legacy of eating Mexican food"*

This is my record of elementary school when I was in Oaxaca with my grandparents. After my parents came here we had to go with our grandparents who took care of us. I remember this picture because they had to take the picture and they cut the hair at my forehead so they would not go straight out because the hair did not stay down and it had to stay down. In Oaxaca, I would be part of my ancestors.

My relationship with Mexico is different, because I feel that for many people it is where the family is, but for me it means difficulty. Sorry, it was very difficult. They were difficult years because my parents came here; I did not have my mother, and I had to take care of my siblings and all of that, so it was difficult. But at the same time it was a year that I enjoyed a lot because I had freedom. I went with my grandparents, they sent me to take care of the animals and I would spend it alone caring for the animals and running, and I would not think about many stressful things. I have very nice memories but at the same time they were also a difficult years. It is a very different relationship than most people might say. Being with my family, sometimes there wasn't much support from them, and they always said that my parents would have to come back to bring us here because they could not take care of us. So I don't have the best relationship with my family. I do not talk to them often because I always felt like they rejected me.

But at the same time I do enjoy remembering, because I really like the food. Then I remember and say: I want to go back because I want to eat, for example, fresh cheese or some tortilla chips, or fried quesadillas with cheese inside and zucchini flower. There are a lot of different things, but that could describe my relationship with Mexico: the food, the legacy of eating Mexican food, because there it has a different flavor than when you are here. My mom does it, her food has always been delicious, but you can distinguish, for example, the fresh tortillas that come out of the tortillería. I remember that every time we went to the tortillería in Mexico, in Mexico City because I lived most of my life in Mexico City, I went to the tortillería and they always gave me a fresh taco with salt on top and I loved it. The lady already knew me and would say, "Do you want a taco?" and I would say, "Yes!" That's why I volunteered to go and buy tortillas. That would be my description of Mexico and what I remember.

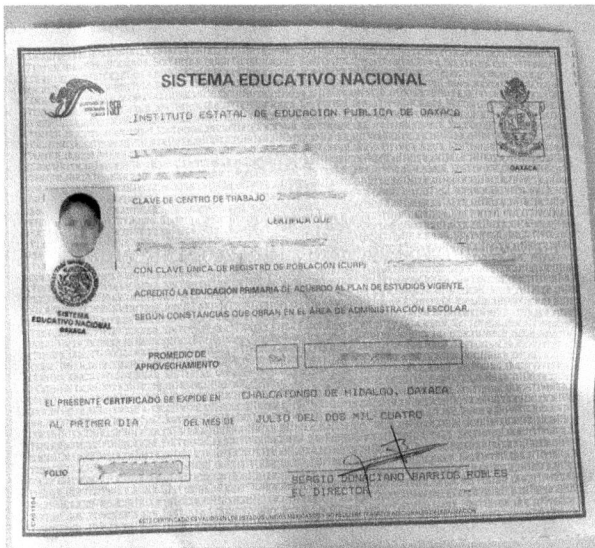

25   *Angelina*

"This bracelet was given to her and then she passed it on to me"

The issue of where is my place of origin is complex, because I was born in England, but neither of my parents is British. Mi mamá nació en Colombia, mi papá nació en Texas, and I have lived in different places, always in the USA. But my mom would take me regularly to Colombia, and for her it was very important that I spoke Spanish and that I understood that part of my family. So when people ask me: Where are you from? , siempre digo: Well, do you want to know the short version or the long version? The short version, I always say it's LA, because that's where I spent from the age of 8 until I left for college, at 17, but also because I feel like LA is the perfect place of hybrid cultures, so in that way it sums it all up, being from LA.

But the longer version is I have multiple places to which I trace my roots, but since I thought that this conversation was about the Latino side, I brought this, which is a bracelet that my mother gave me, I guess probably about 2 years ago now. It was a bracelet that was given to her when she was 14 or 15 years old by her parents, and it has different pre-Columbian symbols of Colombia, and it has emeralds, also in representation of Colombia. It's a typical representation of Colombian pride, I guess you could say. It was given to her by her parents when she left Colombia to go to school, to study in Canada. So, I think it was very meaningful to her when they gave it to her because she was leaving. It was a representation of where she was coming from, and it was very meaningful to me when she gave it to me a couple of years ago, because I saw her wear it very often. I was very moved when she gave it to me because I had seen her wear it so much in her life, and she gave it to me when she was diagnosed with a terminal illness. I think it was a recognition that she was not going to be wearing it anymore, but she wanted me to have it. It is very meaningful to me, both from her love to me as her daughter, but also these deeper roots of where she came from, and how it was given to her and then was passed on, so that's why I chose to bring it.

58

Angelina   "Este brazalete se lo dieron a ella y ella me lo pasó a mi"

Tal vez, para mí la cuestión de mi lugar de origen es complicada, porque nací en Inglaterra, pero ninguno de mis dos papas es inglés. Mi mamá nació en Colombia, mi papá nació en Texas, y he vivido en distintas partes, siempre en Estados Unidos. Pero mi mamá como colombiana me llevaba a Colombia, y era muy importante para ella que yo hablara español y que entendiera cómo era esa parte de nuestra familia. Entonces, cuando la gente me pregunta: ¡Oye! ¿de dónde eres?, siempre digo: Bueno, ¿quieres saber la versión corta o la versión larga? La versión corta, siempre digo que es LA, porque allí es donde estuve desde los 8 años hasta que me fui para la universidad a los 17, pero también porque siento que LA es el lugar perfecto de las culturas hibridas, así que de esa forma lo suma todo, ser de LA.

Pero la versión más larga es que tengo múltiples lugares de los cuales trazo mis raíces, pero ya que pensé que esta conversación era sobre el lado Latino, traje esto, que es un brazalete que mi madre me dio, creo que hace como 2 años. Era un brazalete que le fue dado a ella cuando tenía 14 o 15 años por sus padres, y tiene distintos símbolos precolombinos de Colombia, y tiene esmeraldas también en representación de Colombia. Es una representación típica del orgullo colombiano, creo que se podría decir. Le fue entregado a ella por sus padres cuando se fue de Colombia para ir a la escuela, a estudiar en Canadá. Entonces, creo que fue muy significativo para ella cuando se lo dieron, porque se estaba yendo, era una representación de dónde venía, y fue muy significativo para mí cuando me lo regaló hace un par de años, porque la vi usarlo muy a menudo. Me conmovió mucho cuando me lo dio porque la había visto usarlo tanto en su vida, y me lo dio cuando le diagnosticaron una enfermedad terminal. Creo que fue un reconocimiento de que ella ya no iba a usarlo más, pero quería que yo lo tuviera. Es muy significativo para mí, tanto por su amor hacia mí como su hija, como también por estas raíces más profundas de donde ella vino, y cómo se lo dieron a ella y luego fue heredado, así que es por eso que elegí traerlo.

26 Guadalupe

"Traje fruta, porque ahí empieza mi historia"

Traje varias cosas sobre mi lugar de origen. Voy a empezar con estas fotos. Empiezo con esta foto en mi teléfono. Es de un pequeño pueblo que se llama Villa Jiménez, Michoacán. La familia de mi papá es de Villa Jiménez, y empiezo con esta foto porque de ahí vienen unas raíces de mi familia, ahí empieza la historia. Mi abuelito Cirilo es este señor que está en la foto conmigo.

Mi abuelito migró a los Estados Unidos por primera vez en 1956 a través del programa de los braceros. Vino al estado de Michigan, donde lo mandaron a recolectar fruta y vegetales en el campo. Por otro lado, traje estas servilletas hechas por mis abuelitas, del lado de mi mamá y de mi papá. A ellas les gusta pintar y tejer. Éstas me gustan porque me recuerdan mi infancia, donde quiera las miraba en la casa. Estaban de decoraciones, y también las usamos para poner las tortillas. Al tejer o dibujar, mis abuelitas hacían cosas que miraban en la naturaleza, si miraban flores, frutas, vegetales, o árboles, eso era lo que tejían.

Mi mamá es de la Ciudad de México. Cada familia tiene diferentes historias, pero las dos migraron a los Estados Unidos en busca de un nuevo futuro. Mi papá vino por primera vez al norte en los ochentas. Igual que su padre, vino también a trabajar en el campo, en cultivos de manzana, del espárrago, de las cherries, y en el jape. Por eso traje fruta, porque ahí empieza la historia mía.

71

Guadalupe   *"I brought fruit, because that's where my story begins"*

I brought several things about my place of origin. I'm going to start with these pictures. I start with this photo on my phone. It's from a small town called Villa Jiménez, Michoacán. My dad's entire family is from Villa Jiménez, and I start with this picture because that's where my family's roots come from, that's where the story begins. My grandfather Cirilo is this man in the picture with me.

My grandpa migrated to the United States for the first time in 1956 through the bracero program. He came to the state of Michigan, where he was sent to collect fruit and vegetables in the fields. On the other hand, I brought these napkins made by my grandmothers, on both my mom's and my dad's side. They like to paint and weave. I like them because they remind me of my childhood; I would seem them throughout their house, wherever I looked. They were decorations, and we also used them to put the tortillas in. When they were weaving or drawing, my grandmothers would look to nature; they would see flowers, fruits, vegetables or trees, and that was what they wove.

My mom is from Mexico City. Each family has different stories, but both families migrated to the United States in search of a better future. My dad first came north in the 80s. Like his dad, he came to work in the fields, with apple, asparagus, cherries, and hops; so I brought fruit, because that's where my story begins.

27

Bianca

"This sewing kit reminds me of my nana"

I brought this sewing kit because it reminds me of my nana. My nana and I grew up in Arizona, in a farming community that I call the ghetto. It was behind the freeway, in this industrial neighborhood. We didn't have much, and I don't have a lot of stuff from her after she passed, because we didn't have much. We just had blankets and pots and pans and that kind of stuff, so I have this; it was her little sewing kit. It's just sewing stuff and it reminds me of her because, like I said, we didn't have much. She used to make clothes. She used to sew up things. Instead of buying something new you just had to fix it. She taught me how to do everything: how to cook, how to clean, how to sew, how to take care of myself, and this is the only thing I got from her. It used to be on her little dresser every day, and it reminds me of her. So yeah, that's why I keep it. It reminds me of where I came from, because now I'm middle class and I can afford a t-shirt: I can buy a new t-shirt!

It's a little old candy container. I keep it, it's going to sound weird, I keep it in my sock drawer because I'm afraid that if anything happened, if somebody stole something, you know what I mean, they would see it and they would want to take it thinking there is something of value inside the box, not just sewing utensils. So that's why I brought this object, because it reminds me of where I came from, living with my nana.

53

••

Bianca   "Este costurero me recuerda a mi nana"

Traje este costurero porque me recuerda a mi nana. Mi nana y yo crecimos en Arizona, en una comunidad agrícola que llaman el gueto. Estaba detrás de la autopista, en un barrio industrial. No teníamos mucho y no tengo muchas cosas de ella luego de que murió ya que no teníamos mucho. Solo teníamos cobijas y ollas y sartenes y ese tipo de cosas, así que tengo esto, era su pequeño costurero. Solo son cosas de coser y me la recuerdan a ella porque como dije, no teníamos mucho. Ella solía hacer prendas de vestir. Ella solía coser cosas. En lugar de comprar algo nuevo solo tenías que arreglarlo. Ella me enseñó cómo hacer todo, a cocinar, a limpiar, a coser, cómo cuidarme y esto es lo único que tengo de ella. Solía estar en su tocador todos los días y me la recuerda. Así que sí, por eso es que lo guardo. Me recuerda de dónde vengo porque ahora soy de clase media y puedo pagar una camiseta, ¡puedo comprar una camiseta nueva!

Es un pequeño envase de dulces. Lo mantengo, va a sonar raro, lo mantengo en mi cajón de las medias porque me da miedo que, si pasara algo, si alguien me robara algo, ya sabes que quiero decir, lo verían y querrían llevárselo pensando que hay algo de valor en la caja, no solo materiales de costura. Así que es por eso que traje este objeto, porque me recuerda de dónde vine, viviendo con mi nana.

28   Isabel

"Se extraña mucho la cultura, la gente"

Yo vengo de México, y aunque nací en la Ciudad de México hace muchos, muchos años, viví un tiempo en Chiapas, y ahí fue que yo creo que maduré como adulto. Entonces, este manto que es bordado de Chiapas, de los altos de Chiapas cerca de San Cristóbal, es lo que me recuerda un poco a mi país, México, mis tradiciones, lo que es importante para mí, la cultura sobre todo, que aquí me hace mucha falta. Esto lo uso como cobija, como un manto en la parte de atrás de la silla de mi escritorio donde escribo, esto siempre está conmigo, y lo he llevado por todas las ciudades en las que he estado por acá en Estados Unidos. Entonces, todavía extrañando mucho a mi país, aunque voy dos veces al año, no es suficiente

Lo que sería suficiente es poder regresar, pero vivir bien allá, de otra manera no. Se extraña mucho la cultura, la gente. Creo que el venir a Seattle me ha hecho sentir más extranjera de lo que antes ya me sentía. La gente dice que aquí aceptan muy bien y todo, pero no he encontrado tanta aceptación, se hacen notar las diferencias.

38

Isabel   *"You really miss the culture, the people"*

I come from Mexico, and although I was born in Mexico City many, many years ago, I lived for a time in Chiapas, and that's where I believe that I matured as an adult. So, this wrap that is embroidered from Chiapas, from the highlands of Chiapas near San Cristóbal, is what reminds me a little of my country, Mexico, my traditions, what is important to me, culture above all- a reminder that I really need here. I use this as a blanket, as a cover for the back of my desk chair where I write. This is always with me, and I have taken it to all of the cities I have been here throughout the United States. I still miss my country a lot; even though I go twice a year, it is not enough.

What would be enough is to be able to return, but to be able to live well there; there would be no other way. You really miss the culture, the people. I think that coming to Seattle has made me feel more foreign than I used to feel. People say that they very accepting here and everything, but I have not found much acceptance; the differences are salient.

29 *Cecilia*

"My parents came to the United States to get an education"

My parents were adult immigrants to the United States. They came to the United States to get an education, and they met in Berkeley. In those days Berkeley was free, no tuition. They both stayed in the International House, where they met, and then they moved to the Midwest where I was born.

My mother is Filipina and my father is Chilean, so I brought two things, one for each. My mother published a memoir of her childhood growing up in WWII Manila. In the book you can see a photo of a traditional Philippine dress. She wore it on her journey by ship to the United States. She wore that dress on the boat, and I wore it for my wedding 30 years later.

My father had an interesting journey here as well. My parents both overcame many obstacles to get to where they are. For my father it was primarily poverty. He came to Berkeley because he wanted to study physics but there was no training for physics in all of Chile. Physics was his love, his passion; he did everything he could to find books. He had a reverence for books because of what you can learn from them and how they can change your life. His father eventually got a position that paid enough for him to send my father to Berkeley, so he could get his PhD in physics. He received an award as the top physics student and finished his degree in only three years, even though when he first arrived the UC Berkeley counselors didn't want to place him in advanced physics classes, saying the education in his country was poor. When he graduated, his advisor said he was his brightest student ever.

We have a family tradition of adventure, pioneering, and fighting for civil rights. My grandfather, my father's father, fought for indigenous people's rights in Chile. He was a very quiet man, very peaceful, but within that quietness he was extremely effective. He had an incredible heart and desire for justice. Easter Island was ceded to Chile in 1888, and the indigenous people, the Rapa Nui, had been treated badly, and the population dropped to just over 100 individuals. My grandfather stood up for them; he was the lone voice. He founded an organization dedicated to protecting the rights of the Rapa Nui; he traveled to the island many times and fought for the Chilean government to improve conditions. As a thank-you, the islanders gave him this hand-carved statue. This sculpture then passed to my father and then to me. It means a lot to me because we don't have many family artifacts. When you are a family of immigrants, you have very little. My mother has almost nothing, because she took the boat with only a suitcase or two. My husband, whose parents were born in the US, has all these family artifacts, the history and genealogy of his family. On my side of the family, my mother recreated her history and made an artifact, this book to honor her childhood. For my father you could say that what he brought with him was his physics, and you could see his legacy in terms of his publications in the field. I want to honor them for their journey, because as children of immigrants, growing up without a strong identity can make things difficult for us.

81

sipa (Tagalog)
A sport played by kicking an object upward with the foot c
as many times in succession without missing. Traditio:
badminton birdie-sized thin paper object in which the pa
been cut up and frilled and weighted by a coin was used.
rattan ball or a washer covered in thread, plastic, or cloth is

terno (Tagalog)

A native evening dress with butterfly sleeves. In the p
above, Katinka Fioro and her daughter Cecilia Rodrigu
same terno some 40 years apart.

Tía , Tío (Spanish)

···

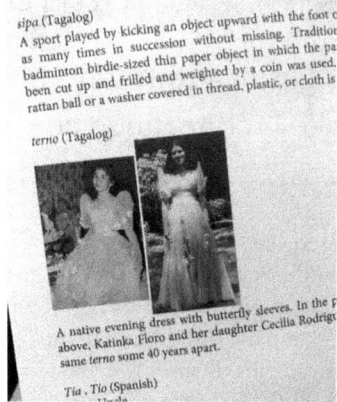

Cecilia "Mis padres vinieron a los Estados Unidos para recibir una educación"

Mis padres eran adultos inmigrantes a los Estados Unidos. Ellos vinieron a los Estados Unidos para recibir una educación, y se conocieron en Berkeley. En esos días Berkeley era gratis, no pagada. Ambos se quedaron en la Casa Internacional donde se conocieron y luego se mudaron al Midwest que es donde yo nací.

Mi madre es filipina y mi padre es chileno, así que traje dos cosas, una para cada uno. Mi madre publicó un memorial de su niñez creciendo en el Manila de la Segunda Guerra Mundial En el libro puedes ver una foto de un vestido tradicional filipino. Ella lo usó en su viaje en barco hacia los Estados Unidos. Ella usó ese vestido en el barco y yo me lo puse para mi matrimonio 30 años después.

Mi padre tuvo también un viaje interesante. Mis dos padres superaron muchos obstáculos para llegar a donde están. Para mi padre fue principalmente la pobreza. El llegó a Berkeley porque quería estudiar Física pero no había educación para la Física en Chile. La Física era su amor, su pasión; él hizo todo lo que pudo para encontrar libros. Él tenía una reverencia por los libros, por lo que puedes aprender de ellos y cómo pueden cambiar tu vida. Eventualmente su padre obtuvo un cargo que pagaba lo suficiente para mandar a mi padre a Berkeley para que pudiera obtener su PhD en Física. Él recibió un premio como el mejor estudiante de Física y terminó su grado en solo tres años, aunque cuando llego a la Universidad de Berkeley los consejeros no querían ubicarlo en clases avanzadas de Física, diciendo que la educación en su país era pobre. Cuando se graduó, su consejero le dijo que era el estudiante más brillante que había tenido.

Tenemos una tradición familiar de ser aventureros, pioneros y de luchar por los derechos civiles. Mi abuelo, el padre de mi padre, luchó por los derechos de los indígenas en Chile. Era un hombre muy callado, muy pacifico, pero dentro de esa calma era extremadamente efectivo. Tenía un corazón y un deseo de justicia increíbles. La Isla de Pascua fue cedida a Chile en 1888 y los indígenas, los Rapa Nui, habían sido maltratados y la población cayó a poco más de 100 individuos. Mi abuelo los defendió; él era la voz solitaria. Él fundó una organización dedicada a proteger los derechos de los Rapa Nui; él viajo a la isla muchas veces y peleó para que el gobierno chileno mejorara las condiciones. Como agradecimiento, los isleños le dieron esa estatua hecha a mano. Esta escultura luego fue heredada a mi padre y luego a mí. Significa mucho para mí porque nosotros no tenemos artículos familiares. Cuando eres una familia de inmigrantes, tienes muy poco. Mi madre no tiene casi nada ya que ella tomó el bote solo con una o dos maletas. Mi esposo, cuyos padres nacieron en los EE. UU., tiene muchos artefactos familiares, la historia y genealogía de su familia. En mi lado de la familia, mi madre recreó su historia e hizo un artefacto, un libro para honrar su niñez. Para mi padre, se podría decir que él trajo consigo su Física y podrías ver su legado en términos de sus publicaciones en el campo. Quiero honrarlos por su travesía, porque como hijos de inmigrantes, crecer sin una identidad fuerte puede hacernos las cosas difíciles.

30 Joaquín

"Uno va juntando historias, y a la vez conectarse con otra gente"

....

Mi papá es vasco, de una región mixta, a una hora de Pamplona. Esta pañoleta es de la corrida de toros en Pamplona. Nosotros hicimos el viaje, en el 2012 para conocer a mi tío, y pienso que es algo bien importante, porque gracias a poder uno venirse a este país, uno puede ir recabando los fondos para viajar y conocer mundo, conocer el país de uno. Ese viaje fue muy importante para mí, ir a conocer la familia de él. Uno va juntando historias y a la vez buscando conectarse con otra gente para ayudarles también y decirles, aquí estamos presentes.

Mi mamá es mexicana, del estado de Colima. Yo vengo como mexicano. A causa de necesidad económica mi madre se fue a Tijuana, decía que allá en la frontera, en el norte, uno podía sacar carretillas de dólares y todo. En los 80 buscando una vida mejor, conoció a mi papá, y ahí entonces nos tuvieron a nosotros, somos seis en total, incluyendo dos de su matrimonio anterior. Nosotros pues en Tijuana, tratando de salir adelante, pero no había los recursos. Hasta cuando teníamos ya por ahí 12 años mi mamá trabajaba en San Isidro, California, y ya pudo juntar dinero para traernos acá.

Llegamos aquí a finales de octubre del 98, el día de las brujas, acá le dicen Halloween, llegamos a Tri Cities, Pasco, y ahí empezamos a ir a la escuela. Porque cuando uno tiene una dirección en los Estados Unidos, ya los niños pueden ir a una escuela, y entonces así aprender inglés. Ahí empezamos a aprender inglés, siempre manteniéndonos conectados con nuestra familia Mexicana, la gente de allá, pero sin poder regresar, porque uno puede salir, ahora ya lo comprendo, pero volver a entrar está bien difícil.

70

PAMPLONA – IRUÑA
SAN FERMIN

Joaquín   " *One gathers stories and at the same time seeks to connect with other people* "

My father is Basque, from a mixed region, one hour from Pamplona. This scarf is from the running of the bulls in Pamplona. We made the trip in 2012 to meet my uncle, and I think it is something very important, because thanks to coming to this country, we were able to gather the funds to travel and get to know the world, to know one's country. That trip was very important for me, going to meet his family. One gathers stories and at the same time seeks to connect with other people to help them and to tell them, here we are.

My mom is Mexican, from the state of Colima. I come as a Mexican. Because of financial need, my mother went to Tijuana. She said that there on the border, in the north, you could find wheelbarrows of dollars. In the 80s looking for a better life, she met my dad, and then they had us (we are six in total), including two from their previous marriage. In Tijuana, we were working to get ahead, but there were no resources. Until I was around 12 years old, my mom worked in San Isidro, California, and she was able to raise money to bring us here. We arrived here at the end of October 1998, the day of the witches; here it's called Halloween. We arrived in Tri Cities, Pasco, and there we started going to school. When you have an address in the United States, children can go to school, and then learn English. There we began to learn English, always keeping connected with our Mexican family, the people from there, but unable to return because one can leave, now I understand it, but getting back in is very difficult.

Seis Caras de la Migración.
Six faces of Migration
Ricardo Gomez, Exhibition "Internalized Borders",
Shiva Gallery, John Jay College of Criminal Justice,
New York, NY. Feb-Apr 2018.

2. Cómo llegamos aquí

Todos llegamos aquí por diferentes caminos. Al reflexionar sobre las múltiples experiencias de migración creé un cubo que representa seis caras de la experiencia migratoria. Las historias en este libro ofrecen texturas y detalles personales que le dan riqueza a las trayectorias de LatinX. Los seis lados del cubo representan:

Quiere irse
Quiere quedarse
Quiere regresar
Obligado a irse
Obligada a quedarse
Obligada a regresar

Escucho historias de migrantes en los albergues en la frontera entre EE.UU. y México, y hablan de dolor, dificultad, incertidumbre y esperanza. Escucho las historias de profesores, estudiantes y administradoras LatinX en UW, y éstas también hablan de dolor, dificultad, incertidumbre, y esperanza. Algunos han tenido un camino más fácil que otros, pero todas han enfrentado los desafíos de tomar decisiones y darse cuenta que están en movimiento.

La migración está marcada por el movimiento.

2. How did we get here?

· ·

We all got here through different paths. Reflecting on the multiple experiences of migration I created a cube that represents six faces of the migration experience. The stories in this book offer textures and personal details that make up the richness of the LatinX trajectories. The six sides of the cube represent:

Want to leave

Want to stay

Want to return

Forced to leave

Forced to stay

Forced to return

I hear stories from migrants at shelters along the US-Mexico border, and they speak of pain, hardship, uncertainty and hope in their paths. I hear stories from LatinX faculty, students and staff at UW and they, too, speak of pain, hardship, uncertainty and hope. Some had an easier path than others, but all have faced the difficulty of making choices and realizing they are on the move.

Migration is about movement.

31

Andrés B.

"Quiero dedicarme a la ciencia independiente de la política"

··

En la universidad conocí a la que hoy es mi mujer, conocí a los mejores amigos con los que hoy seguimos en contacto, y me tocó vivir cosas sumamente fuertes e impactantes. Vivimos los últimos años de la dictadura de Pinochet, en los que participé activamente como líder estudiantil y dirigente político de Chile para terminar con la dictadura. Si quieres alguna foto, algún objeto, ahí sí tengo algo que me traje en alguno de mis viajes. FECH significa la Federación de Estudiantes de Chile, la dictadura prohibió todas las organizaciones estudiantiles, pero en el año 84 la revivimos y la volvimos a organizar y esto fue en el año 85. Cuando yo llegué a la universidad, el presidente estaba con arresto domiciliario, el vicepresidente estaba relegado en una localidad en el norte del país, y el tercero era buscado por la policía. Entonces a eso se refiere lo de libertad, fue un período bastante intenso. El próximo mes se conmemoran los treinta años del asesinato de un compañero nuestro, la policía secreta de la dictadura lo secuestró y apareció muerto después en un supuesto enfrentamiento. Hoy en día está claro que nada de eso ocurrió. Entonces este período se enmarca en mí tratando de estudiar, pero con todos estos problemas políticos por todos lados y bueno, logré sacar la carrera de bioquímica, soy bioquímico. Pero claro, siempre involucrado en todos estos problemas sociales y políticos.

En algún momento volvió la democracia a Chile, todo bonito todo bien, y yo tenía que tomar una decisión respecto de si me quería dedicar a mi profesión como científico o si quería quedarme en Chile como político, seguir participando en los acontecimientos políticos, y opté por dedicarme a la ciencia. Tenía claro que si quería dedicarme a la ciencia tenía que salir de Chile, porque como me dijo un amigo una vez, si uno quiere hacer ciencia uno tiene que hacer la mejor ciencia que uno puede. Para eso tenía que venir a Estados Unidos a educarme. Lo cual causó un poco de controversia con mi familia, con mis amigos, conmigo mismo. ¿Cómo te vas a ir a vivir a Estados Unidos si fueron ellos los que propiciaron el golpe a Allende? ¿Si fueron ellos los que han sostenido la dictadura de Pinochet, y tienen a todo el subcontinente latinoamericano con un pie encima? Lo racionalicé en su momento diciendo: bueno, yo voy a estudiar y quiero dedicarme a la ciencia independiente de la política.

39

Andrés B.   "*I want to dedicate myself to science independent of politics*"

In college, I met the woman that today is my wife. I met my best friends, whom I still keep in touch with, and I got to live through things that were extremely strong and impactful. We lived the last years of Pinochet's dictatorship, during which I actively participated as a student leader and as a political leader in Chile to end the dictatorship. If you want a picture, or some object, I do have something that I brought back with me during one of my trips. FECH stands for Student Federation of Chile. The dictatorship banned all of the student organizations, but in 1984 we revived it and we began organizing again; this was in 1985. When I arrived at the University, the president was under house arrest, the vice president was relegated to a location in the northern part of the country, and the third was been sought by the police. So that is what the reference to liberty is about; it was a very intense period. Next month we will commemorate the 30th anniversary of the assassination of my friend; the secret police kidnapped him and he later turned up dead in a supposed confrontation. Today, it is clear that none of that happened. So, this was a period that I remember as, me trying to study, but dealing with all of the political problems coming from all sides, I was able to graduate with my degree in biochemistry, I am a biochemist. But, of course, I was always involved in all of these social and political problems.

At a certain point, democracy returned to Chile, everything was going well, and I had to make a decision with regard to dedicating myself to a scientific profession or staying in Chile as a politician, keep participating in the political events, and I opted to dedicate myself to science. It was clear to me that if I was committed to science, I had to leave Chile, because as a friend said to me once, if someone wants to do science, one has to do the best science they possibly can. For that, I needed to come to the Unites States to educate myself- something, which caused a bit of controversy with my family, my friends, and with myself. How are you going to go live in the United States if it was they who propitiated the coup on Allende? If it was them that sustain Pinochet's dictatorship, and have the entire Latin American subcontinent under their heel? At the time, I rationalized it by saying: Well, I am going to study, and I want to dedicate myself to science independent of politics.

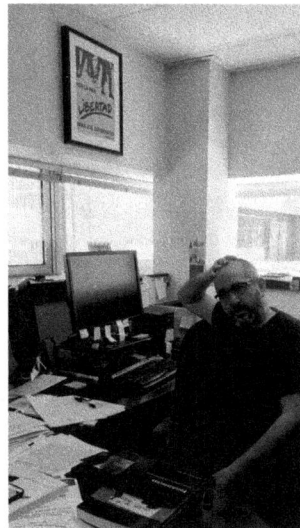

• •

32 *Ana Mari*

"*I always knew that I wanted to grow up and be somebody*"

The way I think about my journey is you have to say yes a lot. I believe it is important to have direction, but I also think that life takes you all kinds of ways. And in retrospect, it all makes sense. But going forward, of course, it didn't make much sense. I always knew that I wanted to grow up and be somebody, but in retrospect I should've been more specific. We as human beings like to impose sense on things even when in fact we make patterns out of nothing. I did always want to be a teacher; my dad had started off his career as a rural school teacher and by the time we left Cuba he was Minister of Education, so I grew up in a house where education was the closest thing to a family religion. When we were in this country my father got involved with other exiles. Putting together a book for young children on Cuban history and geography, he was very involved in this organization called the Cruzada Educativa Cubana. I was about that tall, and I lined up my stuffed animals and dolls and I taught them (pointing finger). I also went through a small phase I wanted to be a fireman, because I wanted a Dalmatian.

23

Ana Mari   "Siempre supe que quería crecer y ser alguien"

La forma en la que pienso acerca de mi travesía es que tienes que decir mucho que sí. Yo creo que es importante tener una dirección, pero también pienso que la vida te lleva en muchas direcciones. Y en retrospectiva, todo tiene sentido. Pero yendo hacia adelante, ya no tenía mucho sentido. Siempre supe que quería crecer y ser alguien, pero en retrospectiva debí haber sido más específica. A nosotros como seres humanos nos gusta ponerles sentido a las cosas incluso cuando de hecho creamos patrones de la nada. Siempre quise ser profesora; mi papá había empezado su carrera como profesor de escuela rural y para cuando nos fuimos de Cuba era Ministro de Educación, así que crecí en una casa en donde la educación era lo más cercano a una religión familiar. Cuando estábamos en este país, mi padre se involucró con otros exiliados. Armando un libro para niños jóvenes sobre historia y geografía cubana, él estaba muy involucrado con una organización llamada Cruzada Educativa Cubana. Yo era como así de alta, y alineaba mis muñecos y animales de peluche y les enseñaba (apuntando con el dedo). También pasé por una pequeña fase, quería ser bombero, porque quería un dálmata.

33

Vero

"There is not one single journey"

••

We were deported a couple of times. At that time you just got deported, and you just came back in. There's not one single journey, and I was so young. I do remember visiting, once I had my papers. I guess back then I would've said this is not my home, my home is over there. But at the time I didn't think about it that way. California is home now, but I like living here by myself. I like having my own space, a place to think, and breathe, and you know, it's my home.

12

••

Vero   "No hay solo una travesía"

Fuimos deportados un par de veces. En esa época solo te deportaban y sencillamente volvías a entrar. No hay solo una travesía, y yo era tan joven. Sí recuerdo visitar, cuando obtuve mis papeles. Creo que en ese entonces yo habría dicho, este no es mi hogar, mi hogar es allá. Pero en ese momento yo no pensaba así sobre eso. California es mi hogar ahora, pero me gusta vivir aquí sola, me gusta tener mi propio espacio, un lugar en donde pensar, y respirar, y tú sabes, es mi hogar.

34   *Ivette*

" I moved because I wanted to make a difference"

....

My journey of migration is about when I moved to Seattle from Miami, not when my parents moved from Cuba to Miami. This figure was a gift from my best friend Rick, and I don't remember when he gave it to me, but it was one of the things that I kept because it reminded me of the need for reflection, and also the ability to dream and to imagine something different. I was about to finish my Master's, and I was talking to a student who must have been ten years younger than me, and she asked: Well, what are you going to do when you're done? And I was like, I'll keep teaching middle school, and she's like, but what if you can do anything, what would you do? I was like, I have a kid! I can't, so she goes, if you could do anything, what would you do? because I was a single parent then, and I said: I'd like to teach at the university. And she said, why don't you? and I was like, I don't know, I hadn't thought about it, I have a son! And she said, so you take him with you! At that time he was 13, we had just lost the house in Homestead, and I realized that there was nothing grounding me there. My parents had gone through a divorce, my circle of life was really small, because I was teaching at the school that was across the street from where I grew up; I had never lived anywhere else. So that student who was younger than me and finishing the Master's was the one that opened the door for me. Then there were other people who also contributed along the way, as well as people who said: What are you running away from? And I was like, I don't know, I don't think I'm running away from anything; I'm running towards something. I had no idea who I was, what I needed to know in order to begin a process, and I remember I came home and I told my dad, I'm applying to Harvard! And he's like, what? And he cried because he's like, you're leaving! And I was like, I don't know! It was a possibility. And then, the more I picked up books about different educational programs, and then I found Information Science, and I was like, this kind of looks interesting! I realized Harvard doesn't have Information Science, so maybe I don't want to go there! And so, that's what got me started.

I moved for education. I moved because I wanted to make a difference and I didn't think that I could do that where I was. I was a non-traditional student: during my undergrad I worked full-time during the day and I studied at night, and then for my Master's I was also a non-traditional student, same University, Florida International University. It was in the corner of my house, there was never a need to imagine anything else because it was right there; I could see it, it was a very accessible thing. When I applied to the University of Washington I never even realized that I might not get in; that had never crossed my mind because it was the only Ischool that had an emphasis on culture, and the rest is history.

105

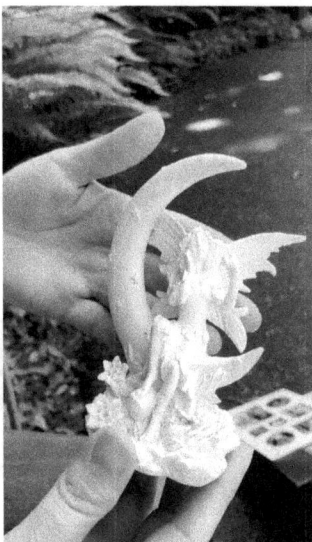

Ivette   "Me mudé porque quería hacer una diferencia"

Mi travesía de inmigración es sobre cuando me mude a Seattle desde Miami, no cuando mis padres se mudaron de Cuba a Miami. Esta figura fue un regalo de mi mejor amigo Rick, y no recuerdo cuando me la dio, pero fue una de las cosas que guardé porque me recuerda la necesidad de reflexión y también la habilidad de soñar e imaginar algo diferente. Yo estaba a punto de terminar mi maestría, y estaba hablando con una estudiante que debe haber sido diez años más joven que yo, y ella preguntó: bueno, y ¿qué vas a hacer cuando hayas terminado? Y yo estaba como, seguiré enseñando en la escuela secundaria, y ella como, pero y si pudieras hacer cualquier cosa, ¿qué harías? Yo estaba como, ¡tengo un hijo! No puedo, entonces ella dice, si pudieras hacer cualquier cosa, ¿qué harías? porque yo era una madre soltera en ese entonces, y le dije: me gustaría enseñar en la Universidad. Y ella dijo, ¿por qué no lo haces? y yo estaba como, no sé, no lo había pensado, ¡tengo un hijo! Y ella dijo, ¡pues lo llevas contigo! En ese momento él tenía 13 años, acabábamos de perder la casa en Homestead, y me di cuenta de que no había nada que me atara allí. Mis padres se habían divorciado, mi círculo de vida era realmente pequeño, porque estaba enseñando en la escuela que estaba al otro lado de la calle donde crecí, nunca había vivido en ningún otro lado. Entonces esa estudiante que era más joven que yo y estaba terminando la Maestría fue la que me abrió la puerta. Luego hubo otras personas que también contribuyeron sobre la marcha, así como personas que dijeron: ¿de qué estás huyendo? Y yo decía como, no sé, no creo que esté huyendo de nada, estoy corriendo hacia algo. No tenía ni idea de quién era, de lo que necesitaba saber para comenzar un proceso, y recuerdo que llegué a casa y le dije a mi padre: ¡me estoy postulando para Harvard! y él dijo como, ¿qué? y lloró porque dijo como, ¡te vas a ir! y yo dije como, ¡no lo sé! Era una posibilidad. Y luego, cuanto más recogí panfletos sobre diferentes programas educativos, y luego encontré Ciencias de la Información, y dije como, ¡esto como que se ve interesante! Me di cuenta de que Harvard no tiene Ciencias de la Información, así que ¡a lo mejor no quiero ir allí! así que eso fue lo que me hizo empezar.

Me mudé por la educación. Me mudé porque quería hacer la diferencia y no creía que podría hacer eso en donde estaba. Yo era una estudiante no tradicional, durante mi licenciatura trabajé tiempo completo durante el día y estudié en la noche, y luego para mi maestría también fui una estudiante no tradicional, misma Universidad, Florida International University, quedaba en la esquina de mi casa, nunca tuve la necesidad de imaginar nada más porque estaba justo allí, yo podía verla, era una cosa muy asequible. Cuando apliqué en la Universidad de Washington, nunca pensé siquiera en que podía no entrar, eso nunca se me había pasado por la cabeza, porque era la única escuela que tenía énfasis en cultura, y el resto ya es historia.

35　　　*India*

"I was trying the idea of being in academia"

I brought you this picture; I kept it on my bulletin board in my office for many years. This is the science library at Brown University, and I used to go here all the time. I went to Brown as an undergrad, and that was a huge launchpad for me. It was my first time away from the Pacific Northwest, my first time living in a different part of the country. And it was also a huge jump for me in terms of feeling like a scholar, feeling like an intellectual, and feeling like I was trying on the idea of being part of the academy. People here are very, very smart, and I had not been around that kind of caliber of intellect. It was also very intimidating, I had a lot of impostor syndrome when I got there, and a lot of feeling like I just was accepted to Brown because I was Latina. I had to reconcile that I was there. I actually came home my junior year because I couldn't afford to stay there all four years, and I went to UW my junior year.

That's where I discovered public health; I knew that I wanted to go into that field. The other thing is that Brown is in Providence, Rhode Island, and Providence is very flat. When you grow up in the Northwest, around mountains and the topography here, you're used to having a line of sight to some sort of physical feature that helps you orient where you are, and when I got to Brown, I never knew where I was. It was so hard for me because there is nothing in the horizon! So, I would go to the library. This was an eight-storey building, and I would go up to the eighth floor just so I could see out, so I could figure out where I was, because I needed to see. And it was also the building that had all the public health and medical journals, so it's where all the hot science stuff would happen, and so it was the place where I felt most at home studying! It was the place that made me start to think again about life in the academy. I realized that one of the places I was most comfortable in was in libraries. I kept paying attention to that, I was thinking about what my profession should be, where do I feel most at home, and this was another place that felt like home. This was the Health Sciences Library.

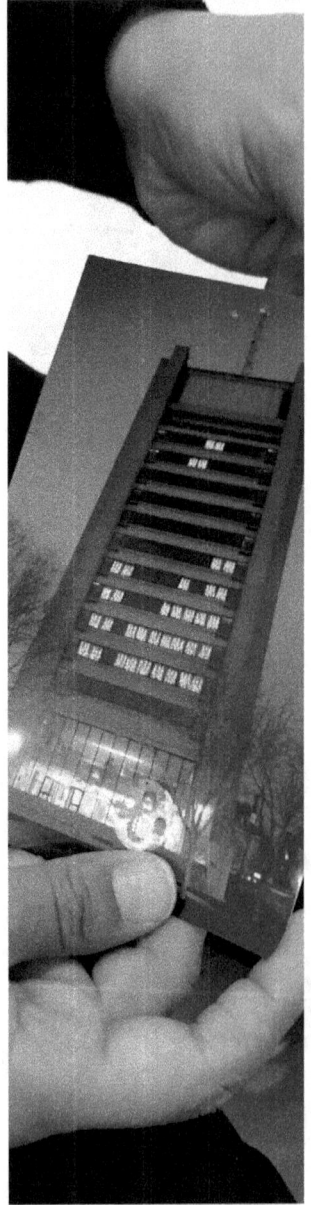

89

India   "Yo estaba probando la idea de estar en la academia"

Te traje esta foto, la mantuve en mi tablero en mi oficina durante muchos años. Esta es la biblioteca de ciencias en Brown University, yo solía ir allí todo el tiempo. Fui a Brown para el pregrado y eso fue una gran plataforma para mí. Fue mi primera vez lejos del Noroeste del Pacífico, mi primera vez viviendo en otro lugar del país. Y también fue un gran salto para mí en términos de sentirme como alumna, de sentirme como una persona intelectual, y de sentir que estaba intentando la idea de ser parte de la academia. La gente aquí es muy, muy inteligente y yo no había estado cerca de ese calibre de intelecto. También es muy intimidante, tuve mucho del síndrome del impostor cuando llegué allí y mucho de sentirme como si solo me hubieran aceptado a Brown por ser Latina. Tuve que reconciliarme con el hecho de estar allí. De hecho, regresé a casa en mi tercer año porque no podía pagar para quedarme allí los cuatro años y fui a UW en mi tercer año.

Allí es donde descubrí la Salud Pública, yo sabía que quería entrar a ese campo. Lo otro es que Brown es en Providence, Rhode Island, y Providence es muy plano. Cuando creces en el Noroeste, alrededor de las montañas y de la topografía estás acostumbrado a tener a la vista algún tipo de característica física que te ayuda a orientarte, y cuando llegué a Brown, nunca supe en dónde estaba, eso fue muy difícil para mí porque ¡no hay nada en el horizonte! Entonces yo iba a la biblioteca, que era un edificio de ocho pisos, y subía hasta el octavo piso solo para poder ver hacia afuera, para poder darme cuenta de dónde estaba porque necesitaba ver. Y también era el edificio que tenía todas las revistas médicas y de salud pública por lo que era donde pasaban todas las cosas importantes de la ciencia, así que ¡ese era el lugar en donde yo me sentía más como en casa al estudiar! Fue el lugar que me hizo comenzar a pensar nuevamente sobre la vida en la academia. Me di cuenta de que uno de los lugares en donde me sentía más a gusto era en la biblioteca. Le seguí poniendo atención a eso, estaba pensando sobre cuál debía ser mi profesión, en dónde me siento más como en casa y este era otro lugar en dónde me sentía como en casa, era la biblioteca de Ciencias de la Salud.

••

36　　*Magdalena*

"We lived in the country, isolated but happy"

This is a photo of my family in Mexico; this is my mom and myself and my siblings. In that photo, there are two siblings that are missing. This was two and a half years before we moved to the US. My mom was pregnant when he decided to move the family to the US, so they waited the 40 days after my mom gave birth, and then they said: "OK, we are moving in September to go to the US."

My parents moved here with seven children, including a newborn. All the kids traveling from the small town to Mexico City to the coyote's house. At the coyote's house we ended up being with a bunch of other people. I was six years old so I could kind of make out what was happening but didn't quite understand it. The only thing I remember my mom saying was: We are going to split up, these two white ladies are going to be driving you two, and that's how you are going to get into the US. Then we are all going to end up in your tío Quinto's house. And then she's like, don't worry about it, before you know it you are going to wake up and everyone else is going to be there. So that's what I remember. My mom and my baby sister, 40 days old, she crossed the border, the desert. One of the things that we talk about when I describe her journey is that she remembers very clearly en la noche they would start walking because it was so hot during the day, but she could hear the helicopters in the distance with the lights. And the other thing that really worried her, she could hear the rattlesnakes rattling their tail, and that was really scary because she had an infant and was trying to keep her quiet. I think that that was probably the hardest part of her journey, and then of course to be separated from her children.

I have two older brothers and an older sister that came in a produce truck. But we don't really talk about it often, if at all, unless like right now that you have been asking. But we all ended up in my tío Quinto's house, and at that point my dad came to pick up us in a van and drove us all the way here to Washington, and that's where my life started, I guess, in the US.

From the very beginning I knew what that meant. Words like la migra and being fearful and being respectful of white people. I think part of what my parents were trying to do was to protect us, and I think to some degree to instill a little bit of fear, enough fear that we will be good kids, don't do anything to draw attention because we don't want them to get us back to Mexico, right? So all I ever knew for a long time was my family, my direct immediate family, no cousins, no uncles, no grandparents. My dad and mom would talk to my grandparents over the phone, but they never pass the phone around, hey, come and talk to your grandma, it was completely cut off. Church became a really important part of our lives. Church is where my parents met friends and how we ended up trusting people, because the only friends that we had was each other, that's who we could trust. Then slowly we went to school, but we lived ten miles out of town, so we had to get the bus in and out. It was the only time that we were able to see what the town looked like. We lived out in the country, with canals and pastures with horses or cows and a lot of produce, like corn, wheat and asparagus, potatoes, you name it. That was our daily life. I remember having a really good childhood, I remember being happy, because when you have so many siblings, you always have people that you trust and you always want to do stuff together.

Magdalena   "Vivíamos en el campo, aislados pero felices"

Esta es una foto de mi familia e México; estos somos mi mamá y yo y mis hermanos. En esa foto faltan dos hermanos. Esto fue dos años y medio antes de mudarnos a los EE. UU. Mi mamá estaba embarazada cuando decidió mudar a la familia a los EE. UU. así que esperaron los 40 días luego de que mi mamá diera a luz y luego dijo: "Ok, nos mudamos en septiembre a los EE. UU."

Mis padres se mudaron aquí con siete hijos, incluyendo un recién nacido. Todos los niños viajando desde un pueblo pequeño hasta Ciudad de México a la casa del coyote. En la casa del coyote terminamos estando con muchas otras personas. Yo tenía seis años así que más o menos podía descifrar lo que estaba pasando, pero no lo entendía exactamente. Lo único que recuerdo que mi mamá decía era: nos vamos a separar, estas dos señoras blancas los van a llevar a ustedes dos en carro, y así es como van a entrar a los EE. UU. Luego vamos a terminar todos en casa de tu tío Quinto. Y luego decía como: no se preocupen por eso, antes de que se den cuenta se van a despertar y todos los demás van a estar allí. Así que eso es lo que recuerdo. Mi mamá y mi hermana bebé, 40 días de nacida, ella cruzó la frontera, el desierto. Una de las cosas de las que hablamos cuando describo su travesía es que ella recuerda muy claramente que en la noche empezaban a caminar porque era muy caliente durante el día, pero ella podía escuchar los helicópteros a la distancia con las luces. Y lo otro que realmente le preocupaba, ella podía escuchar las serpientes cascabel batiendo su cola y eso era realmente miedoso porque ella tenía una bebé y estaba intentando mantenerla en silencio. Yo creo que eso era probablemente la parte más difícil de su travesía, y luego, obviamente, ser separada de sus hijos.

Tengo dos hermanos mayores y una hermana mayor que vinieron en un camión de productos. Pero realmente no hablamos de ello a menudo si es que lo hacemos, a menos que como en este momento, tú me lo has estado preguntando. Pero todos terminamos en la casa de mi tío Quinto y en ese punto mi papá vino a recogernos en una van y nos trajo hasta aquí, a Washington, y allí es en donde empezó mi vida, diría yo, en los EE. UU.

Desde el principio yo ya sabía lo que eso significaba. Palabras como migra y tener miedo y ser respetuoso con las personas blancas. Creo que parte de lo que intentaban hacer nuestros padres era protegernos, y creo que hasta cierto punto inculcar un poco de miedo, suficiente miedo para que fuéramos niños buenos, no hacer nada para llamar la atención porque no queremos que nos regresen a México, ¿cierto? Así que todo lo que conocí durante mucho tiempo era mi familia, mi familia directa inmediata, sin primos, sin tíos, sin abuelos. Mi papá y mi mamá hablaban con mis abuelos por teléfono, pero nunca pasaban el teléfono, oye ven y habla con tu abuelita, estaba completamente cortado. La iglesia se convirtió en una parte realmente importante en nuestras vidas, la iglesia es en donde mis padres conocieron a sus amigos y es como terminamos confiando en la gente ya que los únicos amigos que teníamos eran los unos a los otros, eran en quienes podíamos confiar. Luego, lentamente fuimos a la escuela, pero vivíamos a diez millas de la ciudad así que teníamos que tomar el bus para entrar y salir. Era el único momento en el cuál podíamos ver como se veía la ciudad. Vivíamos afuera en el campo, con canales y pastizales con caballos y vacas y muchos productos, como maíz, trigo y espárragos, papas, lo que se te ocurra. Ese era nuestro diario vivir. Recuerdo tener una muy buena niñez, recuerdo ser feliz porque cuando tienes tantos hermanos siempre tienes personas en las que puedes confiar y siempre quieres hacer cosas juntos.

18

37 Joaquín

"Después de que todo estaba roto, uno empieza a sanar"

Ese es el día antes de que cruzamos, con mis hermanos. Pasamos los tres. Era como una celebración, íbamos a pasar. Hay pocas fotos, ya sabes, cuando uno se viene pues deja todos atrás. No le dijimos a nadie, fue como, vámonos y no volteamos para atrás. Como en esa ciudad de la biblia, si la gente se voltea para atrás se convierte en sal. Después de que llegamos acá, un tiempo después, nuestra madrina nos vino a visitar, y pudimos estar juntos, empezamos a formar familia acá, con la familia un poco más junta. En la otra foto estamos ya un poco más grandes. Hubo momentos bonitos, una vez que empezamos a hacer vida acá, ya sin mirar hacia atrás. Yo creo que eso nos ayuda bastante, después que las cosas estaban rotas, uno estaba desplazado, tanto física como económicamente, también espiritualmente, sentimentalmente, y con más experiencia uno aprende que en medio de las cosas que estaban pasando, aunque cuando uno era niño no entendía, pues sí había momentos bonitos. Estamos yendo a la escuela, aprendiendo inglés, acordándonos de dónde venimos. Mi mamá siempre ha trabajado de todo, vendiendo carteras, fotografías, comida, colchones, de todo; siempre muy emprendedora ella, todo el tiempo, la mamá latina que mantiene todo junto, luchadora, luchona, sobresaliente. Así poco a poco vamos teniendo las cosas básicas, como que vuelven a estar ahí y te das cuenta de lo que no tenías antes, pero no importaba porque no sabías que lo ocupabas. Y luego la educación, después de la prepa, la universidad, y luego la maestría, como que uno puede empezar a sanar, y a conectarse con otra gente y a entender quizás las cosas que uno no entendía en ese momento.

R: Cuéntame más cómo es ese sanar.

Pues yo creo que es viendo que la gente se puede ayudar entre sí, viendo los libros y lo que hace la gente en la Universidad, que hay momentos donde uno puede escuchar otras historias y lo pueden escuchar a uno conectándose de nuevo. Para mí, después de irme de casa, regresar a casa y ver las cosas que han cambiado y las cosas que no, las cosas que uno no puede cambiar, y entender esos lapsos. Nunca se para de sobrevivir, nunca hay ese sentimiento de que ya llegué, ya la hice, así de aquí en adelante todo fácil, no. Nosotros siempre hemos sido los primeros, quizás los únicos en salir del pueblo, salir del país, estar acá. Los primeros en ir a la universidad, mi hermana y yo, ha sido gracias a los sacrificios. Hay cosas que no puede platicarnos mi madre, en mi familia hay cosas que es difícil de explicar, pero conforme uno va creciendo, uno va entendiendo, y tal vez ya no necesitan explicación porque con el tiempo uno va entendiendo. Quizá eso ayude a sanar, no se. Para mí esto, contar mi historia, esto está bueno. Yo tengo la oportunidad de contribuir, esto a mí me inspira, todo lo que se está logrando. Quizás la oportunidad de contar ayuda a sanar.

••

Joaquín   "After everything breaks, one begins to heal"

That is the day before we crossed, with my brothers. The three of us crossed. It was like a celebration, we were going to cross. There are few photos; you know, when you come here, you leave everything behind. We did not tell anyone, it was like, "let's go and don't look back." It's like that city in the bible, if people looked back, they turned into salt. After we arrived here, sometime later, our godmother came to visit us. We could be together, and we started to form a family here, with the family a little bit closer. In the other picture we were a little bit older. We had beautiful moments, once we started to make a life here, without looking back. I think that helped us a lot, after things were broken, one was displaced, both physically and economically, also spiritually, sentimentally. With more experience, one learns that in the middle of the things that are happening. Although as a child I did not understand, there are still beautiful moments. We are going to school, learning English, remembering where we came from. My mom has always worked in everything, selling wallets, pictures, food, mattresses, everything; always an entrepreneur, all the time, the Latin mom who keeps everything together, fighter, outstanding. And like that, little by little we began to have the basic things, and you realize what you did not have before, but it did not matter because you did not know that you needed it. And then education, after high school, university, and then a Master's. You can start to heal, and connect with other people and perhaps understand the things that you did not understand at that time.

A: Tell me more about healing.

Well, I think it's seeing that people can help each other, seeing books and what people do at the university. There are moments where someone can listen to other stories, be heard, and connecting again. For me, after leaving home, and going back home and see the things that have changed and the things that have not, the things that one can't change, and understand those lapses. Survival never stops; there is never that feeling of having arrived, that I finally did it and from now on it's all easy, no. We have always been the first, perhaps the only ones to leave the town, to leave the country, to be here. The first ones to go to the university, my sister and I, and it has been thanks to sacrifices. There are things that my mother can't tell us about, in my family there are difficult things to explain, but as one grows up, we start understanding, and maybe they do not need an explanation because with time we understand. Maybe that will help to heal; I do not know. For me this, telling my story, this is good. I have the opportunity to contribute; this inspires me, everything that is being achieved. Perhaps the opportunity to tell a story helps heal.

***

38 Juan Carlos

"Mi papá decidió dejar todo lo que teníamos y comenzar una nueva vida"

Vinimos aquí fue después de las elecciones que pasaron en Nicaragua, con lo de los Sandinistas. Mi familia estaba involucrada con eso de facilitar las elecciones, que todo fuera bien. Pero después vieron lo que estaba pasando, la corrupción, y mi familia dijo que no querían quedarse allá, que no íbamos a tener tantas oportunidades de educación y de crecer si nos quedábamos allá. Mi papá es ciudadano americano, él estuvo en el army cuando tenía 18 o 19 años, entonces él decidió dejar todo lo que teníamos en Nicaragua y comenzar una nueva vida. Él se fue a Miami un año antes y estuvo buscando trabajo en lo que fuera. Estuvo trabajando con sus primos de contractor, cosas así, y después encontró algo con el gobierno y después ya pudo ser algo más sólido, donde él podía ya traer a su familia, y ahí fue cuando llegamos a Cookeville, Tennessee, una ciudad bien pequeña y bien diferente a lo que yo estaba acostumbrado.

La única foto que tengo de Tennessee es esta foto con mis primeros amigos de allá, se llaman Cameron, Tristan y Kylie. Ellos fueron los que más me ayudaron a adaptarme a la vida americana. Ellos siempre me decían cuando decía algo malo o pronunciaba algo mal, y siempre lo hacían sin malicia. Él vivía en el apartamento de arriba y el otro vivía en el de la izquierda, entonces ahí nos hicimos amigos, jugamos fútbol americano y todo. Al principio me dio un poco de miedo porque no sabía, me costaba hablar el idioma, yo entendí que en esta transición no iba a ser lo mismo, no iba poder ir al parque, no iba a poder ir a jugar fútbol o salir con su familia. Cómo me iba a adaptar a algo, si la cultura mía es bien sociable, pero la de ellos sería más como reservada. Fue bien difícil, las primeras dos semanas la gente me hablaba y yo no les entendía nada, solo decía sí y movía la cabeza.

Yo sentí que ya tenía una vida aquí cuando mi hermano y yo empezamos a entender más lo que estaba pasando, comprendíamos más el inglés y nos sentíamos más parte de esto. Para mi mamá fue más difícil, comenzando a aprender inglés a los 35 años fue muy difícil para ella, y veíamos cómo ella se quería comunicar. Más tarde, creo que fue en mi tercer año de preparatoria estando ya aquí en Seattle, cuando ya las cosas estaban más estables, sabíamos cómo iban a ser las rutinas, podíamos hacer las cosas que nosotros queríamos, yo me adapté más y pude ser más libre, tenía mi espacio. Fue cuando sentí que ya estaba adaptado.

83

71

Juan Carlos   *"My dad decided to leave everything we had and start a new life"*

We came here after the elections happened in Nicaragua, with the Sandinistas. My family was involved in facilitating the elections and making sure everything went well. But after they saw what was happening, the corruption, my family decided they didn't want to stay there, that we wouldn't have many opportunities for education or growth if we stayed there. My dad is an American citizen. He was in the army when he was 18 or 19 years old, so he decided to leave everything we had in Nicaragua and begin a new life. He went to Miami a year before and looked for work in any trade; he worked with his cousins in construction, things like that. Then he found something with the government and then he could be stable enough to bring his family, and that's when we arrived to Cookeville, Tennessee, a very small city and very different from what we were used to.

The only picture I have of Tennessee is this picture with my first friends from there. Their names are Cameron, Tristan and Kylie. They were the ones who helped me adapt to American life the most. They always told me when I said something bad or pronounced something wrong, and they always did it without malice. He lived in the apartment above and the other lived in the one on the left. That's how we became friends; we played football and everything. At first I was a bit scared because I didn't know, it was hard for me to speak the language. I understood that this transition would not be the same; I would not be able to go to the park, I would not be able to play soccer or go out with family. How could I adapt to something, if my culture is very sociable, but theirs would be more reserved. It was very difficult; the first two weeks people talked to me and I did not understand anything, I just said yes and shook my head.

I felt that I had a life here once my brother and I began to understand more of what was happening; we understood English more and we felt more a part of this. For my mom it was more difficult; starting to learn English at the age of 35 was very difficult for her, and we saw how she wanted to communicate. Later, I think it was in my third year of high school here in Seattle, when things became more stable. We knew what our routines were going to be, we could do the things we wanted, I adapted more and I could have more freedom. I had my space; that is when I felt I had adapted.

39 *Rocío*

"Pero en el checkpoint they put us in a little jail"

....

Nací en Morelia, my parents met there, got married, my dad came to work in California and for the first 3 years of my life I just saw my dad every 6 months because he was working. Then my mom got tired y dijo, ya vámonos con tú papá. So, my parents decided to cross the border to the US, and the first time we tried was in a bus, pasamos por Tijuana. Pero en el checkpoint they put us in a little jail because we didn't have visa. I remember my mom crying. We were detained I think a day, and then we were returned to Mexico. My mom was scared about traveling again, but el coyote le dijo ándele señora, no más una vez más, yo la paso. And we tried one more time, y pasamos la segunda vez. We went to Washington with my aunt. I remember that we went to a park and my mom cried because she didn't like it here; my dad worked all the time, and she didn't have anything to do. Then my brother was born and she got better, but we were undocumented. Entonces, when I was 9, my grandpa had a disease and my mother started a humanitarian campaign to see my grandpa, because we already had our paperwork in process for migration, but we couldn't go see him because my mother only got the humanitarian visa when my grandpa passed away. So she couldn't say good-bye. After that, my mom was depressed again.

After the summer, she went to Mexico when she got the green card, but I didn't. Ella quería ver a su mamá, estaba muy triste, entonces decidieron que nos íbamos a México even though I was undocumented. So, when I was 10 years old I was in Mexico for 3 months. And I remember I had my primera comunión there. It was amazing.

9

....

Rocío   "En el puesto fronterizo nos pusieron en la cárcel"

Nací en Morelia, mis padres se conocieron allí, se casaron, mi papá vino a trabajar a California y durante los primeros 3 años de mi vida solo veía a mi papá cada 6 meses porque él estaba trabajando. Luego mi mamá se cansó y dijo, ya vámonos con tú papá. Así que mis padres decidieron cruzar la frontera hacia los EE. UU. y la primera vez que lo intentamos en un bus, pasamos por Tijuana. Pero en el punto de chequeo nos metieron e una cárcel pequeña porque no teníamos visa. Recuerdo a mi mamá llorando, estuvimos detenidos creo que un día y luego nos regresaron a México. Mi mamá tenía miedo de viajar de nuevo pero el coyote le dijo, ándele señora, no más una vez más, yo la paso. Y lo intentamos una vez más, y pasamos la segunda vez. Fuimos a Washington a donde mi tía. Recuerdo que fuimos a un parque y mi mamá lloró porque no le gustaba estar aquí, mi papá trabajaba todo el tiempo y ella no tenía nada que hacer. Luego mi hermano nació y ella se compuso, pero estábamos indocumentados. Entonces, cuando tenía 9 años, mi abuelo tenía una enfermedad y mi madre comenzó una campaña humanitaria para ver a mi abuelo, porque ya teníamos nuestros documentos en proceso de emigración, pero no pudimos ir a verlo porque mi madre solo recibió la visa humanitaria cuando mi abuelo falleció. Así que ella no se pudo despedir. Después de eso, mi mamá estuvo deprimida de nuevo.

Después del verano ella fue a México cuando obtuvo la residencia, pero yo no. Ella quería ver a su mamá, estaba muy triste, entonces decidieron que nos íbamos a México a pesar de que yo estaba indocumentada. Entonces, cuando tenía 10 años, yo estuve en México durante 3 meses. Y recuerdo que tuve mi primera comunión allá. Fue increíble.

40 Andrés Z.

"Cuando me dijeron que sí no dejé de sonreír todo el día"

....

A mí me entrevistaron en México para trabajar en Microsoft. Cuando yo me enteré fue como no manches, cómo voy a quedar, yo acabo de salir de la universidad, no tengo experiencia. Pero igual lo intenté. Yo iba con la idea de que no iba a quedar. Cuando me dijeron que sí quedé no dejé de sonreír todo el día. Fue muy curioso porque hacen tres entrevistas, y después de cada una yo creía que no pasaba. Quedamos cuatro personas de las 15 que entrevistaron. Así vine. Ahora estoy estudiando una maestría en ciencias de computación.

85

....

Andrés Z. " *When they said yes, I could not stop smiling all day*"

I interviewed in Mexico in order to work at Microsoft. When I found out I got the job, it was like, no kidding, I just graduated from college and I don't have experience. I had the idea that I wasn't going to get it. But when they said I got it, I couldn't stop smiling all day. It was a curious day because they hold three interviews, and after each one, I thought I wouldn't get it. There were four people left out of the 15 that interviewed. That's how I came. Now I'm working on my Master's in computer science.

41

Linda

"My parents were persistent"

···

My parents' dream was not crushed after being scammed. After they had immigrated to Paraguay they had to get themselves back up, and when they were able to save enough money, they hired an "immigration lawyer" again to process the paperwork for the legal visa. Then that person disappeared with everything, and robbed their money! So they were conned again. They lost everything, again. Having seen my parents go through that for the second time, you realize how hard it is to immigrate to the US legally; it's a difficult path to take, especially if you are unprivileged and all you have it's your bare hands. Several years passed, they saved enough again, and as we say in Spanish, la tercera es la vencida, *so they went for the third time. They were finally able to make it to the US. They were persistent for us, their children. They wanted a US education for their children. The idea of the American Dream resonated with them, and I don't know if this is because they went through the Korean war, and they saw the strength of the US as a country (in terms of military and economy) when they came to support Korea.*

R: How would you define what was the American Dream for them?

It is hard to know everything that they were thinking, but I think it was to give us things that they didn't have access to when they were growing up, and they saw that possible in the US. My parents both come from a humble beginning; my mother, especially, grew up like an orphan, couldn't go to school because her family could not pay for schooling, and was hungry most of her childhood. All my childhood, I remember both of them working very hard every day, nights and weekends, to make ends meet. So for them having an education, a higher education, meant a path to financial stability. I don't think they were thinking about us becoming millionaires, but hoping that we would have enough and not worry about what is going to happen the next day. To have clothes, shelter, food, and good education just like every family would want for their kids.

102

···

Linda "Mis padres fueron persistentes."

El sueño de mis padres no fue derrotado luego de ser estafados. Después de que inmigraron a Paraguay ellos tenían que volver a comenzar, y cuando pudieron ahorrar suficiente dinero contrataron un abogado de inmigración de nuevo para procesar el papeleo para obtener la visa legal. Luego ¡esa persona desapareció con todo y les robó el dinero! Fueron estafados de nuevo y lo perdieron todo otra vez. Al ver a mis padres pasar por esto por segunda vez te das cuanta que es difícil inmigrar a los EE. UU. legalmente, es un camino realmente difícil, especialmente para quienes no tienen privilegios, para quienes solo tienen sus manos. Pasaron muchos años, ellos ahorraron lo suficiente de nuevo, y ya sabes, la tercera es la vencida, así que lo intentaron por tercera vez. Finalmente lograron llegar a los EE. UU. Ellos fueron persistentes, por nosotros, por sus hijos e hijas. Ellos querían una educación americana para sus hijos e hijas. La idea del sueño americano resonaba con ellos, tal vez por lo que ellos vivieron la guerra de Corea, en la que vieron la fuerza de los EE.UU. en términos militares y económicos cuando llegaron a apoyar a Corea.

R: ¿Cómo definirías lo que era el sueño americano para ellos?

Es difícil saber todo lo que estaban pensando, pero creo que que fue para darnos a nosotros las cosas que no tuvieron ellos cuando estaban creciendo, y vieron que eso era posible en EE.UU. Mis padres ambos vienen de familias humildes, mi madre creció casi como huérfana, y no pudo ir a la escuela porque su familia no podía pagarla. Ella pasó hambre la mayor parte de su infancia. Cuando yo era niña recuerdo que ellos trabajaban muy duro, todos los días, por las noches, los fines de semana, para alcanzar a pagar las cuentas. Así que, para ellos, llegar a tener una educación superior era un camino hacia la estabilidad financiera. Ellos no estaban pensando en que fuéramos millonarios, pero sí querían que tuviéramos suficiente y no preocuparnos por lo que fuera a pasar al día siguiente. Tener ropa, techo, comida y buena educación, como cualquier familia querría para sus hijos.

42

Isabel

"Migrante por amor"

•••

Yo no quería venir a Estados Unidos a vivir por nada del mundo, pero cuando trabajaba en Chiapas conocí a este antropólogo y vine para casarme con él.

R: ¿Eres migrante por amor?

Sí, por amor, como muchas mujeres de Latinoamérica. Fuimos a Chicago, vivimos con sus papás por 3 años antes de separarme, y eso fue lo que me trajo a Seattle. Este amuleto es una mano de Fátima, la traje porque me la regaló la abuelita de mi ex, el día que decidí venir a Seattle. Sigo teniendo contacto con mi familia política, es más, sigo casada y la familia sigue ahí, son mi familia adoptiva; son todos judíos, con ellos celebro fiestas judías, aunque yo soy criada católica, pero soy más agnóstica que atea. Llegar a Chicago fue como fácil, ya conocía a la gente en el Film Museum donde él está trabajando, y ya conocía a la familia de Aron, estuve viviendo con ellos. Aunque trabajé como bibliotecaria y como asistente de comercio internacional, era dentro de la comunidad, con miembros de la comunidad mexicana, entonces no me sentía tan aislada. Pero cuando vine a Seattle fue completamente distinto. Me vine sola, no conocía a nadie, y fue difícil la transición. Ahí es cuando sentí por primera vez que estaba llegando a Estados Unidos, a pesar de que en Chicago tuve que lidiar con todas las cuestiones de migración para poder quedarme aquí. En Seattle yo creo que fue lo más difícil, porque además cuando estaba aquí fue cuando recibí una notificación de posible deportación. Al final pude resolver mis problemas, pero aquí es donde he vivido lo que se siente ser una inmigrante en Estados Unidos. Estaba sola y no conocía a nadie, tuve varios problemas al llegar a Seattle, comenzando por encontrar un lugar dónde vivir. Cuando llegué, mi perrita y yo tuvimos que vivir separadas por mes y medio, hasta que encontré un lugar que pudiera pagar y donde aceptaran mascotas. No conocía muy bien la cultura, no la entendía. En lo que me iba adaptando, estaba conociendo UW. Me tocó adaptarme a eso de empezar a estudiar y trabajar, tenía dos trabajos en ese entonces, y tenía que lidiar con la tristeza de haber terminado mi relación con Aron y empezar una vida nueva. Era empezar desde cero. Difícil, pero no imposible.

52

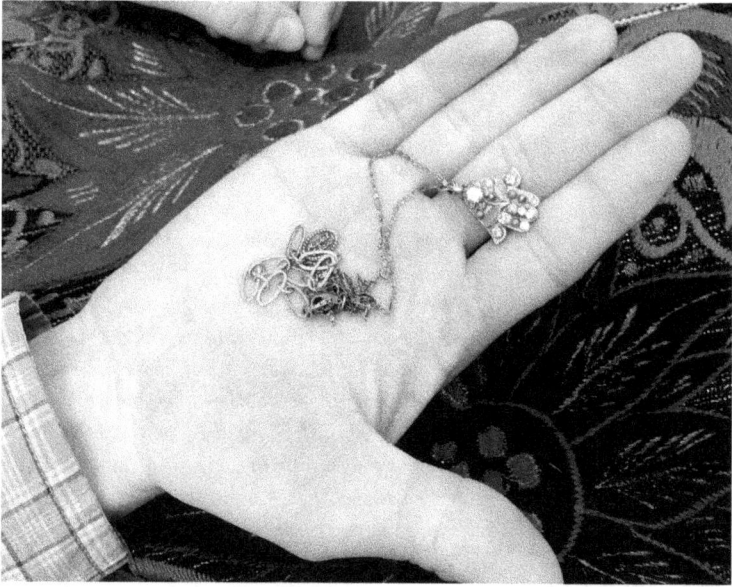

••

Isabel   *"Migrant for Love"*

I didn't want to move to the United States, not for anything in the world, but when I worked in Chiapas I met this anthropologist and I came here to marry him.

R: You are a migrant because of love?

Yes, for love, like many other women from Latin America. We went to Chicago, lived with his parents for 3 years before we separated, and that is what brought me to Seattle. This is a hand of Fatima amulet; I brought it because my ex's grandmother gave it to me, the day I decided to come to Seattle. I still have contact with my in-laws. I'm still married and the family is still there, they're my adoptive family; they are Jewish, with them I celebrate Jewish holidays, although I was raised Catholic, but I am more agnostic than atheist. Arriving in Chicago was easy, I already knew the people in the Film Museum where he is working, and I already knew Aron's family, I was living with them. Although I worked as a librarian and as an international trade assistant, it was within the community, with members of the Mexican community, so I did not feel so isolated. But when I came to Seattle it was completely different. I came alone, I did not know anyone, and the transition was difficult. That's when I felt for the first time that I was arriving in the United States, even though in Chicago I had to deal with all the migration issues in order to stay here. In Seattle, I think it was the hardest part, because when I was here, it was also when I received a notice of possible deportation. In the end, I was able to resolve my problems, but this is where I have lived what it feels like to be an immigrant in the United States. I was alone and did not know anyone. I had several problems when I arrived in Seattle, starting with finding a place to live. When I arrived, my dog and I had to live separately for a month and a half, until I found a place that I could afford and where pets were accepted. I did not know the culture very well, I did not understand it. As I adapted, I was getting to know UW. I had to adapt to begin studying and working, I had two jobs at the time, and I had to deal with the sadness of having ended my relationship with Aron and starting a new life. It was starting from scratch. It is hard but not impossible.

43   *Bianca*

"I didn't see the point of limiting myself"

I was really fortunate, more so than my peers. I went to elementary school, and a program for gifted students that was within the school district, and even though my family never encouraged me until I got to college, the teachers at school did. There was a music teacher, Mr. Hernandez. I had such a crush on him when I was a kid! Because he was fresh out of college, he was young and he was still really good looking, and he gave a shit about me. Mr. Hernandez used to bring me lunch or he would give me extra tutoring classes in my music after school ended, or he would show up to the assemblies and he'd always come and say hi to my nana. He'd go: Hola doña Tere, cómo estás. He would just be super nice to my nana, and I think that it was teachers that invested in me because they saw potential. I think that's part of what helped me. I had a lot of social services when I was a kid, and I wanted to do something in social services. Both of my parents suffered through addiction and mental illness, and I wanted to do something to help families like myself and help kids like myself who were in tough spots most of their life. That's why I do social work. Luckily, being smart when I was a kid that my teachers pushed me into the gifted program, they pushed me into going to school. And it was also me thinking: everyone says I'm smart, why not try college and see if I can help people like me? Both of those things had to come together. I don't know that it's actually any one thing. I think it has to be a series of events that contribute to making the decision to go to college, making the decision to keep pushing yourself and having the ability to do so. I'm not married, I don't have any kids, I don't have a house. I have the freedom, I have the time, why not just do it now? It was multiple things that helped me just keep going, and make the right decisions, and ensure that I could keep going.

I didn't see the point of stopping and limiting myself. I actually did at one point before. I decided to go to vocational school because I didn't know what else to do, and my nana told me: you need to get a job, you need to keep paying bills. I've been paying bills since I was a kid. I didn't know what to do with the college thing, I barely graduated high school after dropping out my junior year, so I thought vocational school would be the only way I could go. I went to vocational school, I was an X-ray tech, but I was miserable and I couldn't figure out why. I had a good paying job, I had my car, I was paying bills for me and my nana, and it was flexible. Every time I needed to take her to a doctor's appointment or something I could take her, and it was a good job for all intents and purposes. There was nothing wrong with it; but I was miserable. I was with my friend Shannon, another X-ray tech, and I was just writing a bunch of ideas in a notebook. Some of it was poetry and some of it was just creative writing, short stories and so. I was really sad sitting in my little office space that we shared, and I was writing down some ideas in my notebook. She asked me: What are you writing? I always see you writing. I was feeling especially bold and so I shared what I was writing, and it was Shannon, I will never forget, she said: You don't belong here. You need to go to college, you need to do something with that, because what you're doing, you can't do here. And I said OK, so I quit two weeks later, and I started taking classes at the community college. It took me seven years to get through my bachelor's. At any point I could have quit and gone back to X-ray, but I just couldn't quit. I knew I had to keep going. It was something special. I didn't know what it was, but I was excited that I was able to do it.

Bianca   "No veía el punto en limitarme a mí misma"

Fui muy afortunada, mucho más que mis compañeros Fui a una escuela primaria con un program para estudiantes superdotados, y aunque mi familia nunca me alentó hasta que llegué a la universidad, los profesores de esa escuela sí lo hicieron. Había un profesor de música, el Sr. Hernández, ¡yo estaba muy enamorada de él cuando era niña! Porque él recién había salido de la universidad, era joven y todavía era muy guapo, y yo sí le importaba. El Sr. Hernández solía traerme el almuerzo o me daba tutorías adicionales de música después de la escuela, o aparecía en las asambleas y siempre venía a saludar a mi nana. Él decía: Hola doña Tere, ¿cómo estás? Él era muy amable con mi nana, y creo que fueron los profesores quienes invirtieron en mí porque vieron potencial. Yo creo que eso es parte de lo que me ayudó. Tenía muchos servicios sociales cuando era niña, y yo siempre quería hacer algo en los servicios sociales. Mis padres sufrieron de adicción y de enfermedad mental, y yo quería hacer algo para ayudar a las familias como yo y ayudar a los niños como yo que pasaron por tiempos difíciles durante la mayor parte de sus vidas. Por eso es que hago trabajo social. Afortunadamente al haber sido inteligente cuando era pequeña, cuando mis maestros me impulsaron al programa de superdotados, ellos me impulsaron a ir a la escuela. Y también fui yo pensando: todos dicen que soy inteligente, por qué no intentar la universidad y ver si puedo ayudar a la gente como yo. Esas dos cosas se tenían que unir. No sé si realmente es una sola cosa, creo que tiene que ser una serie de eventos que contribuyeron a tomar la decisión de ir a la universidad, tomar la decisión de seguir presionándote y tener la capacidad de hacerlo. No estoy casada, no tengo hijos, no tengo una casa, tengo la libertad, tengo el tiempo, ¿por qué no hacerlo ahora? Fueron muchas cosas las que me ayudaron a seguir adelante, a tomar las decisiones correctas y asegurarme de que podría continuar.

No veía el punto en detenerme y limitarme a mí misma. De hecho lo hice en un momento anterior, decidí ir a la escuela vocacional porque no sabía qué más hacer, y mi nana me dijo: necesitas conseguir un trabajo, debes seguir pagando las cuentas. He estado pagando cuentas desde que era una niña. No sabía qué hacer con lo de la universidad apenas me gradué de la escuela secundaria después de haberla abandonado en mi penúltimo año, así que pensé que la escuela vocacional sería el único camino que podía tomar. Fui a la escuela vocacional, fui técnica de rayos X, pero yo me sentía miserable y no podía entender por qué. Tenía un trabajo bien pagado, tenía mi carro, estaba pagando cuentas para mí y mi nana, y era flexible, cada vez que tenía que llevarla a una cita médica o algo, podía llevarla, y fue un buen trabajo en todo sentido. No tenía nada de malo; pero yo me sentía miserable. Estaba con mi amiga Shannon, otra técnica de rayos X, y yo estaba escribiendo un montón de ideas en un cuaderno, y parte de eso era poesía y parte era solo escritura creativa, historias cortas y eso. Yo estaba muy triste, sentada en la pequeña oficina que compartíamos, y estaba escribiendo algunas ideas en mi cuaderno. Ella me preguntó: ¿que estas escribiendo? siempre te veo escribiendo. Me estaba sintiendo especialmente osada, así que compartí lo que estaba escribiendo, y fue Shannon, nunca lo olvidaré, ella dijo: tu no perteneces aquí, tienes que irte, tienes que ir a la universidad, necesitas hacer algo con eso porque lo que estás haciendo no lo puedes hacer aquí. Y dije ok, así que renuncié dos semanas después y comencé a tomar clases en la universidad comunitaria. Me tomo siete años terminar. En cualquier momento pude haber renunciado y haber regresado a rayos X, todavía tengo mi licencia y todo estaba bien, pero yo no podía dejarlo. Sabía que tenía que seguir. Era, era algo especial. No sabía lo que era, pero estaba emocionada de que podía hacerlo.

35

44

Genia

"No tenía a quién preguntarle"

∙∙

Inicialmente cuando vine a la universidad me di cuenta de muchas cosas. Por ejemplo, en la high school que fui, cuando vine a la universidad yo no estaba preparada académicamente para todo lo que la universidad demanded from me. En mi high school sí tomé AP classes, que son college credit classes, pero cuando vine aquí a la universidad, eran mucho más difíciles y yo miraba que los estudiantes tenían tutores privados y podían ir a preguntarles a sus padres que tenían trabajos de ingenieros, cuando mis padres no saben leer, y no hubo como, no tenía a quién preguntarle, no sabía los sistemas como funcionan las clases, pero como yo quería ser ingeniera, me di cuenta que yo estaba acá y todos estaban hasta acá, y yo iba a tener que trabajar el triple más para llegar acá, y como están los quarter systems, que son de tres meses, era imposible eso, es demasiado rápido. También otra cosa fue que al venirme me sentía muy, como se dice, como guilty, yo me sentía culpable porque estaba acá en la universidad y podía comer lo que quisiera, cuando en mi casa yo sé que no había nada de comer, a veces no había ni agua. Y yo aquí tenía mi propio cuarto, mi propia cama, algo que nunca había tenido, podía hacer lo que quisiera con mi tiempo, yo no sabía cómo manejar mi tiempo muy bien, yo siempre estaba como acostumbrada a ir a casa después de la escuela, hacer mi tarea y ayudarle a mi mamá. Pero aquí era muy difícil, me tomaba mucho tiempo hacer mi tarea, horas y horas porque la tarea estaba tan difícil que me pasaba muchísimo tiempo. Yo iba al Instructional Center, que es como para underrepresented people, como latinos, yo iba allí para agarrar ayuda cada día después de clase.

En mi tiempo libre era parte de muchas organizaciones on-campus, como era parte de SHIPS, Society of Hispanic Professional Engineers, y otras organizaciones de estudiantes de ingeniería. También hice research por un tiempo. Me di cuenta que no era saludable estudiar todo el tiempo y no tener una comunidad, así que ser parte de diferentes clubes y organizaciones me ayudó a agarrar un soporte, build un community, y tener un supportive network con diferentes estudiantes o profesionales también.

27

● ●

Genia   *"I didn't have anyone to ask"*

When I first came to college I realized many things. For example, at the high school that I went to, once I got to college I was not academically prepared for everything the university demanded from me. At my high school I did take AP classes, which are college credit classes, but when I came here to the university, they were much more difficult. I saw that the students had private tutors and could go and ask their parents who had engineering jobs, when my parents don't know how to read, and there's no such thing, I didn't have anyone to ask. I did not know the system, how the classes work, but because I wanted to be an engineer, I realized that I was here and everyone was here, and I was going to have to work three time harder since it's a quarter system, which lasts three months; it was impossible, it is too fast. Another thing was that when I came to college I felt very guilty. I felt guilty because I was here in the university and I could eat what I wanted, when I know there was nothing to eat back home; sometimes we didn't even have water. And here I had my own room, my own bed, something I had never had. I could do what I wanted with my time; I didn't know how to manage my time very well. I was always used to going home after school, doing my homework and helping my mom. But here it was very difficult; it took me a lot of time to do my homework, hours and hours because it was so difficult that I spent a lot of time on it. I went to the Instructional Center, which is for underrepresented people, like Latinos; I went there to get help every day after class.

In my spare time, I was part of many on-campus organizations; I was part of SHIPS, Society of Hispanic Professional Engineers, and other engineering student organizations. I also did research for a while. I realized that it was not healthy to study all the time and not have a community, so being part of different clubs and organizations helped me find support, build a community, and have a supportive network with different students and professionals as well.

45

Diana

"No me dio lugar para respirar"

....

Cuando llegamos aquí yo tenía 12 años. Esta foto la tomé yo un poco después, ya tenía 13 años ahí. La bebé es mi hermana. Yo no me quería venir para acá, pero mi mamá llego y dijo: nos vamos a quedar acá. Pero un día de repente hablaron con mis papás, mi papá y mi hermano sí se querían venir, entonces un día de repente me dijo: ya tenemos los boletos, nos vamos a ir a Tijuana y de ahí vamos allá. Yo me quedé sorprendida, fue como de un día para otro la transición. De hecho, cuando llegamos a la frontera con mis papás, el coyote me agarró a mí y me dijo: vámonos, tú vas a ser la primera. Y esa misma noche pasamos la frontera y ya estaba yo en San Diego. Como que no me dio lugar para respirar.

Y ahí fue toda otra travesía porque, me pasaron a mi primero y la noche siguiente pasaron a mi hermano, que está aquí jugando con la computadora. Me pasaron a mí un jueves, a mi hermano un viernes, y el sábado en la mañana a mi hermanita chiquita, porque es ciudadana y estaba allá también. Entonces nos dijeron: nos vamos a mover de San Diego a Los Ángeles y ahí van a esperar a su mamá. Llegamos a Los Ángeles ya el Sábado por la tarde y dijeron que mi mamá va a pasar el domingo. Mi mamá no pasó el domingo, ni tampoco el lunes, ni tampoco el martes ni el miércoles, y estuvimos ahí como por una semana y media y no pasaba mi mamá. La niña tenía dos meses, y yo la tuve que cuidar, no sabía cómo, y me acuerdo que una señora se ofreció a darle pecho porque quería pecho y yo no sabía qué hacer. La señora la amamantó y pudo la niña sobrevivir otros dos tres días. Luego mi papá dijo: no, yo no puedo esperar a que llegue mi esposa, tengo que ir por ellos, y fue hasta Los Ángeles a traernos. Lo bueno es que ese mismo día que llego mi papá, mi mamá pasó. Ya después cuando llegamos aquí ya fue como: ¡oh, ya estamos todos juntos! Me acuerdo que mi papá vivía con un señor, el que está aquí en la foto, y pues llegamos ahí y vivimos como 5 meses juntos todos. No estaba mal, siempre nos divertíamos. Los viernes nos poníamos a ver las luchas de wrestling, el Friday Nights Magnum, aunque era en inglés, pero era como un pasatiempo que siempre teníamos. Era lo único que teníamos en la televisión y se nos hacía divertido. Llegaban mis tíos, mi primo, mis dos tíos, y ahí mi hermana ya tenía como 4 o 5 meses, es la que ahorita tiene 12 años, ahorita ya está creciendo, como que ya se cree que es una niña grande. Pues sí, esa fue la historia de cuando pasamos.

46

Diana   *"I didn't have room to breathe"*

When we arrived here, I was 12 years old. I took this picture a little later; I was 13 years old there. The baby is my sister. I did not want to come here, but my mom came and said, "we're going to stay here." Then one day suddenly they talked with my parents, my dad and my brother wanted to come, so suddenly one day he told me, "we already have the tickets, we are going to Tijuana, and from there then we'll go." I was surprised; the transition was like from one day to another. In fact, when we arrived at the border with my parents, the coyote grabbed me and told me, "let's go, you're going to be the first." And that same night we crossed the border and I arrived in San Diego. It didn't give me room to breathe.

And there it was another journey because they took me across first and the next night my brother, who is here playing with the computer, crossed. They crossed me on a Thursday, my brother on a Friday, and on Saturday morning my little sister, because she is a citizen and was there, too. Then they told us, "we are going to move from San Diego to Los Angeles and there they will wait for your mother." We arrived in Los Angeles on Saturday afternoon and they said my mom would to cross on Sunday. My mom did not cross on Sunday, nor on Monday, nor on Tuesday or Wednesday, and we were there for about a week and a half and my mom did not cross. My sister was two months old, and I had to take care of her. I didn't know how, and I remember that a lady offered to breastfeed her because she wanted breast milk and I didn't know what to do. The lady nursed her, and she was able to survive another two, three days. Then my dad said, "no, I can't wait for my wife to arrive, I have to go for them," and he went to Los Angeles to pick us up. The good thing is that that same day my dad arrived, my mom crossed. Later, when we arrived here, it was like, "oh, we're all together!" I remember that my father lived with a man, the one who is here in the picture, and then we got there and we lived together for about 5 months. It wasn't bad, we always had fun. On Fridays, we would watch the wrestling matches, the Friday Nights Magnum. Even though it was in English, it was a pastime we always had. It was the only thing we had on television and it was fun for us. My uncles, my cousin, my two uncles arrived, and there my sister was about 4 or 5 months old. She is now 12 years old, she is growing, and she thinks she is a big girl. Well, yes, that was the story of when we crossed.

• •

46 Mónica

"Otro nivel de conciencia de la identidad cuando uno migra y extraña"

....

Esta foto también es bien importante para mí, es una foto de mi primer año en la universidad aquí en Oregón, Oregon State University, porque fue cuando vine de estudiar. Tú sabes que cuando uno está en su país la cuestión de la identidad nacional está presente, pero no al nivel de conciencia de cuando uno migra y extraña. Entonces, ésta fue una presentación de estudiantes latinoamericanos durante la noche latina en Oregon State University, y yo bien orgullosa estoy desfilando con mi traje típico del norte de Perú que es de donde es mi madre, voy con la bandera, y bailé después con esto en mi cabeza. Esa foto es bien importante porque como que ¡wow! ese es el momento en que me nace la conciencia de que soy peruana a otro nivel, otro nivel de conciencia. Quiero identificarme y quiero diferenciarme del resto de latinoamericanos que están ahí, es otro tipo de conciencia nacional, que surge cuando uno está fuera. Por eso siempre cargo esta foto conmigo.

31

....

Mónica   *" It's another level of awareness of identity when one migrates and longs for home"*

This picture is very important for me; it's a picture of me in my first year of college in Oregon, Oregon State University, because it's when I came here to study. You know when someone is in their own country the question of national identity is present, but not at the same level as when they migrate and long for home. So, this was a performance given by Latin-American students on Latin night at Oregon State University; and I'm happily parading my dress, which is typical in Northern Peru where my mother is from. I was with the flag, and later I danced with it on my head. This picture is very important to me because, it's like, wow! It's the moment that I become aware that I am Peruvian. It is on another level of awareness. I want to identify myself, and I want to differentiate myself from the rest of the Latin Americans who are there. It's another type of awareness of nationality that arises when one is away. That's why I always carry this picture.

47 Ricardo

"Me fui a hacer un doctorado"

....

Yo viví en muchos sitios. Crecí en Colombia, estudié en Canadá, viví en Nicaragua en tiempos de la revolución Sandinista, esa revolución traicionada, derrotada y luego olvidada. Volví a Colombia y viajé mucho. Me casé y tuve una hija que me cambió para siempre. Luego me divorcié y me volví a casar, y la última vez que salí de Colombia fue para estudiar. Inicialmente yo iba a hacer un doctorado, pero me terminé quedando en Canadá por motivos de salud de mi esposa entonces.

Esta foto es de mi grado del doctorado. Había nacido mi segundo hijo, Tomás (a quien dedico este libro), y Claudia estaba embarazada de Mateo. Mi grado del doctorado terminó siendo un cambio importante, porque me dio una credencial, un título, un diploma, que me permitió hacer muchas otras cosas que antes no habría podido hacer. Me acuerdo que me gradué y las personas me decían: Uy, pero si ahora es doctor, y yo decía: Sí, pero sigo siendo el mismo. Como que no había ningún cambio. Pero ante la sociedad sí hay un cambio. El tener un doctorado fue lo que permitió que trabajara en un centro de investigación en Canadá, luego que me contrataran en Microsoft, y después entrar a la academia, ser profesor, porque tenía un doctorado. Al momento de graduarme no usé el traje rojo de Cornell, pero años después sí lo compré para usar aquí en las ceremonias de grado de la Universidad de Washington.

19

Ricardo   *"I left to do a PhD"*

I lived in many places: I grew up in Colombia, I studied in Canada, I lived in Nicaragua in times of the Sandinista revolution; that betrayed, defeated and forgotten revolution. I returned to Colombia and traveled a lot. I got married and I had a daughter, who changed me forever. Then I got divorced and remarried, and the last time I left Colombia I left to study. I was going to do a PhD, and I ended up staying in Canada for health reasons concerning my wife.

This photo is from my PhD graduation. My second child, Tomás (to whom I dedicate this book) was a toddler, and Claudia was pregnant with Mateo. My graduation ended up being an important change because it gave me a credential, a degree, a diploma, which allowed me to do many other things that I could not have done before. I remember that I graduated and people told me, "Oh, but now you are a doctor," and I would say, "Yes, but I'm still the same person." It was like there wasn't a change. But in the face of society, there was a change. Having a PhD was what allowed me to work in a research center in Canada, then I was hired at Microsoft, and then I entered academia, I could become a professor because I had a PhD. At the time of my graduation I didn't even wear the Cornell red robe, which only years later I came to buy in order to wear it as a member of the faculty at the graduation ceremonies here at UW.

48   Anggie

"Quería explorar y mejorar mi inglés, y vine primero como niñera"

En un principio lo que me trajo fueron las ganas de explorar, de conocer. Sabía que el mundo no era solo lo que yo veía en Cali o en Colombia, sino que el mundo es un lugar muy grande y quería conocer otros lugares. Quería practicar mi inglés también, creo que esa fue otra de las motivaciones principales, poder perfeccionar o por lo menos mejorar mi nivel de inglés, y quería estar en un espacio en donde pudiera estarlo practicando constantemente. Entonces en ese viaje la única forma que encontré para hacerlo fue por medio de un programa que se llama AuPair in América, porque te ayudan con el proceso de la visa, y es digamos lo más barato sobre todo cuando comparas con que valen los fees de los programas de intercambio, cuando te vienes a estudiar a otro país y ves el costo de la comida y la casa; en este programa la idea es que te vienes a vivir por un año con una familia americana, ellos te dan todo, tu cuarto, tu comida, y a cambio de eso tú cuidas sus hijos por una cantidad de horas a la semana y ellos te dan una pequeña remuneración.

Yo fui afortunada porque di con una buena familia, no a todos los AuPairs les toca con una buena familia. Creo que más allá de ser la niñera era como una más de la familia, entonces mi relación con los niños fue muy muy bonita. Son unos niños que me abrieron el mundo, sobre todo la forma como piensas. Estos niños, los quiero mucho. Yo hacía mucho arte con ellos, siempre hacíamos cosas de arte, y cuando terminé mi año AuPair hicimos dos álbumes con fotos de todas las cosas que hicimos juntos. Un álbum lo decoraron ellos y el otro álbum lo decoré yo, y el álbum que yo decoré se los di a ellos, y el que ellos decoraron me lo dieron a mí.

93

● ●

Anggie
"I wanted to explore and improve my English,
and I first came here as a nanny"

At first, what brought me here was the desire to explore, to learn. I knew that the world was more than what I saw in Cali or Colombia, and that the world is a very big place and I wanted to know other places. I wanted to practice my English, too. I think that was another of the main motivations, to perfect or at least improve my level of English, and I wanted to be in a space where I could practice constantly. So for this trip, the only way I could do it was through a program called AuPair in America, because they help you with the visa process, and it's the cheapest, especially when you compare the cost of fees. The exchange programs, when you study abroad you see the cost of food and housing. In the program the idea is that you come to live for a year with an American family, they give you everything, your room, your food, and in exchange for that you take care of their children for a number of hours a week and they give you a small wage.

I was lucky because I found a good family, not all the au pairs get a good family. Beyond being the nanny, I was like one of the family; my relationship with the children was very beautiful. They are children that opened the world to me, especially the way we think. These children, I love them very much. I made a lot of art with them, we always did art things, and when I finished my year as au pair, we made two albums with pictures of all the things we did together. They decorated one album and I decorated the other album, and the album that I decorated I gave to them, and the one they decorated, they gave to me.

49 Guadalupe

"Soy la primera, pero no seré la última en graduarme"

···

Yo nací en Toppenish, Washington, en esta casa que ahora está abandonada. Se mira un poco diferente a cuando yo crecía y vivía en ella, pero yo crecí aquí, viví ahí los primeros 5 años de mi vida, y durante ese tiempo iba con mis papás a los fields. Recuerdo que la primera vez que fui a los fields tenía 5 años. Era un campo de espárrago, y no me quería yo quedar en el daycare, así que fui a los fields del espárrago, bien contenta porque no me iba a tocar ir al daycare, pero no sabía a qué me estaba apuntando. Estuvimos ahí todo el día, desde que apenas iba a salir el sol, hasta que se metió el sol, no fue muy divertido que digamos, pero desde una edad muy pequeña empecé a mirar lo que estaban haciendo mis padres y la razón por la cual yo estaba en el daycare. Cuando me traían con ellos ahí en el field no hacía mucho más que travesuras, no les podía ayudar mucho; andaba corriendo y creciendo, hasta la Middle School. Terminando la escuela primaria mis papás todavía trabajaban en los fields, todo lo que es el valle de Yakima, en la fruta, en el espárrago, vegetales; mi papá trabajaba en el jape [lúpulo, "hops"], lo que usan para hacer cerveza. Trabajaba ahí en el jape por buen tiempo. Ya luego nos mudamos a los Tri-Cities, a Kennewick Washington, donde vivo, donde viven mis padres ahorita, en Tri-Cities. Ahí terminé la escuela primaria, la secundaria, me gradué de la High School en Tri-Cities, fui la primera de graduarme de la High School de los dos lados de mi familia. Mis papás no tuvieron la oportunidad de tener una educación, mi mamá llegó hasta el ninth grade en el High School aquí en los Estados Unidos, y mi papá después de la primaria ya no pudo seguir, tuvo que empezar a trabajar, es el mayor de su familia.

R: ¿Entonces tú fuiste la primera de la familia de ambos lados en terminar High School?

Si, y tengo una hermanita que tiene 15 años, 6 años menor que yo, se llama Luz María, ahora sigue ella. ¡Soy la primera, pero no seré la última! Ahí viene la siguiente, ella ahora está en High School también.

17

Guadalupe   *"I am the first, but not the last one to graduate"*

I was born in Toppenish, Washington, in this house that is now abandoned. It looks a little different from when I grew up and lived in it, but I grew up here, I lived there the first 5 years of my life, and during that time I went with my parents to the fields. I remember that the first time I went to the fields I was 5 years old. It was asparagus, and I did not want to stay at the daycare, so I went to the asparagus fields, very happy because I didn't have to go to daycare, but I didn't know what I was signing up for. We were there all day, from sunrise to almost sunset, it wasn't very fun, but from a very young age I began to see what my parents were doing and the reason why I was in daycare. When they brought me with them to the field I didn't do much more than mischief; I couldn't help them much. I was running around and growing, until middle school. By the end of elementary school my parents still worked in the fields, all throughout Yakima Valley. They worked in the fruit fields, in asparagus, and vegetables. My dad worked for a good while in hops fields, what they use to make beer. Then we moved to the Tri-Cities, to Kennewick, Washington, where I live, where my parents live right now, in Tri-Cities. That's when I finished elementary school, middle school, and I graduated from high school in Tri-Cities, I was the first to graduate from the High School from both sides of my family. My parents did not have the opportunity to continue their education: my mother finished until ninth grade here in the United States, and my dad after elementary school could not continue; he had to start working because he is the oldest in his family.

R: So you were the first of the family from both sides to finish high school?

Yes, and I have a little sister who is 15 years old, 6 years younger than me. Her name is Luz María, she is next. I am the first but I'm not the last! Here comes the next one, she is now in high school too.

50 Anaid

"Estoy empezando muchas bases de mi vida"

• •

Mi vida es hoy muy tranquila, emocionante, porque estoy empezando muchas bases de mi vida. Estoy empezando como profesora, estoy empezando a ser practicante una vez más, porque había empezado como arquitecta, pero volví a la escuela por tantos años que me volví a sentir como cuando me gradué de la carrera, ¡ya no quería más escuela! Ahora me toca disfrutar, y cosechar. Entonces estoy en un periodo muy emocionante y empezando una nueva etapa de mi vida, personalmente como mujer, y como hija, como hermana empezando a tomar decisiones, empezando a tomar más decisiones a distancia de mi familia, decisiones con las que voy a vivir yo. También los van a afectar a ellos, no lo dudo, pero éstas ya son decisiones que estoy cimentando para mi futuro, sea con o sin el resto de mi familia.

80

Anaid   *"I'm starting many bases in my life"*

My life is today very quiet, which is thrilling, because I'm starting many bases in my life. I'm starting out as a professor, starting to be a practitioner again, because I had started as an architect but I went back to school for so many years that I felt again as if I had just graduated. I did not want any more school! So now I have to enjoy and harvest. So it is a thrilling period in my life, personally, as a woman, as a daughter, as a sister; starting to make my own decisions, making more decisions apart from my family, decisions that I have to live with. These decisions will also affect them, I don't doubt it, but they are decisions I'm taking to build foundations for my future, with or without the rest of my family.

51

India

"I was a new PhD and a new mother"

This picture is with my mentor from my PhD, my dissertation chair, on the day that I graduated from UNC. I keep this on my wall too, in my office, because she continues to be a mentor to me, and it just reminds me of all the hard work. It's both where I came from, and where I am presently. She's a real role model for me, so it's helpful for me now being professor; it's like, what would Geni do? I think all the time about the way that she mentored me, and I try to replicate that with the students that I mentor. She was a great scholar, but also, she was a lovely, warm person, and a friend. I have fun memories, but also I feel a strong attachment to her and all that she gave me, and I remember being really happy this day. This was graduation at UNC; it is always on Mother's Day, it's that Sunday in May, and I had just had a baby that year. I had had my son; he was about ten months old, and I remember I carried him across the stage, and that was a really sweet moment. I'm feeling the excitement from being a new PhD, but also the excitement for being a new mother.

R: I also carried my one-year old Tomás on the stage when I got my PhD at Cornell.

Yeah! It feels like both are such huge achievements. Just getting through that first year feels like a huge achievement!

33

• •

India "Yo era una nueva PhD y una nueva madre"

Estos somos mi mentora de mi Doctorado, la presidente de mi disertación y yo el día en que me gradué de UNC. También mantengo esta en mi pared, en mi oficina, porque ella sigue siendo una mentora para mí y simplemente me recuerda todo el arduo trabajo. Es tanto de dónde vengo como de dónde estoy en el presente. Ella es un verdadero modelo a seguir para mí, así que es útil para mí ahora siendo profesora, es como, ¿qué haría Geni? Pienso todo el tiempo en la forma en que ella fue mi mentora e intento replicar eso con los estudiantes de quienes yo soy mentora. Ella fue una gran erudita, pero también era una persona amorosa y cálida y una amiga. Tengo recuerdos divertidos, pero también siento un fuerte apego hacia ella y todo lo que me dio y recuerdo ser realmente muy feliz ese día. Esta fue la graduación en UNC; siempre se hace el día de la madre, es ese domingo de mayo, y yo acababa de tener un bebe ese año. Tuve a mi hijo, él tenía unos diez meses y recuerdo que lo cargué a través del escenario y ese fue un momento realmente dulce. Estoy sintiendo la emoción de ser un nuevo PhD, pero también la emoción de ser una nueva madre.

R: Yo también cargué a mí hijo Tomás de 1 año por el escenario cuando obtuve mi PhD en Cornell.

¡Sí! se siente como que ambos son logros inmensos. ¡Solo terminar ese año se siente como un logro inmenso!

52

Bianca

"I do it for myself and for my family"

....

I work with the McNair program as a student advisor while I'm in my doctoral program. I help underrepresented students get into graduate school. So when you interview me I can't separate the identity of being a student or being on staff. I'm probably more a student, I've always been. My identity has always been as a student. Obviously, when you get your doctorate you've been in school for a very long time, and that's become part of my identity. I'm the first person in my family to make it this far, except for a couple of cousins that actually completed their bachelor's degrees, and one I can think of with a Master's. But as far as getting a doctorate, I'm the only one of my family.

My mom barely graduated high school, and my grandmother, who raised me, my dad's mom, she went to the 4th grade, and all my aunts and uncles, all 18 of them, none of them went past high school. So, to them it's like, keep doing it, you have to keep going. After my first year of my doctoral program I told my tía Frances: this is so hard! And instead of her saying it'll be okay or just do your best, she's like, well, if you don't finish, we're going to be very disappointed in you. Because it means a lot to my family that I do this, and that I'd be the first person in my family to do this. Ever since I was a kid it was Doctor Altamirano, like you're going to be the one, you're going to be the one to do it, you're going to be the one to take us there, so I do it for myself and for my family.

This means a lot for me. I love my family to death, and to be able to do this, to make them proud, and to be a member of the LatinX community, is everything to me. I came from a community where we were all poor, everybody was poor. Too many roadblocks. I was never told: apply to college. I was never told: you're going to go to college. But they just called me Doctor Altamirano, and I don't know if they just called me that because I was smart and I knew that I was going to do something one day, or if they just were teasing me because I was a nerd. Nobody knew how to get into college, you know what I mean? Nobody knew what you do after high school. In my whole community there was never an expectation of going to college, nobody ever talked about it that I can remember, and I think for my neighborhood I'm the only person who graduated from high school from my generation. I did it because I knew I could.

63

● ●

Bianca   "Lo hago por mí y por mi familia"

Yo trabajo con el programa McNair como asesora estudiantil mientras estoy haciendo mi doctorado. Yo ayudo a los estudiantes que vienen de minorías subrepresentadas para que entren a la escuela de posgrado. Entonces, cuando tú me entrevistas, yo no puedo separar la identidad de ser estudiante o ser parte del personal. Probablemente soy más estudiante, siempre lo he sido. Mi identidad siempre ha sido la de ser estudiante. Obviamente, cuando obtienes tu doctorado has estado en la escuela mucho tiempo, y eso se ha convertido en parte de mi identidad. Soy la primera persona en mi familia en llegar tan lejos, excepto por un par de primos que completaron sus estudios de pregrado y uno con una maestría. Pero en cuanto a obtener un doctorado, soy la única de mi familia.

Mi mamá a duras penas se graduó de la escuela secundaria y mi abuela, la que me crió, la mamá de mi papá, cursó hasta el 4° grado, y todas mis tías y tíos, los 18, ninguno pasó del bachillerato. Entonces para ellos es como, sigue haciéndolo, tienes que seguir adelante. Después de mi primer año en el doctorado le dije a mi tía Frances: ¡Esto es muy difícil! Y ella en lugar de decirme que todo iba a estar bien o has lo mejor que puedas, ella dijo como, bueno, si no terminas, vamos a estar muy decepcionados de ti. Porque significa mucho para mi familia que yo haga esto y que sea la primera persona de mi familia que haga esto. Desde que era niña fui la Doctora Altamirano, como si fueras a ser la elegida, vas a ser quien lo haga, serás tú quien nos lleve allá, así que lo hago para mí y para mi familia.

Esto significa mucho para mí. Yo amo a mi familia a muerte, y el poder hacer esto, hacer que se sientan orgullosos y ser miembro de la comunidad LatinX, lo es todo para mí. Yo vine de una comunidad donde todos éramos pobres, teníamos demasiados obstáculos. A mí nunca me dijeron: ve a la universidad. Pero me llamaron Doctora Altamirano, y no sé si solo me llamaban así porque era inteligente y sabía que algún día iba a hacer algo, o si solo me estaban tomando el pelo porque era una nerd. Nadie sabía cómo ingresar a la universidad, ¿sabes a qué me refiero? Nadie sabía qué se hace después de la escuela secundaria. En toda mi comunidad nunca hubo una expectativa de ir a la universidad, que yo recuerde, nadie habló de ello nunca, y creo que para mi vecindario, soy la única persona que se graduó de la secundaria de mi generación. Lo hice porque sabía que podía.

53 *Guadalupe*

"My admission envelope was a very small envelope"

In the beginning I did not imagine I would go to university. It was only in my senior year in high school that I decided to apply. Los primeros años, mi junior y senior year, hice algo que se llama running start. So by the time I graduated high school, I also got my AA. I did that because the high school was going to be paying the community college and I wouldn't have to be a financial burden on my parents. My original plan after high school was trabajar en un banco, work at a bank and stay at home, para ayudar a la familia, y en septiembre de mi senior year de high school vine a una conferencia que se llama "Esperanza en la Educación" aquí en la Universidad. Es una conferencia organized by the Multicultural Outreach & Recruitment Team, on campus. Conocí a muchos estudiantes que estaban aquí en la Universidad, escuché sus historias, conocí admissions counselors, y nos dieron un tour de la universidad. Me quedé enamorada de la escuela. But I was like, don't get your hopes up because I know UW is super competitive, and who knows if I'll get in or not. Pero al venir a esa conferencia, I was encouraged to at least apply, I said, well, vamos qué pasa, por lo menos voy a aplicar. Y regresé, tomé exámenes, SAT and ACT because I hadn't taken those yet, and then with the help of some of the counselors that I met here, I applied to UW, and I got in! Fast forward to March, when I got the big envelope, although really, it was a very small envelope. De otra escuela había mandado un paquete más grande, y la UW mandó una carta pequeña, I was like, I was not admitted.

R: Because the UW envelope was small?

Sí, I thought the answer was no. I remember when I opened the mailbox, I took the letter and went in the house. There was nobody else, my parents were working. I was like, ¿me espero a que lleguen de trabajar por otras 4 horas? I only waited about half an hour. I left the letter on the table because I didn't want to open it. Y ya luego me animé, let's see, and if it's a no, at least I can console myself a bit before my parents come home. And if it's a yes, well, that will be a surprise. Y la abrí. Congratulations, you're in! That changed everything. My parents arrived and I told them. they were very happy and proud. That was the beginning of a new epoch, a new journey. I had to explain tothem where I would be going, and why I would be awyay for four years. It was a beautiful transition, but also difficult. Nobody else in my family had ever gone to college. Yes, they were happy when they came here to drop me off at UW, but they were also sad, nervous, and anxious. They were leaving their daughter in Seattle, a very big city compared to Kennewick. The size of the university is the same population of Kennewick. When they dropped me off they said: "take care of yourself, and call us every day," and they gave me all the blessings that moms usually do.

42

Guadalupe   "El sobre con mi carta de admisión era muy pequeño"

Al principio no me imaginaba que yo iba a ir a una Universidad. Fue hasta mi senior year de high school que decidí aplicar a la Universidad. Los primeros años, mi junior y senior year, hice algo que se llama running start. Para cuando me gradué del High School también tenía un diploma. Lo hice así porque como el High School estaría pagando los costos de matrícula del Community College yo no sería una carga adicional para las finanzas de mis papás. Mi plan al terminar el High School era trabajar en un banco, vivir en casa, para ayudar a la familia. En septiembre de mi último año de High School vine a una conferencia que se llama "Esperanza en la Educación" aquí en la Universidad. Es una conferencia ofganizada por la oficina de reclutamiento multicultural en la universidad. Conocí a muchos estudiantes que estaban aquí en la Universidad, escuché sus historias, conocí consejeros de admisiones, y nos dieron un tour de la universidad. Me quedé enamorada de la escuela. Pero igual me decía a mi misma que no me entusiasmara demasiado, porque se que la UW es muy competitiva y quién sabe si me reciban o no. Pero al venir a esa conferencia, eso me estimuló para por lo menos aplicar. Me dije, bueno, vamos a ver qué pasa, por lo menos voy a aplicar. Y regresé, tomé exámenes, SAT y ACT que todavía no había tomado, y después, con la ayuda de algunos de los consejeros que conocí aquí, completé mi aplicación a UW. ¡Y entré! Si nos adelantamos a marzo, cuando recibí el sobre con la gran noticia, en realidad era una carta bien pequeña. De otra escuela habían mandado un paquete más grande, y la UW mandó una carta pequeña, y yo me dije, ya estuvo que no me aceptaron.

R: ¿Porque era muy pequeña?

Sí, pensé que la respuesta era un no. Recuerdo cuando abrí el buzón del correo, la saqué y entré a la casa y no estaba nadie, mis papás andaban trabajando, y yo me preguntaba: ¿me espero a que lleguen de trabajar por otras 4 horas? Pero esperé como fácil media hora, y nomás la dejé en la mesa, porque no la quería abrir. Y ya luego me animé, vamos a ver, así, si no se hizo pues cuando menos me consuelo un poquito antes de que lleguen mis papás, y si sí, pues va a ser una gran sorpresa, y la abrí. Felicitaciones, ¡estás adentro! Eso cambió todo. Llegaron mis papás y les dije, estaban muy felices y orgullosos. Luego empezó una nueva época, un nuevo viaje, a explicarles a dónde me iba a ir y por qué me iba a ir por 4 años. Fue una transición bonita pero difícil, porque nadie más de la familia se había ido a una universidad. Cuando me vinieron a dejar aquí, a la universidad, sí estaban felices pero también estaban tristes, nerviosos y ansiosos. Iban a dejar a su hija en Seattle, una ciudad bien grande en comparación de Kennewick. Simplemente el tamaño de la universidad es la población de Kennewick, al venirme a dejar, me dijeron: "te cuidas mucho mija y nos llamas todos los días," y me echaron todas las bendiciones que echan las mamás. Cuando empezó mi primer año aquí en la universidad quería estudiar negocios, pero todo eso cambió.

54 Tatiana

"Esperé hasta después del tenure para tener hijos"

Éste es mi hijo, hace un año el día que se graduó del colegio. Y ésta es mi hija el día que hizo el bar-mitzvah. Mi marido es judío y educamos a los hijos judíos, aunque yo no soy judía. Para mí éste es parte del journey, lo que ha pasado. Hay también otro pedazo del journey, déjeme le muestro la otra foto, son algunos de mis estudiantes de doctorado.

Primero mi esposo. Yo vine aquí hace 30 años, lo conocí a él cuando ambos éramos estudiantes de posgrado. Nos casamos 5 años después, tuvimos a mi hijo 5 años después, y realmente él ha sido quien me ha apoyado para llegar hasta aquí. Él estaba haciendo su doctorado, yo estaba haciendo mi doctorado, él se graduó en el 91 y yo en el 92. Déjeme pongo el contexto histórico. En el 91 hace poco había caído el muro, la Unión Soviética se estaba desbaratando, había sido lo de Tiananmen Square. ¿Qué significa esto? Para la gente que hacía matemáticas, significaba que cuando nosotros nos estábamos graduando, pedíamos trabajo como posdoc, y en ese momento profesores de la antigua Unión Soviética, con mucha experiencia y publicaciones, estaban aplicando a posiciones de posdoctorado aquí también. El año en que yo me gradué, además de eso, habían cambiado las reglas, porque Bush había dicho que los estudiantes de China podían quedarse. Antes estaban obligados a regresar a China inmediatamente, pero ahora podían tener dificultades de índole política entonces podían quedarse. Así que el mercado de posdoc en matemáticas estaba absolutamente inundado.

En ese contexto nosotros decidimos que íbamos a aplicar y que íbamos a escoger el mejor posdoctorado posible, independientemente de si quedábamos cerquita o no uno del otro. Cuando comenzamos a buscar trabajo nos habían dicho que pidiéramos trabajo con anticipación, porque dada la situación era muy difícil que consiguiéramos dos trabajos. Nos dieron trabajo en Princeton, en Chicago y aquí en UW, y así fue como llegamos acá.

Después de eso quedé embarazada, mi hijo nació en el verano. Ya habían aprobado mi tenure, pero no había comenzado porque comienza en septiembre. Yo no quería tener hijos antes del tenure, porque me daba un poco de miedo. En este mundo las cosas realmente no son parejas, un embarazo tiende a no conducir a que las cosas funcionen de la misma manera, entonces esperé hasta después de que me dieron tenure. Tener hijos ha sido lo mejor que me ha pasado, pero realmente balancear la familia y el trabajo es una cosa muy complicada, sobre todo en un medio en que la mayoría de los colegas son hombres.

56

●●●

Tatiana   *"I waited until after tenure to have children"*

This is my son, a year ago on the day he graduated from college. And this is my daughter the day she had her bar mitzvah. My husband is Jewish and we raised our children Jewish, although I am not Jewish. For me this is part of the journey, everything that has happened. There is also another piece of the journey; let me show you the other photo, these are some of my PhD students.

First my husband. I came here 30 years ago; I met him when we were both graduate students. We got married 5 years later, we had my son 5 years after that, and, really, he has been the one who has supported me to get here. He was doing his doctorate, I was doing my doctorate, he graduated in 91 and I graduated in 92.

Let me put this in historical context. In 91 the wall had recently fallen, the Soviet Union was falling apart, and Tiananmen Square happened. What does this mean? For people doing mathematics, it meant that when we were graduating, we asked for work as a postdoc, and at that time professors from the former Soviet Union, with a lot of experience and publications, were applying to postdoctoral positions here as well. The year I graduated, in addition to that, they had changed the rules, because Bush said that Chinese students could stay. Before they were forced to return to China immediately, but now they could have political difficulties, so they could stay. The postdoc market in mathematics was flooded. In this context, we decided that we would apply and that we would choose the best possible post-doctorate, regardless of whether or not we were close to each other. When we started looking for work we had been told to ask for work with plenty of time, because given the situation, it was very difficult for us to get two jobs. They gave us work in Princeton, in Chicago and here at UW. That's how we got here.

After that I became pregnant and my son was born in the summer. They had already approved my tenure, but it had not started because it starts in September. I did not want to have children before tenure because I was a bit afraid. In this world, things really are not fair; a pregnancy tends to lead to things not working in the same way, so I waited until after they gave me tenure. Having children has been the best thing that has happened to me, but, really, balancing family and work is a very complicated thing, especially in an environment in which most colleagues are men.

55 Joaquín

"Hubo muchas personas que nos ayudaron a construir nuestra propia casa"

....

Hubo muchas personas que nos han ayudado, por ejemplo, la gente nos ayudó a hacer nuestra propia casa. Entramos a este programa Habitat for Humanity en Tri Cities. Mi mamá lo encontró por medio de la iglesia, y nosotros metimos horas, no sé cuántas, para hacer otras casas, y ya luego hubo voluntarios que nos ayudaron a meter clavos, tornillos, tachuela, lo que sea, y pudimos hacer nuestra casa. Ella ahorita vive allá, en Tri Cities. No es una casa súper grande, tres habitaciones, aunque éramos unos ocho, pero era un castillo, y ya no hay que pagar alquiler, uno ya puede tener una seguridad donde uno tiene su casa y eso gracias de esa gente. Igual hubo muchos mentores en la universidad que me han ayudado a seguir adelante.

Luego acá encontré este trabajo en la oficina para minorías en la universidad y digo, qué mejor manera de ayudar a apoyar estos programas que sacan a la gente adelante, hay que hacer esto. Por eso quise participar en su proyecto, porque qué mejor manera que la de contar la historia de mucha gente que ha ayudado a que estemos acá, muchos sacrificios, híjole pues muchas cosas qué contar. Igual yo no solamente busco hacerles justicia y darles una voz a todos esos que lo han logrado, sino también los que han ayudado sacarme adelante. Para mí quizás es igual el proceso de curarse con historias, no solamente entretener, sino también poder enseñar, poder escuchar y también enseñar.

Estoy en la Oficina de Minority Affairs y Diversity, y para mí es como estar dentro del núcleo del corazón, trabajar con gente que le apasiona ayudar a los demás, y ayudar a estos programas que ayudan a los chicos y chicas después de la preparatoria a darles dirección y a salir adelante en este mar que es la UW. Que ellos se den cuenta que hay una historia dentro de historias, en su familia, y que pueden regresar y contar sus historias entre ellos, y con los demás, y poder ver que valen, que importan, que no es algo que simplemente se puede borrar por ahí porque no vale.

24

Joaquín   *"Many people helped us build our own house"*

Many people have helped us, for example, those who helped us build our own house. We joined this program of Habitat for Humanity in Tri Cities. My mom found it through the church, and we put in many hours, I don't know how many, to help build other houses, and then there were volunteers to help us put nails, screws, whatever, and we could build our house. She now lives there, in Tri Cities. It is not a very big house, three bedrooms, even though we were eight, but for us it was a castle, and we didn't have to pay rent. One can have the security of having one's own hose, and that is thanks to other people. There were also many mentors in the university who have helped me move ahead.

Then I found this job in the office for minorities in the university, and I said, what better way to help support these programs that help people move ahead; I have to do this. That is why I wanted to participate in your project, because it is the best way to tell the story of many people who have helped us to be here, many sacrifices, many stories to tell. I don't only try to be fair and give a voice to all those who have made it, but also those who have helped me get ahead. For me it is the process of healing through telling the stories, not only entertainment but also teaching, listening and teaching others.

I'm in the Office of Minority Affairs and Diversity, and for me it is like being in the center of the heart, working with people who are passionate about helping others, and helping these programs that help students after high school, helping them have a sense of direction and to get ahead in this ocean that is the UW. I want them to know that there is a story inside the stories, in their families, and that they can go back and tell their stories among them, and with others, and see that they are also worth something, that they matter, that they are not something that can be just deleted because it is not worth anything.

56 Marisol

"El baile fue mi manera de continuar mi latinidad en mis hijos"

••

Por mi papá y mi mamá, vino la familia de mi mamá, mucha se mudó también, buscando mejoría económica y saliendo de la violencia, buscando vida mejor, un lugar mejor en dónde estar. Luego yo vine a hacer mi maestría, hace 20 años, y me quedé. Me casé con un gringo después de todo, jamás me lo imaginé, porque yo soy muy puertorriqueña y muy pro independencia de Puerto Rico, y me decían: Tú, te vas a casar con un Gringo? Y para volver al tema de la música, te cuento Ricardo que mami me dijo: Pero Marisol, ¿y ese muchacho sabe bailar? Y yo, sí mami, sabe bailar. ¿Y sabe español? y yo dije, sí, está aprendiendo. Y al fin y al cabo mi esposo, quien es profesor aquí también, se ha convertido en un embajador prácticamente de mi cultura puertorriqueña, la ha abrazado, adoptado, abogado por ella, escribimos juntos, hacemos trabajaos juntos de investigación, ha sido una maravilla para mí. Él se ha convertido en puertorriqueño, pero yo no en gringa.

Estos son mis hijos, desde que yo me mudé aquí yo les estoy pasando ese amor por el baile, esa es mi continuidad. En casa de mis papás todos venían, se hacían las fiestas, se trasladó Puerto Rico a ese centro de Florida donde todos venían a comerse las comidas riquísimas que mi mamá cocinaba. Ahí se reunían todos a oír música, a discutir los últimos discos que salieron o sea que continuó esa discusión ahí en central Florida, donde nosotros aprendimos a bailar en casa, en la sala, comiendo, bailando, con los niñitos, con los grandotes, con la abuelita, todos. Ellos han dado esa inspiración, porque ha seguido la tradición. Puerto Rico nunca ha salido de mí, como dicen. Yo salí, pero esa isla siempre me sostiene.

Entonces al enseñarles a mis hijos a bailar les estoy enseñando a vivir su ser latino. Bueno son chiquititos y claro, ni lo apreciaban, pero desde ese entonces ha sido mi manera, sin darles speeches políticos ni hablarles de lo que yo entiendo que es el mejor rumbo de mi isla, fue mi manera de continuar mi latinidad a través de mis hijos. Porque me importa demasiado, si no lo hago siento que no existo, es bien fundamental para mí de donde yo vengo, y es bien importante que mis hijos lo sepan. Y yo espero que eso les dé una base, aunque se confunden, porque están aquí, crecieron aquí, son de aquí, pero siempre ellos pueden saber que cuando van a Puerto Rico, es otro baile, es otro cantar, es otro cariño.

87

●●●

Marisol *"Dance was my way of continuing my Latinness through my children"*

Because of my dad and my mom, my mom's family came; many moved looking for economic improvement and a way out of violence., looking for a better life, a better place to be. Then I came to do my Master's, 20 years ago, and I stayed. I married a gringo after all, I never imagined it, because I am very Puerto Rican and very pro Puerto Rican independence, and they said, "You are you going to marry a gringo?" And to return to the subject of music, I tell you, Ricardo, that mommy told me, "But Marisol, does that boy knows how to dance?" And I said, "Yes mommy, he can dance." "And does he speak Spanish?" And I said, "Yes, he's learning." And after all, my husband, who is also a professor here, has practically become an ambassador for my Puerto Rican culture, has embraced, adopted, advocated for it, we write together, we do research together, has been wonderful for me. He has become Puerto Rican, but I have not become a gringa.

These are my children. Since I've moved here I am passing on my love for dance to them, that is my continuity. At my parents' house, everyone came, all the parties happened there, Puerto Rico moved to that center in Florida where everyone came to eat the delicious foods that my mother cooked. There everyone gathered to listen to music, to discuss the last albums that came out. The conversations continued in central Florida, where we learned to dance at home, in the living room, eating, dancing, with the little children, with the older ones, with grandma, everyone. They have given me that inspiration, because the tradition has continued. Puerto Rico has never left me, as they say. I left, but that island always supports me.

When I teach my children how to dance, I am teaching them to live their Latin selves. Well, they are young and of course, they did not appreciate it, but since then it has been my way, without giving them political speeches or talking about what I understand is the best course for my island, it was my way of continuing my Latinity through my children. Because I care too much; if I do not, I feel that I do not exist. It is very fundamental for me, where I come from, and it is very important that my children know it. And I hope that it gives them a foundation, even if they get confused, because they are here, they grew up here, they are from here, but they can always know that when they go to Puerto Rico, it's another dance, it's another song, it's another love.

57

Ale

"After the election I had to grow up really fast"

After the election I had to grow up really fast. I didn't really have a chance to help my parents. It's been a huge mess. I'm the first one in the family to ever go to college and my parents have been so happy and so proud of me. They have the most motivation they've ever had because I'm making their dreams of having a higher education come true. I'm a year away from completing my degree. I've been doing all these things, busting my ass to get scholarships because as a dreamer I can't get financial aid, so I have to make sure I have the money to pay for my school. My parents can only help me with very little, so I have no sympathy for excuses.

There is this picture that means a lot for me right now. I'm speaking at an event, and I learned to accept my vulnerability. Two years ago I would not have been able to do this, I could not be vulnerable, I could not cry because my family works so hard and I had to keep up. But you get sick of doing that, and you get psychologically unstable, emotionally unstable. One of my professors realized there was something going on with me, and he said: "You are so smart in the classroom, and then when it comes to the test you get really anxious; it doesn't correlate to how you act in class. What's the difference?" He realized there had to be something more so he pushed me to take advantage of the TRS center and its counselors, and with them I realized it was my living situation. Everything just made me explode, and ever since I've been using my voice not just to identify as undocumented student but to help others and mentor them so they can express themselves and feel safe that they can go after whatever they want without obstacles.

67

••

Ale   "Después de las elecciones tuve que crecer muy rápido"

Después de las elecciones tuve que crecer muy rápido. En realidad, no tuve la oportunidad de ayudar a mis padres, ha sido un gran desastre. Soy la primera en la familia que ha ido a la universidad y mis padres han estado muy felices y muy orgullosos de mí, ellos tienen más motivación que nunca porque estoy realizando sus sueños de tener una educación superior. Estoy a un año de terminar mi carrera. He estado haciendo todas estas cosas, rompiéndome el trasero para conseguir becas porque como soñadora, no puedo conseguir apoyo financiero así que tengo que asegurarme de tener el dinero para pagar la escuela. Mis padres solo pueden ayudarme muy poco así que no siento ninguna simpatía por las excusas.

Está esta foto que significa mucho para mí en este momento, estoy hablando en un evento y aprendí a aceptar mi vulnerabilidad. Hace dos años no habría podido hacer esto, no podía ser vulnerable, no podía llorar ya que mi familia trabaja tan duro y yo tenía que mantener el ritmo. Pero te enfermas haciendo eso y te vuelves inestable sicológicamente, inestable emocionalmente. Uno de mis profesores se dio cuenta de que algo me estaba pasando y me dijo: "Eres muy inteligente en el salón y luego cuando llega la hora del examen te pones muy ansiosa; no se correlaciona con tu manera de actuar en clase. ¿Cuál es la diferencia?" Él se dio cuenta de que tenía que haber algo más, así que me animó a que aprovechara el centro TRAS y a sus consejeros y junto con ellos me di cuenta de que era mi situación de vida. Todo me hizo simplemente explotar, y desde entonces he estado usando mi voz no solo para identificarme como estudiante indocumentada, sino para ayudar a otros y ser su mentora para que ellos puedan expresarse y sentirse seguros de que pueden perseguir lo que quieran sin obstáculos.

I am delighted to offer you admission to the Michael G. Foster School of Business for winter 2017. Your academic record, test scores, and personal statement demonstrate your strong potential—not only to do well academically and make substantial contributions to student life in the Foster School, but also to be highly successful in your business career.

58 _René_

••

In Mexico City I was going to law school, but I ended up coming to the US when my law school went on strike. My first job in the US was as a delivery boy in a hotel, you know? When people asked for a toothbrush or a rollaway bed I would be the one who would show up in your room and deliver it. I experienced what it means to wear a uniform, to have a nametag, which is something that not everybody has experienced. All of a sudden you are a part of a certain class of people, you're not an individual but a member of a larger group. I remember a few months after I arrived I was talking with this woman who also worked at the hotel. She was well intentioned, and she was bilingual, so I felt like she could understand immigrants. We were having a friendly conversation, and she asked me: What do you want to do? I was very young still, I was about 19, and "what do you want to do?" meant what do you envision yourself doing in the future. At that point I didn't have a clear idea, and I said: Well, I used to be in law school before... And as soon as I said that, she started to laugh. She could not contain her laughter. I was a little shocked, taken aback, and I felt that, from her perspective, it was ridiculous that somebody like me, a blue collar immigrant wearing a uniform and a nametag, was thinking about becoming a lawyer; for her that was unthinkable. That's not what people like you do! She didn't say that, but her laughter spoke louder than words. And her laughter, I still can hear it sometimes.

I felt like, OK, this kind of sucks, that somebody is questioning your capacity to do things, but at the same time I realized that she was not talking about me but about herself. I cannot give her the power to define what my dreams are. And now that I'm a professor. I'm somebody who had a middle-class background, who became working class here, and now I'm back to the middle class. My journey in the US is almost like a boomerang; I've come back to my roots essentially. I didn't go to law school after all, but I studied sociology. At some point, after having all those experiences, I became interested in immigrants, specifically in why people have certain attitudes about immigrants, and I've been studying that ever since. In a way, I became a researcher trying to make sense of that woman's laughter at the hotel, you know? What does it mean? She didn't say anything else! She just laughed at me.

26

René   "Mi travesía en los EE. UU. es como un bumerang"

En Ciudad de México yo iba a la escuela de leyes, pero terminé viniendo a los EE. UU. cuando mi escuela de leyes entró en paro. Mi primer trabajo en los EE. UU. fue como mensajero en un hotel, ¿sabes? Cuando la gente pedía un cepillo de dientes o un catre portátil yo era el que se presentaba en tu habitación y lo entregaba. Experimenté lo que significaba llevar un uniforme, tener una placa de identificación, lo que no todo el mundo ha experimentado. De repente eres parte de cierta clase de gente, no eres un individuo sino un miembro de un grupo más grande. Recuerdo que unos meses luego de haber llegado estaba hablando con una mujer que también trabajaba en un hotel. Ella tenía buenas intenciones y era bilingüe así que sentí que ella entendería a los inmigrantes. Estábamos teniendo una conversación amistosa y me preguntó: ¿que quieres hacer? yo era aún muy joven, tenía como 19 años, y "¿que quieres hacer?" significaba que es lo que te ves haciendo en el futuro. En ese punto no tenía una idea clara y dije: bueno, solía estar en la escuela de leyes antes... y tan pronto como dije eso, ella empezó a reír. Ella no podía contener su risa. Yo estaba un poco sorprendido, desconcertado, y sentí que, desde su perspectiva, era ridículo que alguien como yo, un inmigrante de cuello azul portando un uniforme y una placa de identificación, estaba pensando en convertirse en abogado; para ella eso era impensable. ¡Eso no es lo que la gente como tu hace! Ella no dijo eso, pero su risa hablo más duro que sus palabras. Y su risa, aun puedo recordarla algunas veces.

Me sentí como, OK, esto como que apesta, que alguien esté cuestionando tu capacidad de hacer las cosas, pero al mismo tiempo me di cuenta de que ella no estaba hablando de mí sino de ella misma. No le puedo dar el poder de definir cuáles son mis sueños. Y ahora que soy profesor, soy alguien que tenía un pasado de clase media, que se convirtió en clase trabajadora aquí y ahora estoy de regreso a la clase media. Mi travesía en los EE. UU. es casi como un bumerang, esencialmente he regresado a mis raíces. No fui a la escuela de leyes después de todo, pero estudié sociología. En algún punto, luego de tener todas esas experiencias, me interesé en los inmigrantes, específicamente en porque las personas tienen ciertas actitudes acerca de los inmigrantes, y he estado estudiando eso desde entonces. De cierta manera me convertí en investigador intentando ponerle sentido a la risa de esa mujer en el hotel, ¿sabes?, ¿qué significa? ¡Ella no dijo nada más! solo se rio de mí.

59 Diana

"Todavía estoy echándole ganas"

Iba a traer mi tassel de la graduación pero se me olvidó. Después le mando una foto. De hecho le puedo mandar una foto de la graduación de La Raza ayer, se la puedo mandar más tarde. El Domingo voy al estadio a la graduación también. Porque tantos años que tenía ese sueño de poder venir a la universidad, y ahora ya lo estoy cumpliendo, como que ya estoy cerca de mis sueños, aunque no estoy tan cerca, porque quiero seguir y hacer un posgrado y hacer todo eso, es la marca de que ¡sí se puede! Entonces tengo que seguir, eso es lo que ahorita me representa la escuela para mí, poder estar en este momento. Ha sido difícil, porque tengo 24 años y tuve que transferirme de una escuela comunitaria para acá, y al mismo tiempo trabajar porque como no tengo papeles, pues en el tiempo que yo salí de la preparatoria, al bachillerato, no existía ayuda financiera. Sí existían las becas y todo eso, pero no era suficiente, tenías que trabajar muy duro para conseguir una beca. Entonces para mí fue como más fácil decir: voy a ir a un community college mientras agarro más becas y trabajo más y junto el dinero para poder pagar dos años más en la universidad. Hasta ahorita sigo trabajando, tengo que balancear el trabajo con la escuela. Ha sido difícil, pero ahí le voy echando ganas.

Antes luchaba yo mucho con mi identidad de ser indocumentada, porque mis papás lo primero que dijeron cuando llegué aquí, lo primero que me dijeron fue: no le digas a nadie, nadie puede saber que tú vienes así, que no tienes documentos, porque si se dan cuenta nos pueden deportar, le pueden decir a las personas de inmigración que estamos aquí y no queremos que nadie sepa. Entonces fue un secreto que siempre guardé, y me afectó mucho después de que pasó el tiempo porque la gente siempre me decía: oye, ¿de dónde eres, y cuando vas a regresar a México? Y yo siempre decía: ahorita no, es que estoy estudiando. Siempre tenía uno como que sacar la mentira para decir: no puedo ir. Todo eso lo guardé mucho, con tanta fuerza, que un día como que tenía ganas de salir todo ese sentimiento y tuve que decirle a uno de mis amigos. Y de ahí como que me sentí mejor, pero todavía seguía guardando el secreto porque nada más era esa persona con la que había compartido. Pero ya cuando llegué aquí en la escuela conocí a personas que tenían como menos pena de estar diciendo que eran indocumentadas, como que estaban más orgullosos de serlo y les gustaba decirlo. Entonces yo pude entender que eso era algo bueno, que no tenía yo que negar mi identidad y esconderla, más bien tenía que sacarla, y que eso también le iba a ayudar a mucha gente. Que yo compartiera mi historia y que estuviera yo orgullosa de que mis papás hicieron el esfuerzo de estar aquí, no necesariamente de una manera que mucha gente dice que ilegalmente, pero mis papás siguen luchando para poder darme lo que puedan, entonces eso significa.

29

• •

Diana   "I'm still putting in the effort"

I was going to bring my graduation tassel but I forgot. I'll send you picture after. In fact, I can send you a photo of the graduation of La Raza yesterday; I can send it later. On Sunday I go to the stadium to the graduation, too.

Because for so many years I have had the dream of being able to come to the university, and now I'm doing it. I am already close to my dreams, although I'm not that close, because I want to continue and go to graduate school and do all that, but it's the mark that you can do it! So I have to continue, that's what the school means for me right now, to be in this moment. It has been difficult, because I am 24 years old and I had to transfer from a community college to here, and at the same time, work because I do not have papers, and when I graduated high school, for the bachelor's, there was no financial aid. Yes, there were scholarships and all that, but it was not enough; you had to work very hard to get a scholarship. So for me it was like easier to say, "I'm going to a community college while I get more scholarships and I work more, save money to pay two more years in college." That's how I did it, and in fact I ended up paying for a year here at the university when I started, because I did not know how to apply, and they did not give me the financial help, so I had to pay a year, and the next year they helped me, but it was difficult. Even now, I'm still working. I have to balance work and school. It has been difficult, but I am still putting in the effort.

Right now, that's basically what represents me. Before, I struggled a lot with my identity of being undocumented, because the first thing my parents said when we arrived, the first thing they said to me was, "Do not tell anyone, nobody can know that you came here like this, that you do not have documents, because if they find out they can deport us, they can tell the immigration people that we are here and we do not want anyone to know." It was a secret that I always kept, and it affected me a lot after a while, because people always asked me, "Hey, where are you from, and when are you going to return to Mexico?" And I always said, "Not right now, I'm studying." I always had to have a lie to say, "I cannot go." I kept it guarded so strongly, that one day I felt like I needed to leave that feeling behind, and had to tell one of my friends. After that I felt better, but I still kept the secret because it was only one person with whom I had shared it. But when I arrived here at the school, I met people who weren't embarrassed or shy about being undocumented. They were proud, and they liked to say it. Then, I was able to understand that it was a good thing, that I did not have to deny my identity and hide it, rather I had to take it out, and that it would help many people. Sharing my story and that I was proud that my parents made the effort to be here, not necessarily in a way that as many people say illegally, but my parents are still struggling to give me what they can. That means that my ancestors have taught them that they have to fight to have a better life and to be able to give better things to their children and their communities. So I no longer struggle so much with that identity. It has helped me know who I am, how to identify myself, but also to give strength to others who can't say that, to say it.

110

60 Ricardo

"Mi historia de migración tiene muchas curvas y vericuetos"

Yo me quedé en Canadá, no regresé a Colombia, porque a mi esposa le dio un cáncer raro y se hacía muy difícil que la cubriera un seguro médico colombiano. Así que mi familia creció en Canadá, como aparecemos en la foto de máquina automática, hasta que me buscó un cazatalentos para venir a los Estados Unidos a trabajar con Microsoft. Ese trabajo resultó una tontera, les interesaba más las relaciones públicas que lo del desarrollo comunitario a lo que supuestamente me habían traído, pero al poco tiempo de llegar a mi esposa le encontraron otro cáncer, ese sí muy agresivo, del que terminó muriendo dos años después. Así que durante ese tiempo no me podía ir, ella estaba en tratamiento, y yo tenía visa solo para trabajar en Microsoft. En la otra foto ella estaba en tratamiento, calva, y yo me puse calvo también, y nos pusimos esos tatuajes por jugar. Estábamos los dos con la cabeza pelada y con tatuajes de tigres. En eso me aprobaron el Green Card, pero yo pensaba que cuando ella muriera me iría con mis hijos para alguna otra parte. Para mí las opciones eran volver a América Latina, o volver a Canadá. Conseguí trabajo en UW, y unas semanas más tarde murió Claudia. La sorpresa fue que al poco tiempo conocí a Mary, nos casamos, y terminé quedándome aquí, donde tengo una familia nueva y ampliada, y un trabajo que me encanta. Entonces como ves, mi historia de migración es de muchos pasos y de muchos tránsitos, no es una historia lineal, sino de muchos vericuetos, de muchas curvas.

66

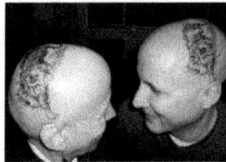

Ricardo   *"My story of migration has a lot of twists and turns"*

I stayed in Canada, I did not return to Colombia, because my wife had a rare cancer and it was very difficult to get her covered by Colombian medical insurance. My family grew up in Canada, as we appear in the photo booth picture, until I was recruited by a head hunter to come to the United States to work with Microsoft. That job turned out to be silly, they were more interested in public relations than community development, which is what they had supposedly hired me for, but shortly after arriving, my wife was diagnosed with another cancer, a very aggressive one, of which she ended up dying of two years later. During that time I could not leave, she was in treatment, and I had a visa only to work at Microsoft. In that other photo she was in treatment, bald, I went bald too, and we put those tattoos on as a joke. We were both with bald heads and tiger tattoos. I thought that when she died, even though I had just received a Green Card, I would leave with my children and go somewhere else. For me the options were to go back to Latin America, or to go back to Canada. I got a job at UW, and a few weeks later she died. The surprise was that I met Mary shortly after, we got married, and I ended up staying here. I have a new and extended family and a faculty job that I love. So as you see, my history of migration has many steps, and transitions, it is not a linear path, but one with many twists and turns.

61

Linda

"I look Asian, but I speak Spanish"

My family finally settled in El Paso, Texas, because they saw familiarity. They saw it was a little bit more like home in Paraguay: familiar faces, familiar language (Spanish language is predominant in El Paso). This is the university that I went to; it's UTEP, The University of Texas at El Paso. There I met a group of friends through a Christian group; these were one of the first friends I had met in the US. They just embraced me for who I was, you know, that I was different. I look Asian, but I speak Spanish, ella habla español. They all knew I spoke Spanish, and I think they found that pretty amusing and fun. So, I had to start all over again in a new country, being an immigrant for the second time. But I have a very supportive parents and siblings, and they are there to support me. Through whatever path I go through, they will do their best to support me and help me get to where I want to go.

98

• •

Linda   "Me veo asiática, pero hablo español"

Mi familia la fin se estableció en El Paso, Texas, porque vieron el parecido. Ellos vieron que era un poco más como casa en Paraguay: caras familiares, idioma familiar (el español es predominante en El Paso). Esta es la universidad a la que fui; es UTEP, la Universidad de Texas en El Paso. Allí conocí un grupo de amigos a través de un grupo cristiano; estos fueron algunos de los primeros amigos que tuve en los EE. UU. Ellos simplemente me aceptaron por quien era, ¿sabes? que yo era diferente. Me veo asiática, pero hablo español, "ella habla español." Todos ellos sabían que yo hablaba español y creo que les pareció muy chistoso y divertido. Luego, tuve que empezar de nuevo en un nuevo país, comenzar como inmigrante por segunda vez. Tengo una familia, unos papás y hermanos y hermanas que me apoyan mucho en lo que sea que haga, me ayudan a llegar donde sea que quiero llegar.

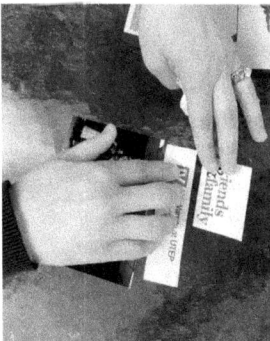

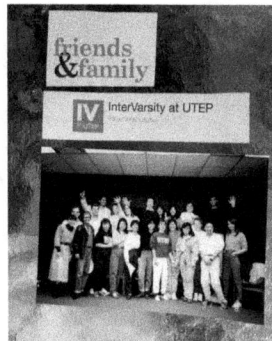

62 *Jessica*

"That is how I got curious about higher education"

I think that I found something that I like to do, that I really enjoy doing. My dissertation was looking at the experiences of first generation Latino students in college, and learning how they actually get involved in research, what helped catalyze behind them to actually engage them in research. So when I first finished my PhD I was working on campus. I enjoyed the work, but it wasn't really what I wanted. I wanted to go back to work with undergrads, so my current job was sort of the dream job. I was planning to stick around for a couple of years till something pops up, but this popped up earlier than I expected. I was fortunate and really happy to have this job; it was exactly what I wanted to do. I wanted to work in a space where I can influence how we support students doing things beyond existing or surviving in college, but actually thriving in college. I was looking at research on those challenges. We see a lot of students get involved in service learning, and some volunteering, but not so much in research, and that is a gate keeper for graduate school. So I really wanted to tackle that challenge and get students to really thrive by participating in research, helping them to get engaged and supported through that experience. So, that's what I am doing now and I really enjoy it.

R: What motivated you to keep on going?

I think it is curiosity, honestly. When I was in college, during my undergrad, I realized that engineering wasn't necessarily what I was liking. I finished it because I just wanted to finish it,. Part of me was thinking, I don't want people to think that I didn't finish it because I couldn't handle it; that is what most people would assume. I did some internships before I graduated as a civil engineer and I actually ended getting a job, a contract with an engineering consulting firm in California. I was graduating, I wasn't really feeling like an engineer anymore, but I tried it. It was really a fun job. I had to go to the beach and collect data. I decided I wanted to try teaching. During my time at Berkeley I had been involved in the Mathematics, Enginreering and Science Achievement (MESA) program, so I went back home to my parents and eventually I decided I'm going to teach. I taught for six years and I got a Master's in teaching, and as part of that teaching I was also involved in a college prep program, and that led to my interest with college success.

When we were doing this program I read a lot about students' experiences, and also about how retention rates in college were a lot lower for students of color. I was working at a school where almost all students wer people of color. The majority was LatinX (about 80%), and then Filipino, African American, and Native American. White students were the minority. For me it was realizing, here we are working very hard to get students to college, but not all of them would stay in college. They are going to barely persist, and persisting is not enough. They are not feeling successful, they may just graduate with a C-, and I got curious about what's happening in higher education, what can I do to help solve this. I then decided to come here to embark in a PhD.

74

Jessica "Así es como me dio la curiosidad por la educación superior"

Yo pienso que encontré algo que me gusta hacer, que realmente disfruto hacer. Mi disertación fue ver las experiencias de la primera generación de estudiantes latinos en la universidad, y aprender sobre cómo se involucran realmente en la investigación, cual fue el catalizador para que se involucraran con la investigación. Así que cuando terminé mi doctorado estaba trabajando en el campus, yo disfrutaba el trabajo, pero no era lo que quería realmente. Yo quería volver a trabajar con los estudiantes de pregrado así que mi trabajo actual era como el trabajo soñado. Estaba planeando quedarme un par de años hasta que apareciera algo, pero esto apareció antes de lo que yo esperaba. Fui afortunada y realmente feliz de tener este trabajo, era exactamente lo que yo quería hacer. Quería trabajar en un espacio donde pudiera influir en cómo apoyamos a los estudiantes que hacen cosas que van más allá de existir o sobrevivir en la universidad, como de hecho prosperar en la universidad. Estuve viendo investigaciones sobre esos desafíos, vemos a muchos estudiantes involucrarse en el aprendizaje de servicios y algo de voluntariado, pero no tanto en la investigación, y es un objetivo para la escuela de posgrado. Así que yo realmente quería afrontar ese desafío y hacer que los estudiantes realmente prosperaran al participar en la investigación, ayudándolos a involucrarse y ser apoyados durante esa experiencia. Entonces, eso es lo que estoy haciendo ahora y realmente lo disfruto.

R: ¿Que te motivó para continuar?

Yo creo que curiosidad, honestamente. Cuando estaba en la universidad, durante mi pregrado, me di cuenta de que la ingeniería no era necesariamente lo que me estaba gustando. Lo terminé solo porque quería terminarlo, parte de mí estaba pensando cómo, no quiero que la gente piense que no terminé porque no podía, eso es lo que la mayoría de la gente asume. Hice algunas pasantías antes de graduarme como ingeniero civil, y de hecho terminé con un trabajo, un contrato con una firma consultora en ingeniería en California. Yo me estaba graduando, ya no me estaba sintiendo muy bien como ingeniero, pero lo intenté. Realmente fue un trabajo divertido, tenía que ir a la playa y recopilar datos. Decidí que quería intentar enseñar, durante mi tiempo en Berkeley había estado involucrada en fortalecer los logros de estudiantes en matemáticas, ingeniería y ciencias (programa MESA), así que volví a casa con mis padres y eventualmente decidí que iba a enseñar. Enseñé durante seis años y obtuve una maestría en enseñanza, y como parte de esa enseñanza también participé en un programa de preparación para la universidad, y eso me llevó a interesarme por el éxito en la universidad.

Cuando estábamos haciendo este programa, leí mucho sobre las experiencias de los estudiantes, y sobre cómo las tasas de retención en la universidad eran mucho más bajas para los estudiantes de color. Yo estaba trabajando en una escuela en donde casi todos los estudiantes eran de color; la mayoría eran LatinX (cerca del 80%), y luego filipinos, afroamericanos, o indígenas americanos. Los estudiantes blancos eran una minoría. Para mi fue darme cuenta que estamos trabajando muy duro para que los estudiantes vayan a la universidad, pero no todos se quedarían en la universidad. Ellos difícilmente persistirán y persistir no es suficiente. Ellos no se están sintiendo exitosos, simplemente pueden graduarse con una C-, y allí es entonces cuando surge mi curiosidad sobre lo que está sucediendo en la educación superior, ¿qué puedo hacer para ayudar a resolver esto? y entonces decidí venir aquí para embarcarme en un PhD.

63 Anggie

"Encontré la posiblidad de estudiar, y me quedé por amor"

Me quedé porque encontré la posibilidad de estudiar, y eso era algo que siempre había querido hacer; digamos que en Colombia no tuve como las herramientas para entrar a la universidad, y tampoco sabía cómo hacerlo. También durante ese año conocí a alguien, y una cosa lleva a la otra. Así que también me quedé por amor. Pero yo creo que mi educación siempre ha sido algo primordial, y creo que si no hubiera tenido la posibilidad de estudiar, no me hubiera quedado, porque hubiera regresado a Colombia a buscar cómo alcanzar ese sueño.

Por lo tanto, me quedé por ambos. Me quedé porque mi sueño era estudiar y prepararme profesionalmente y me quedé por amor… Por amor a la gente que merece la atención de profesionales preparados y por supuesto por mi Pinguis, así le digo a Rafa, mi compañero de vida quien ha sido una gran fuente de inspiración y un apoyo incondicional

R: Entonces te quedaste para estudiar, te quedaste por amor, y ahora ¿en qué estás? ¿Cómo es tu vida ahora?

¡Me acabo de graduar! Es como de esos sueños que tienes y que no sabes que realmente los vas a alcanzar, pero este sueño es de los que sí se pueden y alcanzar. Cuando hice como la fiesta de graduación hice un altar, y en el altar puse todas esas cosas que han sido importantes para mí en estos años. Yo creo que ese altar es lo que simboliza este momento de transición, porque en el altar puse el diploma, las estolas que tuve por graduarme como latina, por ser parte de MECHA, y la estola que me dieron cuando me gradué del Community College. Esas tres estolas son muy importantes para mí porque siento que son el símbolo de que llegaste a la graduación. Decidí regalarle una a mi sobrina Isabela, otra a mi sobrina Valentina y otra a mi sobrina Rebeca, porque creo que esto que hice no lo hice solo por mí, sino que lo hice también para demostrarle a mis sobrinas que sí se puede y que no están solas; que a lo mejor es todo un laberinto y es algo complejo, pero que yo quiero estar allí para poder ayudarlas en este proceso de que lleguen a la universidad y que estudien, que se eduquen.

Así que me gradué hace un mes, y ahorita estoy esperando para empezar mi maestría en el otoño.

60

Anggie "I found the opportunity to study, and I stayed for love"

I stayed because I found an opportunity to study, and that was something I had always wanted to do. Let's just say that in Colombia I did not have the tools to enter the university, and I did not know how to do it either. Also during that year I met someone, and one thing leads to the other. So I also stayed for love. But I believe that my education has always been the primary thing, and I think that if I had not had the opportunity to study, I would not have stayed, because I would have returned to Colombia to look for a way to achieve that dream.

So I stayed by both. I stayed because my dream was to study and prepare myself professionally, and I stayed for love ... for the love of people who deserve the attention of trained professionals, and of course for my Pinguis, it's what I call Rafa, my life partner who has been a great source of inspiration and unconditional support

R: Then you stayed to study, you stayed for love, and now, what are you doing? How is your life now?

I just graduated! It's like those dreams that you have and you do not know that you're really going to reach them, but this dream is one of those that you can reach. When I had my graduation party I made an altar, and on the altar I put all those things that have been important to me throughout these years. I believe that altar is what symbolizes this moment of transition, because at the altar I put the diploma, the stoles that I got to graduate as a Latina, for being part of MECHA, and the stole that they gave me when I graduated from the community college. Those three stoles are very important to me because I feel they are the symbol that you have reached graduation. I decided to give one to my niece Isabela, another to my niece Valentina and another to my niece Rebeca, because I think that what I did was not only for me, but I did it also to show my nieces that it's possible and they are not alone. Maybe it's all a labyrinth and it's something complex, but I want to be there to help them in this process of reaching the university and to study, to be educated.

So I graduated a month ago, and right now I'm waiting to start my Master's in the fall.

64 Andrés B.

"Postulé a una Green Card como científico de interés nacional"

••

Tuve la fortuna de que caí en un muy buen laboratorio donde me dejaron hacer mi tesis de doctorado, hice mi doctorado en Oregon, y tuve la suerte de publicar un paper muy bueno en un top journal que hoy en día tiene más de mil citaciones, lo cual en nuestro campo es muchísimo. Pero ese paper me abrió muchas puertas. Después que salió un pequeño comentario en el periódico The Oregonian, el periódico local, una amiga, que era abogada de inmigración y que ayudaba a inmigrantes a estabilizar su situación, me dijo: Con esto tú podrías postular a una Green Card, y bueno eso fue lo que hice. Ella me ayudó con el papeleo, postulé a una Green Card como científico de interés nacional, una cosa así, y con eso las cosas se facilitaron mucho. Después me fui a hacer lo que llaman un postdoc, lo hice en Nueva York, también en un muy buen laboratorio, lo cual me permitió tener muy buenas publicaciones, y lo cual después me permitió obtener este trabajo como investigador aquí en UW.

Aquí encontré también amigos que me enseñaron que en Estados Unidos también hay gente buena onda, uno no tiene que ir a América Latina para encontrar injusticia social y causas por las que luchar, también en Estados Unidos hay, y hay gente tan buena onda como la que hay en otros países. Es como una sensación de que estás con gente que te entiende, que hablas el mismo idioma, que no tiene que ser necesariamente el idioma científico, sino que tenemos el mismo tipo de preocupaciones, o simplemente lo pasamos bien estando juntos. Podemos conversar de cultura, de distintas cosas. No son necesariamente amigos latinoamericanos, hay latinoamericanos, pero hay muchos que son europeos, hay muchos que son de acá de Estados Unidos. Ahora, esta última transición está mucho más marcada por el nacimiento de mis hijas. En algún momento nacen mis hijas y cuando nacen los hijos tu mundo cambia, porque ya no eres tú, ya da lo mismo lo que te pasa a ti o lo que eres tú, porque todo es en función de tus hijos.

120

....

Andrés B.   *"I applied for a Green card as a scientist of national interest"*

I was fortunate that I fell into a very good laboratory where they let me do my PhD thesis. I got a doctorate in Oregon. I was lucky to publish a very good paper in a top journal that today has more than a thousand citations, which in our field is very important. That paper opened many doors for me as it was mentioned in a little article in The Oregonian, the local newspaper, and with that a friend who was an immigration lawyer, who helped immigrants stabilize their situation, she told me, "with this you could apply for a Green Card," and well, that's what I did. She helped me with the paperwork. I applied for a Green Card as a scientist of national interest, something like that, and with that, things became much easier. Then I went to do what they call a postdoc, which I did in New York, also in a very good laboratory,. This allowed me to have very good publications, and later allowed me to get this faculty job here at UW.

Here I also found friends who taught me that in the United States there are also good people. One does not have to go to Latin America to find social injustice and causes to fight; they exist in the United States too, and there are good people here as much as they are in other countries. It's a feeling that you're with people who understand you, that speak the same language. It does not necessarily have to be the scientific language, but that we have the same kind of concerns, or we just have a good time being together. We can talk about culture, about different things. They are not necessarily Latin American friends; I do have Latin American friends, but also many who are European, and many others from the United States. Now, this last transition is marked by the birth of my daughters. At some point, my daughters are born, and when children are born, your world changes. You are no longer just you, and it does not matter what happens to you or what you are, everything is now based on your children.

65

Antonio

"I've been able to connect with others who share the same identity"

••

The next big step in my personal journey came when I started college here at the University of Washington, and joined the student organization called MECHA. It is an amazing organization. So, here's a photo of some of us at the MECHA national conference in Arizona last year. MECHA is super important to me because, aside from my family, it's really the only other community of LatinX and ChicanX folks that I've ever been around aside from when I grew up. I grew up with very little extended family, in an all-white neighborhood, and I was never really connected to the people around me. Almost everybody was white, or at least non LatinX, but in MECHA, I've had more of an opportunity to connect with other folks that share that same identity, and grow politically and consciously as well, so it's been hugely important for me in terms of continuing to embrace my identity, to be connected to where I come from, and connected to a larger community of folks that are similar.

Since I've been in college I've become more involved with activism, and the Rise Up Campaign was an example of that. Just being a part of a group of people who weren't afraid to put ourselves out there. A lot of folks who were doing the work faced harassment and danger because of it, just for trying to hold the administration and the university to a higher standard, to make sure that they were doing what needed to be done to help and protect the students of color and students from all different marginalized communities. Being able to be a voice for that, and to help other people to advocate for that as well, regardless of the outcome of our campaign, that was something that mattered a lot to me.

86

M.E.Ch.A. de UW
Movimiento Estudiantil Chicano/a de Aztlan
¡La Union Hace la Fuerza!

Antonio "He podido conectarme con otros que comparten la misma identidad."

El siguiente gran paso en mi travesía personal vino cuando inicié la universidad aquí en la Universidad de Washington y me uní a la organización estudiantil llamada MECHA. Es una organización asombrosa. Entonces, aquí hay una foto de algunos de nosotros en la conferencia nacional de MECHA en Arizona el año pasado. MECHA es súper importante para mí porque, además de mi familia, es realmente la única otra comunidad de gente LatinX y ChicanX con quienes he estado además de cuando estaba creciendo. Yo crecí con muy poca familia extensa, en un barrio completamente blanco y nunca estuve realmente conectado con la gente que me rodeaba. Casi todos eran blancos, o al menos no LatinX, pero en MECHA, tuve más oportunidades de conectarme con otras personas que comparten esa misma identidad y crecer política y conscientemente también, así que ha sido muy importante para mí en términos de aceptar mi identidad, de estar conectado con mi procedencia y conectado a una comunidad más grande de personas que son similares a mí.

Desde que estoy en la universidad me he involucrado más con el activismo, y la campaña Rise Up fue un ejemplo de eso. Simplemente ser parte de un grupo de personas que no tenían miedo de exponerse. Mucha gente que estaba haciendo el trabajo había enfrentado el acoso y el peligro por ello, solo por tratar de exigirle a la administración y a la universidad un estándar más alto para asegurarse de que ellos estaban haciendo lo que tenía que hacerse para ayudar y proteger a los estudiantes de color y a los estudiantes de todas las distintas comunidades marginadas. Ser capaz de ser una voz para eso y ayudar a otras personas a abogar por ello también, independientemente del resultado de nuestra campaña, fue algo que era muy importante para mí.

· ·

66 Isabel

"Estas figuras son mi tótem individual"

· ·

Ahora estoy muy contenta, me siento parte de Seattle porque he encontrado como un nicho aquí, lo cual me hace sentir muy bien. He encontrado mi comunidad, tanto aquí en UW como afuera de UW; estoy una nueva relación, lo cual también me ayuda. Estoy por graduarme del doctorado, y con ofrecimiento de trabajo, entonces las cosas se vienen bien.

Esta foto que traje representa mi momento actual. Hice estos cuadros cuando estaba en Chicago. Son nueve pinturas que están basadas en diseños del Pacific Northwest, pero pintadas por mí. La gente dice que son motivos más aztecas, no sé si es el caso, pero son nueve, y están colgados sobre mi cama. Yo digo que son mi tótem individualizado.

R: Cuéntame, ¿de qué manera sientes que esto representa tu momento actual?

Porque, primero me hace sentir más conectada con la naturaleza y la cultura de aquí. Segundo, porque me han acompañado estas nueve figuras, desde que llegué, y me dan esa sensación como de protección, de sensación de hogar. Cada vez que llego a mi cuarto y las veo me hacen muy feliz, cuando despierto y las veo me hacen muy feliz, y son las que me acompañan día a día. Me duermo y la última cosa que veo son esas figuras, y cuando despierto la primera cosa que veo son esas figuras. El significado que tienen para mí es como de esperanza, como de no dejarse vencer y continuar en Seattle, teniendo en mente que todo va a estar bien.

110

....

Isabel   "*These paintings form my individualized totem*"

Now I am very happy. I feel part of Seattle because I have found a niche here, which makes me feel very good. I have found my community, both here in UW and outside of UW; I am in a new relationship, which also helps me. I'm about to graduate with a doctorate, and with job offers, so things are going well.

This photo that I brought represents my current moment. I made these paintings when I was in Chicago. There are nine paintings that are based on Pacific Northwest designs, but painted by me. People say that they are more Aztec motifs. I don't know if it is the case, but they are nine, and they are hanging over my bed. I say they are my individualized totem.

R: Tell me, in what way do you feel that this represents your current moment?

Because, first it makes me feel more connected to nature and culture from here. Second, because these nine figures have accompanied me since I arrived, and they give me that feeling of protection, of a sense of home. Every time I get to my room and see them, they make me very happy. When I wake up and I see them they make me very happy, and they are the ones that accompany me every day. I fall asleep and the last thing I see are those figures, and when I wake up the first thing I see are those figures. The meaning they have for me is like hope, like not letting yourself be defeated and continuing in Seattle, keeping in mind that everything will be fine.

67 *Guadalupe*

"That's when I knew I was going for astronomy and physics"

Pero todo eso cambió, after my first quarter, hice un programa on campus que se llama pre-majors in astronomy program, and I signed up for it kind of not knowing what the program entailed. My first year was a part of CAMP, the College Assistance Migrant Program. When I was registering for classes, all I needed was another class to be a full-time student, and the business class I was trying to register for my first quarter was full and I couldn't get into it. So my advisor from CAMP was like hey, do you like science? I was like, yeah! They're like, there is this program called the pre-majors in astronomy program, and I had been interested in astronomy but I didn't know you could be an astronomer, and I never pictured myself as an astronomer, so I was like, sure, sign me up; it'll make me a full time student. The first half of the class we learned how to code, we learned to read scientific articles, different journals, go through them, how to do citations, all these things that I have never done before. I was like, what did I sign up for? I felt like I had been dropped in the middle of the ocean and I don't know how to swim! And then, the second half of the quarter, they paired us up with the research advisor and an undergraduate student, to start working on a research project. I started working on a project affiliated with the astrobiology program here at UW. I was like, this is really cool! I was analyzing how clouds and hazes affect the atmosphere, and the composition of rocky earth-like planets, and we were doing this through simulations on the computer. I remember feeling like, I don't know how to do any of this! But as I started to learn more, I started having more questions and I got really curious, and so afterwards the faculty advisor offered me an opportunity to extend the research, if I wanted to keep working the rest of the year. I said yes!

At that point was when I decided I was no longer going to be a business major, I was going for astronomy and physics. During the first year I had a lot of different bumps in the road. After my first quarter, when I went home for winter break, I didn't want to come back to UW. I was convinced this school is not for me. I thought UW was too big, and the fact there is only 7% LatinX folks here made me feel like I was missing a community. My mom had lost her job back home, so I kind of felt selfish being here, I felt like a financial burden on them, when I could be back home. I'm the oldest in the family. I thought I could be back home working, helping them out. I don't think I have the right words to express that feeling, but I knew that even though I was at a huge institution, with thousands of people around me, I still felt alone. I started to look around my classes and often I was the only person that looked like me. The transition to a university as a first generation student is hard culturally, physically, and emotionally. Being away from your place of origin, the place where you call home or the people you call home, made it even more challenging.

117

Guadalupe   "Nunca me vi a mí misma como astrónoma"

Pero todo eso cambió, después de mi primer trimestre, hice un programa en el campus que se llama pre-majors en el programa de astronomía. Me inscribí casi como sin saber qué era lo que implicaba el programa. Mi primer año fue parte de CAMP, el Programa de Asistencia Universitaria para Migrantes. Cuando me estaba inscribiendo para las clases lo único que necesitaba era otra clase para ser un estudiante de tiempo completo, y la clase de negocios que estaba tratando de registrar para mi primer trimestre estaba llena y no pude entrar en ella. Entonces mi consejero de CAMP fue como, oye, ¿te gusta la ciencia? Yo estaba como, ¡sí! Son como, hay un programa llamado pre-majors en el programa de astronomía, y yo había estado interesada en la astronomía, pero no sabía que podías ser astrónomo, y nunca me imaginé a mí misma como astrónoma, así que era como, seguro, regístrame, eso me convertirá en un estudiante de tiempo completo. Durante la primera mitad de la clase aprendíamos a codificar, aprendíamos a leer artículos científicos, diferentes revistas, revisarlos, cómo hacer citas, todas estas cosas que nunca he hecho antes. Yo estaba como, ¿en qué me inscribí? Siento que me dejaron caer en medio del océano y ¡no sé nadar! Y luego, en la segunda mitad del trimestre, nos emparejaron con el asesor de investigación y un estudiante de pregrado, para comenzar a trabajar en un proyecto de investigación. Comencé a trabajar en un proyecto relacionado con el programa de astrobiología aquí en UW, y yo ensaba ¡esto es realmente genial! Estaba analizando cómo las nubes y las nieblas afectan la atmósfera y la composición de los planetas rocosos parecidos a la Tierra, y lo estábamos haciendo a través de simulaciones en la computadora. Recuerdo que, ¡yo no sabía cómo hacer nada de esto! pero a medida que empecé a aprender más, empecé a tener más preguntas y tenía mucha curiosidad, así que después, el consejero de la facultad me ofreció la oportunidad de ampliar la investigación, si quería seguir trabajando el resto del año, Yo dije ¡claro que sí!

Creo que en ese momento fue cuando decidí que ya no iba a seguir la carrera de negocios, sino que iba a estudiar astronomía y física. Durante el primer año tuve muchos obstáculos diferentes. Después de mi primer trimestre, cuando regresé a casa para las vacaciones de invierno, no quería regresar a UW. Estaba convencida de que esta escuela no era para mí, pensaba que UW es demasiado grande, solo hay un 7% de latinox allí y esto me hacíua sentir que no tenía una comunidad aún. Mi madre había perdido su trabajo en casa, así que me sentí como egoísta por estar aquí, siendo una carga financiera para ellos, cuando podía estar en casa, soy la mayor de la familia, pensaba que debía estar de vuelta en casa trabajando, ayudándolos. No creo tener las palabras adecuadas para expresar cómo fue ese sentimiento, pero fue esa sensación de que yo estaba en una institución gigante, con miles de personas a mi alrededor, pero aún así me sentía sola. Miraba a mi alrededor, y con frecuencia en mis clases soy la única persona que se ve como yo. Siendo una estudiante de primera generación en la universidad, la transición es difícil cultural, física y emocionalmente. Estás lejos de tu lugar de origen, el lugar al que llamas hogar o las personas que llamas hogar, y eso lo hace aún más difícil.

Laberinto con muro y figuritas de Lego.
Labyrinth with wall and Lego minifigures.
Ricardo Gomez, Exhibition "Immigration: Hopes
Realized, Dreams Derailed", Spaceworks Gallery,
Tacoma, WA. July-August 2017.

3. A dónde pertenecemos?

No soy de aquí, ni soy de allá; estoy en medio. Es una frase común que escucho dicha de muchas maneras, y también algo que vivo yo mismo cada día. El sentido de pertenencia es una experiencia profunda, liminal, que a veces tiene que ver con dónde nacimos, dónde crecimos, o dónde están enterrados nuestros ancestros. Como en la variedad está el gusto, para otras LatinX el sentido de pertenencia está ligado a nuestra comida, a nuestra música, a nuestros recuerdos.

Somos raíz, somos mezcla, somos fusión. Estamos en Nepantla. Somos laberintos recorriendo la vida, con más o menos arraigo a la tierra.

Ser LatinX es un símbolo.

3. Where do we belong?

....

I'm not from here, nor from there; I'm in between. This is a common phrase I hear, said in many ways. I also experience it every day. The sense of belonging is a liminal and profound experience. It is sometimes related to where we were born, where we grew up, or where our ancestors are buried. There is much variation. For other LatinX, the sense of belonging is tied to our food, our music, our memories.

We are root, we are mixture, we are fusion. We are in Nepantla. We are labyrinths on the walks of life, with more or less attachment for the land, for our place of origin.

Being LatinX is a symbol.

68

Anaid

"Tener los dos pasaportes y poder elegir cómo viajar"

· ·

A mí siempre me había gustado vivir en Estados Unidos. Habíamos vivido en Estados Unidos cuando yo tenía como 6 años. Unos dos años antes habíamos viajado por Europa y siempre me había quedado con ganas de nunca habernos ido de regreso a México, pero entendí la explicación de parte de mis papás. Una decisión pensada, ellos no querían criarnos en Estado Unidos, y la verdad es que veo que las oportunidades que tuvimos en México, no la hubiéramos tenido en Estados Unidos, entonces creo que tomaron la decisión correcta. Y viendo el lugar en el que me encuentro hoy, se lo debo todo a esas decisiones que tomaron ellos de venir a Estados Unidos en un principio, de regresarnos a México cuando nos regresamos a México, de volver a Estados Unidos, si no hubiera sido por todo eso mi vida sería muy diferente. En México estudié en escuelas privadas, con acceso a medios socioculturales altos, con familia, y sobre todo el multiculturalismo que tengo por haber vivido en los dos lugares. Porque tengo primos que vivieron o nacieron en México y se vinieron con sus papás para acá y nunca regresaron, y no son multiculturales. Para ellos la experiencia de México o su nacionalidad mexicana la sienten a través de sus papás o a través de las veces que han visitado México, pero nunca han tenido la experiencia de vivir allá.

Creo que esa biculturalidad se expresa en los pasaportes mexicanos y americanos con muchos sellos. Tener los dos, poder elegir cómo viajar, el hecho de tener sentido, que tengo acceso al resto del mundo, el hecho que puedo viajar libremente entre estas dos naciones me hace sentir que puedo viajar a cualquier nación. Los dos pasaportes son vigentes, y los uso!

59

Anaid   "Having both passports and being able to choose how to travel"

I had always liked living in the United States. We lived in the United States when I was about 6 years old. About two years before, we traveled in Europe and I never wanted go back to Mexico, but I understood the reason my parents gave me. It was a thoughtful decision: they did not want to raise us in the United States, and the truth is that I see the opportunities we had in Mexico, we would not have had in the United States, and then I think they made the right decision. Seeing where I am today, I owe it all to those decisions they made to come to the United States at first, to return to Mexico, and then to return to the United States. If it had not been for all that, my life would be very different. In Mexico I studied in private schools, with access to sociocultural resources, with family, and above all the multiculturalism that I have for having lived in both places. I have cousins who lived or were born in Mexico and came to the U.S. with their parents and never returned, and they are not multicultural. For them, the experience of Mexico or their Mexican nationality is felt through their parents or through the times they have visited Mexico, but they have never had the experience of living there.

I think that biculturalism is expressed in my Mexican and American passports with many stamps. Having the two and being able to choose how to travel, that I have access to the rest of the world, the fact that I can travel freely between these two nations makes me feel that I can travel to any nation. Both passports are valid, and I use them!

69

Jessica

"This sweater is an intersection of my origins"

••

I went to Berkeley and it was like a second home for me; it was super diverse. I was in a college where there were a lot of LatinX, so it was just an awesome experience in terms of my support network. And then I moved back to LA and I was a teacher, and then I came up here for a Ph.D program. Here it's different than LA, it's definitely different. I brought this sweater; it is one of the things from Ecuador that I always wear. It's kind of an interesting intersection between Seattle and Ecuador, because in LA it's too hot. But this is what got me through my Ph.D, wearing this sweater while studying and reading. This one and many others that have been retired because after a few washes they get short. But this is the one that has lasted the whole entire time and still fits me. And it's really me! It's so comfortable, and every time I go to a coffee shop to study I just put this on and I don't need to think about being warm. This kind of represents my journey, because it's an intersection of my origins; it carries that with me.

54

••

Jessica   "Este suéter es una intersección de mis orígenes"

Fui a Berkeley y era como un segundo hogar para mí, era súper diverso. Estaba en una universidad en donde había muchos LatinX así que era una experiencia increíble en términos de mi red de apoyo. Y luego me regresé a Los Ángeles y fui profesora y luego vine aquí para un programa de doctorado. Aquí es distinto a Los Ángeles, es definitivamente distinto. Traje este suéter, es una de las cosas de Ecuador que siempre me pongo. Es como una interesante intersección entre Seattle y Ecuador porque en Los Ángeles hace mucho calor. Pero esto es lo que me ayudo a atravesar mi doctorado, llevar puesto este suéter mientras que estudiaba y leía. Éste y muchos otros que han sido relegados porque luego de unas lavadas se encogen. Pero éste es el que ha durado todo el tiempo y aún me queda. ¡Y es lo que soy! Es tan cómodo y cada vez que voy a un café a estudiar solo me lo pongo y no necesito pensar en mantenerme caliente. Esto como que representa mi travesía, porque es una intersección de mis orígenes, lleva eso conmigo.

70   *Angelina*

"This pendant represents my mixings of cultures"

••

The bracelet my mom gave me is very meaningful to me, but I don't wear it; it's not really my style. But what I do wear often is this pendant, which I bought in Colombia. It is also a typical pre-Colombian design, but it was hard for me to find it in Colombia because it's in white gold instead of yellow gold. Yellow gold is much more common and traditional, but I usually don't wear yellow gold. So on one trip to Colombia I said: I really want to find algo precolombino pero que no esté en oro amarillo, entonces, me costó encontrarlo, pero lo encontré, and since then, and I liked it a lot because it fits in with what I wear. This is kind of my mom's gift it to me, a pre-Colombian jewel, but it is something that I feel more directly represents my mezcla. It is less overtly Colombian, but it is a little bit Colombian. I wear this pendant often, and I feel it's meaningful to me because it represents my mixings of cultures.

111

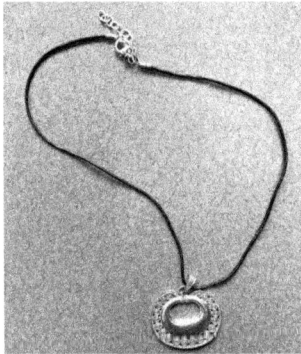

Angelina   "Este dije representa mi mezcla de culturas"

El brazalete que me dio mi mamá es muy significativo para mí, pero no me lo pongo, realmente no es mi estilo. Pero lo que sí me pongo a menudo es este dije, el cual compré en Colombia. También es un diseño típico precolombino, pero fue difícil para mí encontrarlo en Colombia porque está en oro blanco en lugar de oro amarillo. El oro amarillo es mucho más común y tradicional, pero generalmente no uso oro amarillo. Así que en un viaje a Colombia dije: realmente quiero encontrar algo precolombino pero que no esté en oro amarillo, entonces me costó encontrarlo, pero lo encontré, y desde entonces, me gustó mucho porque encaja con lo que me pongo. Este es como el regalo de mi mamá para mí, una joya precolombina, pero es algo que siento que representa más directamente mi mezcla. Es menos evidentemente colombiano, pero sí es un poco colombiano. Me pongo este dije a menudo, y siento que es significativo para mí porque representa mi mezcla de culturas.

71 Mónica

"Fue un momento en que me di cuenta que ya no regresaba"

....

R: ¿Entonces tú viniste como estudiante, te quedaste por amor, y luego te hiciste ciudadana americana por facilidad?

Por facilidad, exactamente. Fue un balde de agua. Aunque te he contado esto que ha sido una cosa muy gradual, circunstancias, los años, los hijos y el trabajo, el estudio, pero ya con mis hijos ya grandes, hace unos 9 años o 10 años, de un momento a otro me di cuenta de que ya no regresaba, y fue como un baldazo. No sé cómo explicarlo, pero fue un momento en que ya me di cuenta de que ya no regresaba. Yo tenía un amigo en Perú a quien siempre le decía: Yo vivo en Perú. Y él me decía: No, tú no vives en Perú. Siempre me bromeaba así. No sé qué cosa ha sido, creo que cuando ya nos hemos visto comprando casa fue un momento en que dije ya es esto. Entonces ahí fue donde empecé yo mis proyectos artísticos peruanos aquí, porque ya me di cuenta de que yo necesitaba construir no solamente una comunidad peruana aquí sino además sentir que seguía yo trabajando por Perú, continuar mi actividad artística y activista educativa que hacía yo en Perú, pero aquí. Tratar de imaginarme que la distancia física era una cosa totalmente relativa.

Sucedió que mis papás fallecieron, y como vendimos la casa, nos repartimos el dinero de la venta entre los 5 hermanos, y ese dinero terminó yendo al depósito de la casa. Entonces eso fue, ¡wow!, como que estoy echando mis raíces acá definitivamente. En esta foto en Facebook estamos estamos con mi esposo el día que la compramos, el día que nos entregaron las llaves.

75

Mónica   "It was a moment in which I realized I wasn't going to return"

R: So you came as a student, you stayed for love, and then you became an American citizen for ease?

For ease, exactly. It was like a bucket of water. Although, as I've said, this has been a very gradual thing: circumstances, years, children and work, education, but with my children getting older, about 9 years or 10 years ago, from one moment to the next, I realized that I wasn't going to return and it was like a bucketful of water. I don't know how to explain it, but it was a moment when I realized that I was not going back. I had a friend in Peru who I always told: I live in Peru. And he told me: No, you do not live in Peru. He always joked with me like that. I do not know what it was. I think that when we saw ourselves buying a house, it was a moment when I said this is it. So that's where I started my Peruvian art projects here, because I realized that I needed to build not only a Peruvian community here but also feel that I was still working for Peru, continue here my artistic activity and educational activism that I did in Peru. I tried to imagine that the physical distance was a relative thing.

Then my parents passed away. We sold the house, and we shared the money of the sale between the 5 siblings. That money ended up going towards the deposit of our house. So that was, wow!, like, I'm definitely putting my roots down here. In this Facebook photo we are with my husband the day we bought it; the day we received the keys.

• •

72   *India*

"I go to Mexico and I feel restored"

···

The last two years I've been taking at least one trip to Mexico a year, and I found that that's actually very helpful for me. I'm also taking my son; just making sure he gets exposure to that as a child, and gets to go at least for a week to have that experience of living in a majority culture, where there's people that look like him, and he can hear Spanish, and listen to the culture. That is important for me. I have gone at different times in my life. I spent a summer living in Cuernavaca as a PhD student. That was a really formative time. But going two years ago with my family made me realize it had been more than five years in between those trips. I just realized how important it is for me to spend time there, to feel whole, and just what a relief it is to go, not to be in the United States, and to be around other brown people, even if it's just for a few days, that restores me.

R: Can I probe a bit deeper? Tell me more about feeling whole and feeling restored.

This is actually one of the things that I study, that there is a vigilance that we maintain in the United States, as LatinX, all the time. We are always looking over our shoulders and wondering how people are perceiving us, feeling that we are not fully included in this country. So when I go there, there's a relief from that, and I feel like I just am, and I don't have to have that vigilance any more. There are other things that are different, right? I'm also very American, so there are things I also have to get used to, for example, Mexican culture is loud, and I'm watching my son react to that, too. I don't know that he's having the same experience I am, it may feel more foreign to him. But it's just nice to feel like there's the foods that you like to eat, just getting to hear and speak Spanish, getting to see other people. Part of this is seeing that happiness and the quality of life that Mexicans have there, too! I mean, here I study the ways that America is damaging to Latinos, and I think it's nice for me to go there and actually see people happy and content. Of course, there is a lot of poverty too, but it's nice to see people; it's nice for me to see other Latinos living free from that discrimination.

96

• •

India   "Voy a México y me siento restaurada"

Durante los últimos dos años he estado viajando al menos una vez al año a México y encontré que de hecho es de mucha ayuda para mí. También estoy llevando a mi hijo, solo asegurándome de que él esté expuesto a eso siendo niño, y vamos por lo menos una semana para tener esa experiencia de vivir en una cultura mayoritaria, donde hay personas que se parecen a él, y él puede escuchar el español y escuchar la cultura, eso es importante para mí. He ido en diferentes momentos de mi vida, pasé un verano viviendo en Cuernavaca como estudiante de doctorado. Ese fue un tiempo realmente educativo. Pero ir hace dos años con mi familia me hizo darme cuenta de que habían pasado más de cinco años entre esos viajes. Me di cuenta de lo importante que es para mí pasar tiempo allí, sentirme plena y me alivia el hecho de ir, no estar en los Estados Unidos, y estar cerca de otras personas de tez oscura, incluso si es solo por unos días, eso me restaura.

R: ¿Puedo ir un poco más lejos? Cuéntame más sobre sentirte plena y sentirte restaurada.

De hecho, esta es una de las cosas que yo estudio, que hay una vigilancia que mantenemos en los Estados Unidos como latinos todo el tiempo. Siempre estamos mirando por encima del hombro y preguntándonos como nos percibe la gente, sintiendo que no estamos enteramente incluidos en este país. Así que cuando voy allá, es un alivio de eso y me siento como que solo soy y no tengo que mantener más esa vigilancia. Hay otras cosas que son diferentes, ¿cierto? También soy muy estadounidense, así que hay cosas a las que también me tengo que acostumbrar: por ejemplo, la cultura mexicana es ruidosa, y estoy viendo a mi hijo reaccionar a eso también. No sé si él está teniendo la misma experiencia que yo, puede sentirse más extranjero para él. Pero es agradable sentir que están los alimentos que te gusta comer, solo poder escuchar y hablar el español, poder ver a otras personas. ¡Parte de esto es ver esa felicidad y la calidad de vida que los mexicanos tienen allí también! Quiero decir, aquí estudio las formas en que Estados Unidos está dañando a los latinos y creo que es bueno para mí ir allá y ver a la gente feliz y contenta. Por supuesto, también hay mucha pobreza, pero es agradable ver a la gente, es bueno para mí ver a otros latinos viviendo libres de esa discriminación.

73 *Rocío*

"Being a woman of color is the hardest part"

∙∙

Being a woman of color is the hardest part. Trying to find people who understand you, and you struggle, and it is really hard when there isn't all that many people who look like you, or their experiences are not like yours. The people in my classes don't have to worry about their family, their jobs. Just remember the fact that people get money for financial aid, but I have to get my money, find my money, because I cannot get financial aid. But coming to school was worth it. It opened doors for me and my family. I felt like I cannot disappoint my parents. I'm hoping to go into graduate school, but taking a break to see the possibilities.

1

Rocío   "Ser una mujer de color es la parte más difícil"

Ser una mujer de color es la parte más difícil. Tratar de encontrar personas que te entiendan, y luchas, y es realmente difícil cuando no hay tantas personas que se parecen a ti, o sus experiencias no son como las tuyas. Las personas en mis clases no tienen que preocuparse por su familia, sus trabajos. Solo recuerda el hecho de que la gente recibe dinero para la ayuda financiera, pero yo tengo que conseguir mi dinero, encontrar mi dinero porque no puedo obtener ayuda financiera. Pero venir a la escuela valió la pena. Abrió puertas para mí y para mi familia. Sentí que no puedo decepcionar a mis padres. Espero ingresar a la escuela de posgrado, pero tomándome un descanso para ver las posibilidades.

74 *Guillermo*

"Anywhere that I've lived with my grandmother is home"

What is home for me? It's a very hard question. I would say that home for me is Mount Vernon because that is where I grew up. I lived in Mexico City, I lived in Ecatepec to the age of eight, but I lived in Mount Vernon from the age of nine until 18. There I lived with my grandmother, so anywhere that I have been with her is home. Now that I've been here at UW I want to call Seattle home, but it's very hard to do that just because I came here. My foundations aren't here; it's just the place that I wanted for college, and even though I did see myself living here for a long time, I wouldn't call it home because my mother is not here. It would be great if she was.

I'm studying Political Science and I'm also studying Law, Societies and Justice. I'm currently a fifth-year student with senior status, so I'll be doing an extra two quarters before graduating. I will invite los tíos, los primos, todos, to my graduation celebration. It has been really hard, studying here. There are lots of people who want to help, but not enough institutional support. I look at my classrooms and I see mostly a white person like telling me things, you enjoy a lot of privilege, but you're taking up space by doing that. Sometimes I haven't felt very welcome at the university, but I have felt welcome by individual departments and individual people, so that is why I'm in this happy-unhappy, welcome-unwelcome. Situation. Also because Seattle is so expensive! But I think that I'm a different person now. The reason I think that I'm a different person is because I learned to survive, I just have learned to like, maximize my resources and arrange my resources, and developing la garra, you know, I don't know how to say it in English but in Spanish it's like, even in Spanish I don't know how to explain it, it's something that you gain with experience you know like you just kind of strength, it's a really hard concept to explain.

121

Guillermo "Donde haya vivido con mi abuela es mi hogar"

¿Que es el hogar para mí? Es una pregunta muy difícil. Yo diría que el hogar para mí es en Mount Vernon porque allí es donde crecí. Yo viví en Ciudad de México. viví en Ecatepec hasta los ocho años, pero viví en Mount Vernon desde los 9 hasta los 18 años. Allí viví con mi abuela, así que donde quiera que haya estado con ella es mi hogar. Ahora que he estado aquí en la Universidad de Washington, quiero llamar hogar a Seattle, pero es muy difícil hacer eso solo porque haber venido aquí. Mis bases no están aquí, es el lugar que quería para la universidad, y aunque me vi viviendo aquí durante mucho tiempo, no lo llamaría mi hogar porque mi madre no está aquí. Sería genial si estuviera.

Yo estoy estudiando Ciencias Políticas y también estoy estudiando Derecho, Sociedades y Justicia. Actualmente soy un estudiante de quinto año con un estatus senior, así que estaré haciendo dos trimestres adicionales antes de graduarme. Invitaré a los tíos, los primos, todos, a la celebración de mi graduación. Ha sido muy duro, estudiar aquí. Hay mucha gente que quiere ayudar, pero no hay suficiente apoyo institucional. Miro en mis salones y veo principalmente a una persona blanca como diciéndome cosas, tu disfrutas de muchos privilegios, pero estás ocupando espacio al hacerlo. A veces no me he sentido muy bienvenido en la universidad, pero me he sentido bienvenido por departamentos individuales y personas individuales, así que es por eso que estoy en esta situación de feliz-infeliz, bienvenido-no bienvenido. ¡También porque Seattle es muy caro! Pero creo que soy una persona distinta ahora. La razón por la que creo que soy una persona distinta es porque aprendí a sobrevivir, simplemente aprendí como a maximizar mis recursos y organizar mis recursos, y a desarrollar la garra, ya sabes, no sé cómo decirlo en inglés, pero en español es como que, incluso en español, no sé cómo explicarlo, es algo que se gana con la experiencia, sabes, como que se tiene un poco de fuerza, es un concepto realmente difícil de explicar.

75 Joaquín

"Uno es una mezcla, una salsa de cosas y de historias"

....

Cuando viajé a conocer la familia de mi papá, eso me ayudó a conocer más sobre mis raíces. No parezco mexicano o latino, algunas personas no me ubican como latino, así que si uno va rompiendo esquemas y estereotipos entonces uno se da cuenta que uno viene de diferentes partes, uno es una mezcla, una salsa de cosas, de culturas, de historias, de gentes. Conocer a la famila de mi papá me ayudó a enteder. Gracias a mi educación pude hacer viajes, teniendo documentación puedo viajar a otros países. El pasaporte gringo abre puertas, con el mexicano no habría podido. Migrar a este país, empezar sin nada, tener a mucha gente que te apoya, y luego ser ese ejemplo, eso es muy especial.

Otra gente quizás tiene historias similares o algo con lo que se pueda conectar, que también cuente su historia. Ver tu trabajo en tu página Internet, es como que uno espera ver eso, como que a uno lo inspira para poder contar, y para traer todo eso a la luz. Estas fotos para mí son bien importantes porque no solo quedan guardadas en un cajón, La memoria es muy interesante, y yo creo que la fotografía ayuda a recordar esos episodios, son historias que nos hacen quienes somos hoy en día. Yo pienso que cuando la gente se mueve a Estados Unidos hay como una amnesia colectiva. No sé si eso pasa a través de otros grupos culturales, generaciones que poco a poco van olvidándose de dónde vienen. Yo pienso que eso es importante, saber que este es un país de inmigrantes, en el que hay la riqueza cultural las culturas latinoamericanas, pero no solo aquí, sino dentro de nuestros países también. Estando aquí he conocido mejor mi propio país.

7

Joaquín   *"We are a mix, a sauce with many stories"*

Traveling to meet my father's family helped me know more about my roots. I don't look Mexican or Latino; some people don't identify me as Latino, so if someone is breaking stereotypes, then we realize that we come from different places, we are a mixture, a sauce of many things, of cultures, histories, and people. Meeting my dad's family helped me to understand. Thanks to my education, I was able to travel; having documentation allows me to travel to other countries. The gringo passport opens doors; with the Mexican passport, I could not have traveled. Migrating to this country, starting with nothing, having people who support you, and then becoming that example, that is very special.

Other people may have similar stories or something they can connect with that also tells their story. Seeing your work on your website, it's like you expect to see that, and it inspires you to be able to relate, and to bring all of that to light. For me these photos are very important because they are not only stored in a drawer; the memory is very interesting, and I believe that photography helps to remember those moments, they are stories that make us who we are today. I think that when people move to the United States, there is a collective amnesia. I don't know if that happens with other cultural groups, generations that little by little are forgetting where they come from. I think it's important, to know that this is a country of immigrants, and there is a cultural richness of Latin American cultures, not just here, but also within our own countries. Being here has made me get to know my own country better.

76

Linda

"I am Asian Latina"

∙∙

This is from the University of North Carolina, Chapel Hill, where I got my doctorate. During this time, it really opened my eyes about race, diversity and social justice, and how much we have accomplished as a country, but how far we still have to go. Our seminars were thought provoking, my peers were thoughtful and careful when thinking about these issues, not only intellectually but also what this really means for the society. I had a really good mentor there. When she got to know me better, she said: Linda, you are Asian Latina! She is the one who came up with that. And I remember thinking, Oh! I guess that's possible, I just never thought about it that way. It was almost like an "aha" moment for me. I said: Oh, yeah! There is such a thing! You can combine those two together because that's who I am.

I also picked the diversity word cloud because I was looking at some of the word images in Google, just to see what people are thinking about diversity. I think I see myself embodying diversity, as an example of how different we can all be. If a hundred people see me, a hundred people will not think of me as a Latina, and there were instances when people didn't believe me when I tell them that I am a Latina. I remember this funny incident. I had just given birth to my child, then a woman from the hospital came to my room to file the birth certificate, so I put Asian and then I put Hispanic to denote my race and ethnicity, and she gave me a strange look, and then she came back with the completed form and it said non-Hispanic. I think she assumed that I had made a mistake.

This is how difficult it is for people to accept something different. We live in a country where there is so much diversity, and we talk about embracing diversity, but when you really look at yourself, when you look at your group of friends, we can pause and think whether we are truly embracing diversity within our groups. I have groups of friends that are Asians, and then I have groups of friends who are Latinos. But sometimes I feel like a group of Latino friends can have their own idea of what a Latino should look like, and then my Asian friends can have an idea of what an Asian should look like. So how can we help change this perception that race and ethnicity may not be polarized and categorical? But rather, could be a continuum and how people identify themselves in terms of race and ethnicity may be a lot broader and less confining.

41

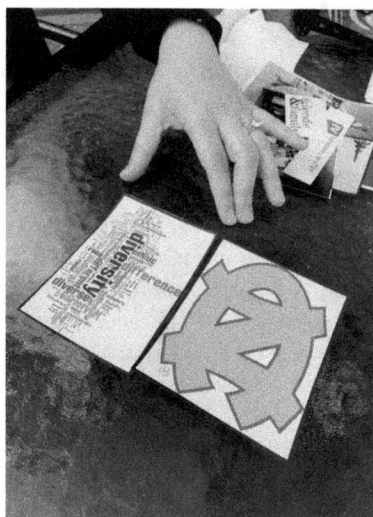

Linda "Soy asiática latina"

Esto es de la Universidad de Carolina del Norte, Chapel Hill, donde obtuve mi doctorado. Durante este tiempo, realmente me abrió los ojos sobre la raza, la diversidad y la justicia social, y cuánto hemos alcanzado como país, pero cuanto nos falta por recorrer. Nuestros seminarios de doctorado fueron increíbles, mis compañeros fueron muy atentos y cuidadosos, y pensaron en estos temas no solo intelectualmente, sino también en lo que esto realmente significa en la sociedad. Tuve una muy buena mentora allí, cuando me llegó a conocer mejor, me dijo: Linda, ¡tú eres una asiática latina! ella es la que se inventó eso. Y recuerdo pensar, ¡oh! supongo que eso es posible, simplemente no lo había pensado así. Fue casi como un momento "aja" para mí, dije: ¡oh, sí! ¡Si hay tal cosa! Puedes combinar esos dos porque eso es lo que soy.

También escogí la nube de palabras de la diversidad porque estaba viendo algunas de las imágenes de palabras en Google, solo para ver qué están pensando las personas sobre la diversidad. Creo que me veo encarnando la diversidad, como un ejemplo de cuan diferentes podemos ser todos. Si un centenar de personas me ven, cien personas no pensarán que soy latina, y hubo casos en que la gente no me ha creído cuando les he dicho que soy latina. Recuerdo este incidente divertido. Acababa de dar a luz a mi hijo, luego una mujer del hospital vino a mi habitación para presentar el certificado de nacimiento, así que puse asiática y luego puse hispana para indicar mi raza y etnia, y ella me miró extrañada, y luego regresó con el formulario completo y decía no hispana. Creo que ella asumió que yo había cometido un error.

Así de difícil es para las personas aceptar algo diferente. Vivimos en un país en donde hay tanta diversidad, y hablamos de abrazar la diversidad, pero cuando realmente te ves a ti mismo, cuando miras a tu grupo de amigos, podemos hacer una pausa y pensar si realmente estamos abrazando la diversidad dentro de nuestros grupos. Tengo grupos de amigos que son asiáticos, y luego tengo grupos de amigos que son latinos. Pero a veces siento que un grupo de amigos latinos puede tener su propia idea de cómo debería verse un latino, y luego mis amigos asiáticos pueden tener una idea de cómo debería verse un asiático. Entonces, ¿cómo podemos ayudar a cambiar esta percepción de que la raza y la etnia no pueden ser polarizadas y categóricas? Más bien, podría haber una continuidad y la forma en que las personas se identifican a sí mismas en términos de raza y etnia puede ser mucho más amplia y menos restrictiva.

77 *Guadalupe*

"You have to carve out your own space"

••

You think back come to all the people you know in your family that didn't have the opportunity you have right now, and it makes me question, why me? Why not them? I have had a feeling of wondering, do I deserve to be here? Am I taking somebody else's spot? That feeling of doubt, the impostor syndrome, do I belong here? Should I be here? Why am I here?

R: What helped you overcome that impostor syndrome?

Finding a smaller community. Eventually, when I came back, after sitting down and talking to my parents over winter break, they're like, mira Lupita, te apoyamos en la decisión que quieras hacer, no te vamos a decir qué hacer, eso es decisión tuya. Te apoyamos si te quieres regresar, y también te apoyamos si te quieres quedar. So it's really on me. It wasn't because of them. Having that conversation and knowing that they would be okay with either one was powerful. I was like, OK, si me regreso no se van a enojar, y si me quedo tampoco se van a quedar disappointed at me, so that was a relief, the weight lifted of my shoulders. And then over the winter break some of the CAMP staff checked in. And that email reminded me that somebody was expecting and waiting for me to come back next quarter, and register for classes. I came back. I held on to that; I held on to that community. I learned I had to carve out my own space at this university, and find those people (nuestra comunidad) *and hold on to them in order to navigate the institution that is the UW.*

25

Guadalupe   "Tienes que forjar tu propio espacio"

Piensas en todas las personas que conoces en tu familia y que no tuvieron la oportunidad que tienes en este momento, entonces piensas ¿por qué yo?, ¿por qué no ellos? Esa sensación de incertidumbre, ¿merezco estar aquí? ¿Estoy quitándole el lugar de otra persona? Esa sensación de duda, el síndrome del impostor, ¿pertenezco aquí? ¿Debería estar aquí? ¿Por qué estoy aquí?

R: ¿Qué te ayudó a superar ese síndrome de impostor?

El encontrar una comunidad más pequeña. Eventualmente, cuando regresé, después de sentarme y hablar con mis padres durante las vacaciones de invierno, ellos estaban como, mira Lupita, te apoyamos en la decisión que quieras hacer, no te vamos a decir qué hacer, eso es decisión tuya. Te apoyamos si te quieres regresar, y también te apoyamos si te quieres quedar. Entonces realmente es mi decisión. No fue por ellos. Tener esa conversación y saber que estarían bien con cualquier opción, fue poderoso. Yo estaba como, ok, si me regreso no se van a enojar, y si me quedo tampoco van a estar decepcionados de mí, así que eso fue un alivio, un peso que se quitó de mis hombros.

Y luego, durante el receso de invierno, parte del personal de CAMP me contactó. Ese correo electrónico me recordó que alguien me está esperando, esperando que volviera, que regresara el próximo trimestre, y me inscriba a las clases. Cuando volví, me aferré a eso, me aferré a esa comunidad. Yo me di cuenta que tengo que crear mi propio espacio en esta universidad. Hay que encontrar a esas personas (nuestra comunidad) y aferrarse a ellas, para poder recorrer la institución que es la UW.

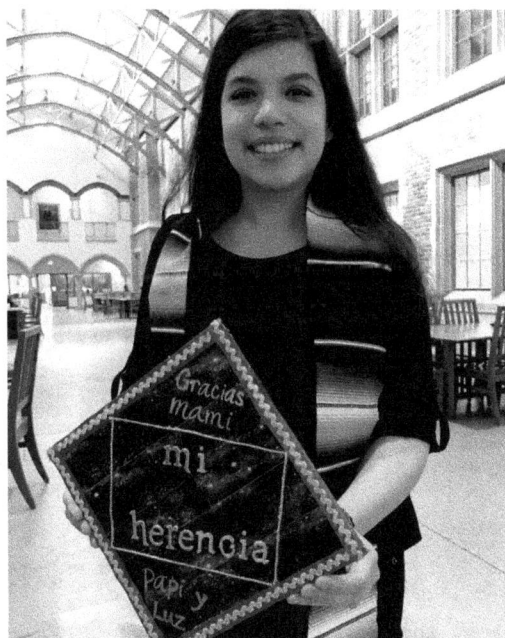

78 *Magdalena*

"These are memories that I treasure"

There are very specific things that I treasure. This picture is the last picture that we took of all the girls; this is my mom and all her daughters around 2011. Two of my sisters lived in California, and t is very rare that as adults we were able to hang out and do stuff together, because you grow up, you go to college and you make a life for yourself and everybody kind of goes their own way, and work took two of my sisters to California. That was the last time we took a photo together because my sister died of cancer that December. When she found out it was really rough for all the family. I made it my mission to be with her every time she went to her treatments. I fly out every two weeks and stayed for about a week after a chemotherapy so I could take care of her. I knew how to protect my job at UW. Her death was to me the most devastating point in my life, even more than the traumatic experience of crossing the border and all the things that had happened to us. We were very fortunate to get our papeles, and so for me it was all like, OK, we went through all that, but we got our papers and now it is good. But her death was a lot harder: why did this happen to my family who has no history of cancer? I was really devastated in a lot of ways, but being an older sister, I just had to keep it together, and my mom is that kind of person, too, so it was really tough. It's been now five years, and it still hurts to talk about her. And then to make things worse, my brother Roberto, who happens to be the baby in this photo here, we found out in December of 2015 that he was very ill, too, and he had kept it from my family; he didn't want to worry us. And by January 2016 he was gone. It was a blood cancer, lymphoma. That was devastating. I had to think again: Why my family, why? How can it be? Why can cancer take somebody from the family when we came from nothing. We've been good people, and it's two cancers!

I have this calavera. I've always been attracted to calaveras, because I was born November 2nd, el Dia de los Muertos. I've always had this inner comfort with calaveras and death; I love calaveras. I think this helped me mourning in the family. I always had some connection to that so it made it easier to deal with the loss. To come into a new place and live in isolation was really rough, but this kind of physical loss, when you love somebody and that they're not there anymore, it's like you are missing an arm, you think that it is still there, but you come to the realization that it's not. I always remember what my life was before my sister passed away, and how it's changed me now, and the way I see the world now. It is something I can't explain, but that's the way it is.

One person that has always been there for me is this guy, my husband. I met my husband in my freshman year in college. The first house party, the first college party that I have ever gone to, and I met who would be my future husband. One of the things that I really love about him is that he has this very open, infectious personality and he has a very deep voice, but he just loves to laugh and loves to make people laugh and is very generous and likes to keep harmony. We got married in my junior year; this year we are celebrating our 21st wedding anniversary. I like to tell people that we were so young, but we grew up together, you know, and that's something that I treasure now.

88

Magdalena   "Estos son recuerdos que yo atesoro"

Hay cosas muy específicas que yo atesoro. Esta foto es la última foto que nos tomamos todas las niñas, esta es mi mamá y todas sus hijas por el 2011. Dos de mis hermanas vivían en California, y es muy raro que ya como adultos pudiéramos pasar el rato y hacer cosas juntas, porque cuando creces, vas a la universidad y haces una vida y todo el mundo como que sigue su propio camino, y el trabajo se llevó a dos de mis hermanas a California. Esa fue la última vez que tomamos una foto juntos porque mi hermana murió de cáncer en diciembre. Cuando ella lo descubrió fue realmente duro para toda la familia, me propuse la misión de estar con ella cada vez que fuera a sus tratamientos, yo volaba cada dos semanas y me quedaba como una semana después de una quimioterapia para poder cuidarla. Yo sabía cómo proteger mi trabajo en UW. Su muerte fue para mí el momento más devastador de mi vida, incluso más que la experiencia traumática de cruzar la frontera y todas las cosas que nos habían pasado. Fuimos muy afortunados de obtener nuestros "papeles", y para mí era todo como, bueno, pasamos por todo eso, pero obtuvimos nuestros papeles y ahora está bien. Pero su muerte fue mucho más difícil: ¿por qué le pasó esto a mi familia, que no tiene antecedentes de cáncer? Yo estaba realmente devastada de muchas maneras, pero siendo la hermana mayor, yo tenía que mantenerme cuerda, y mi mamá también es ese tipo de persona, así que fue realmente difícil. Ya han pasado cinco años y todavía duele hablar de ella. Y para empeorar las cosas, mi hermano Roberto, que resulta ser el bebé en esta foto, descubrimos en diciembre de 2015 que él también estaba muy enfermo y que se lo había ocultado a mi familia, él no quería preocuparnos. Y para enero de 2016 él murió. Fue un cáncer de sangre, linfoma. Eso fue devastador, tuve que pensar de nuevo: ¿Por qué mi familia, por qué? ¿Cómo puede ser? ¿Por qué el cáncer puede llevarse a alguien de la familia? cuando vinimos de nada, hemos sido buenas personas y ¡son dos cánceres!

Tengo esta calavera, siempre me han atraído las calaveras, porque nací el 2 de noviembre, el Día de los Muertos. Siempre he tenido esta tranquilidad dentro de mí con las calaveras y la muerte, adoro las calaveras. Creo que esto me ayudó durante el luto en la familia. Siempre tuve alguna conexión con eso, por lo que se me facilitó lidiar con la pérdida. Llegar a un nuevo lugar y vivir aislada fue realmente duro, pero este tipo de pérdida física, cuando amas a alguien y ya no está allí, es como si te faltara un brazo, piensas que todavía está allí, pero te das cuenta de que no es así. Siempre recuerdo lo que era mi vida antes de que mi hermana falleciera, y cómo me ha cambiado, y la forma en que veo el mundo ahora. Es algo que no puedo explicar, pero así son las cosas.

Una persona que siempre ha estado ahí para mí es este tipo, mi esposo. Conocí a mi esposo en mi primer año en la universidad. La primera fiesta de la casa, la primera fiesta universitaria a la que fui, y conocí a quién sería mi futuro esposo. Una de las cosas que realmente amo de él es que él tiene una personalidad muy abierta y contagiosa, y tiene una voz muy grave, pero simplemente le encanta reír y le encanta hacer reír a la gente, es muy generoso y le gusta mantener la armonía. Nos casamos en mi tercer año, este año celebramos nuestro vigesimoprimer aniversario de bodas. Me gusta decirle a la gente que éramos tan jóvenes, pero crecimos juntos, ya sabes, y eso es algo que atesoro ahora.

79

Antonio

"Home is not a place but who I'm with"

This picture is with my abuelito again. I was around 13. These are all my siblings on this side, and my cousin, and this picture represents a transitional period for me. I was around my family, especially from my LatinX and my Mexican side, and I am able to embrace that identity when I see them. I live with my own family here in Seattle, but other than that I don't have any family here; most of them live in Texas, Chicago, or Mexico, so, I rarely get to see them. This is important to me because it represents being able to understand where I come from. My origins are in Mexico, but I've only ever been there once, and to be honest, I don't feel as connected as I wish I did. So this picture with my family helps me to embrace that and all the history that accompanies that.

I never really felt at home in any place in particular, because it's been so spread out from my origins, how I've been separated from my family to where I am now, so home is not necessarily a geographical location. It may sound corny, but home for me is wherever I'm surrounded by other LatinX and ChicanX folks, because, I mean, that's just where I feel most comfortable, where I feel validated. I don't necessarily feel connected to any particular place, but it's more about the people that I'm around, the people that I'm surrounded by and continue to grow with.

50

Antonio   "El hogar no es un lugar, sino con quién estoy"

Esta foto es con mi abuelito nuevamente. Tenía alrededor de 13 años. Estos son todos mis hermanos de este lado, y mi primo, y esta imagen representa un período de transición para mí. Estaba cerca de mi familia, especialmente de mi lado LatinX y mi lado mexicano, y yo puedo abrazar esa identidad cuando los veo. Yo vivo con mi propia familia aquí en Seattle, pero aparte de eso, no tengo más familia aquí, la mayoría viven en Texas, Chicago o México, así que rara vez los puedo ver. Esto es importante para mí porque representa el poder entender de dónde vengo. Mis orígenes están en México, pero solo he estado allí una vez, y para ser honesto, no me siento tan conectado como quisiera. Entonces esta imagen con mi familia me ayuda a abrazar eso y toda la historia que lo acompaña.

Realmente nunca me sentí como en casa en ningún lugar en particular, porque he estado tan repartido desde mis orígenes, cómo he estado yo separado de mi familia hasta donde estoy ahora, así que el hogar no es necesariamente una ubicación geográfica. Puede sonar cursi, pero el hogar para mí es en donde sea que esté rodeado por otras personas LatinX y ChicanX, porque quiero decir, es justo donde me siento más cómodo, donde me siento validado. No necesariamente me siento conectado con ningún lugar en particular, pero se trata más de las personas con las que estoy, las personas de las que me rodeo y con las que sigo creciendo.

80   *Genia*

"My home is in me"

••

My home is in me, because I love myself, and I'm connected with myself. After moving a lot and living in different places, and especially after what happened, after the incident, during that time I felt that my body was not mine. I did not love myself. After a long time I learned to love myself, and I learned that what that person did is not a reflection of me but of him. It's like reclaiming your own body, your own sense of choice. No importa dónde esté o qué pase, because when something like that happens to you, something as terrible as rape, you learn to feel like I do now. I now feel that if anything happens to me, I know that I'll be okay. Wherever I'm at, anything that happens, I'll be okay. Even when I feel I'm losing everything. When the assault happened, I felt my life was going back to when I was being told that your worth is in your flor, your flower. Then when you feel like you've lost that, you lost everything, because you've been like told that that is your worth. But I know that I haven't lost my worth.

47

••

Genia   "Mi hogar esta en mi"

Mi hogar está en mí, porque me amo y estoy conectada conmigo misma. Después de moverme y vivir en diferentes lugares, y especialmente después de todo lo que pasó, después de que me pasó el incidente, durante ese tiempo no sentía que mi cuerpo era mío. Yo no me amaba a mí misma. Y después de mucho tiempo aprendí a amarme, y que lo que hizo esa persona no es un reflejo de mí sino de él. Es como reclamar tu propio cuerpo, tu propio sentido de tener opciones. No importa dónde esté o qué pase, porque cuando te pasa algo así, algo tan terrible como la violación, sientes como ahora que yo siento que, si algo me pasa, yo sé que estará bien y donde sea que esté, cualquier cosa que pase, voy a estar bien. Incluso cuando siento que estoy perdiendo todo, cuando ocurrió el ataque, sentí que mi vida se devolvía a cuando me estaban diciendo que tu valor está en tu flor. Entonces, cuando sientes que has perdido eso, lo has perdido todo, porque te han dicho como que ese es tu valor. Pero yo sé que no lo he perdido.

81 Diana

"No podemos decir que no tenemos miedo, porque sí tenemos miedo"

....

Siento que ahorita el clima político es tan tóxico para muchos de nosotros que a veces se cansa uno de estar diciendo que somos undocumented and unafraid. Y aunque sí queremos reiterar que somos, no tenemos miedo, aun así existe el miedo todavía entonces no, no podemos decir no tenemos miedo, porque sí tenemos miedo, pero creo que no es tanto por nosotros sino más por nuestras familias.

Es muy fuerte, vivir con miedo. No solo a mí me ha afectado, también a otras personas. El día que se eligió el presidente, mi papá me dice: con que no más me dejen hacer las maletas, todo está bien. Pero al mismo tiempo fue como una manera de reaccionar y decir: esto está muy presente. Y aunque no quiere decir que tiene miedo, tiene miedo. Obviamente él sí tiene ganas de regresarse a México porque quiere ver a su familia, quiere ver a sus papás, él no ha visto a sus papás desde hace como 20 años. Entonces ahorita él tiene miedo de que cuando regrese ya no estén sus papás allá. Entonces creo que a veces como que tiene el coraje para decir: Con que me dejen hacer mis maletas, al fin y al cabo pues si me deportan pues ya voy a tener un tiquete gratis para regresar. Entonces eso va a enseñar que todavía tiene valor, pero siento que aun así tiene miedo, porque no sabe qué va a pasar con mis hermanas, qué va a pasar conmigo y con mi hermano, por ejemplo. Otras personas que conozco que son indocumentadas también tienen ese mismo miedo. Por ejemplo yo a veces me pongo a pensar y digo: qué pasaría si un día que regrese yo de la escuela y ya no estén ahí, ¿qué voy a hacer? Yo sí sé qué es lo que voy a hacer, pero realmente eso es como una cosa de prepararse mentalmente, pero en el momento que pase, sé que no voy a saber cómo reaccionar. Mucha gente tiene ese mismo miedo de que venga, y pase lo que pase, y ya no sepamos qué va a pasar y ya no los encontremos ahí en donde están. Es ese miedo...

57

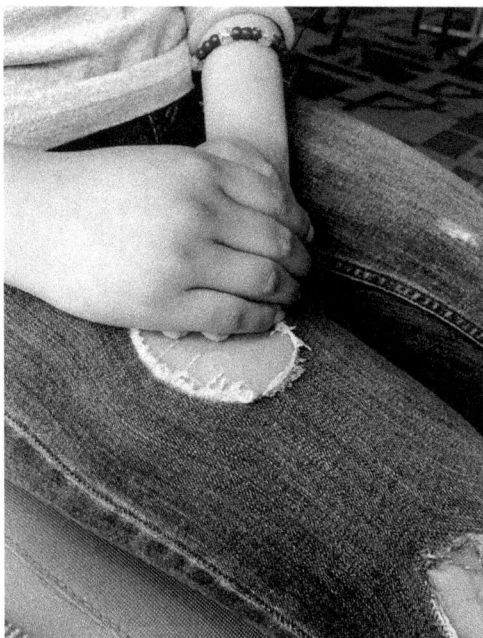

•••

Diana   *"We can't say we aren't afraid, because we are afraid"*

I feel that right now the political climate is so toxic for many of us that sometimes we get tired of saying that we are undocumented and unafraid. Although we do want to reiterate that we are, and that we are not afraid, fear still exists, we can't really say we are not afraid, because we are afraid, but it's more for our families than ourselves.

It is very heavy, living with fear. It has not only affected me, but also other people. The day the president was elected, my dad tells me: "As long as they let me pack my bags, everything is fine." But at the same time, it was like a way of reacting and saying: this is close to home. Even though he doesn't want to say he is afraid, he is afraid. Obviously, he does want to return to Mexico because he wants to see his family. He wants to see his parents; he hasn't seen his parents for 20 years. So right now, he's afraid that when he goes back, his parents won't be there anymore. So I think that sometimes he has the courage or anger to say: "As long as they let me pack my bags, after all, if they deport me, I'll have a free ticket to return." So that still shows that he has courage, but he's still afraid, because he doesn't know what will happen to my sisters, what will happen to me and my brother, for example. Other people I know who are undocumented also have that same fear. For example, I sometimes think and say, "What would happen if one day I returned from school and they were no longer there, what would I do?" I do know what I'm going to do, but it's really like being mentally prepared. But the moment it happens, I know I'm not going to know how to react. Many people have that same fear that if it that day comes, and whatever happens, we don't know what will happen and we won't find them where they are. It's that fear...

82

Ana Mari

"You get to climb and make your own space"

··

R: When you were in college, did you feel like you belonged?

You know, yes and no. I think that, in general, all of us thought that we were the mistake in admissions. I remember the director of Graduate Studies was welcoming me and he said: Oh, you know, we had a minority in this program last year and she didn't make it. It was made pretty clear to me that I was here on affirmative action. And there's people who say that didn't bother my self-esteem. It's even clearer to me now in this position that when you admit 5, 10, even 15 % of your applicants, there is some degree of chance involved. There's no question that you take the top 10% and they get in anywhere; you take the bottom 10% and they wouldn't get in anywhere. But in between, there's a lot of chance; I could have easily not made it. There are other people that could have easily not been there. What was clear is that this was not an environment that was made for people like me. That was clear in lots of different ways, but I think one of the things about it is that I grew up without a home. Home for me was this mythical place. We came here not as immigrants, we came here as exiles. At least for the first 10-15-20 years my parents thought we would go back any time. So it's not like I grew up with a real sense of belonging here, and that sense of not belonging wasn't unusual.

R: At what point did you start feeling like you belong?

You know, I'm not sure I ever felt totally like I belong. I was surprised on my trip back to Cuba there was a bit of that sense of belonging. Until I was 18 I was a resident and filled that card every year, and every time you fill out the card there's a sense that you're not really one of us. I'm now the university president, I go into these meetings and, you know, I don't necessarily feel like one of them. At this point I certainly don't see not belonging as a disadvantage. You get to climb and make your own space.

64

Ana Mari "Tienes que escalar y hacer tu propio espacio"

R: Cuando estabas en la universidad, ¿sentiste que pertenecías allí?

Ya sabes, sí y no. Creo que, en general, todos creímos que fuimos el error en las admisiones. Recuerdo que el director de Estudios de Posgrado me estaba dando la bienvenida y me dijo: Oh, sabes, tuvimos una minoría en este programa el año pasado y ella no lo logró. Me quedó muy claro que estaba aquí en acción afirmativa. Y hay personas que dicen que eso no afectó mi autoestima. Es aún más claro para mí, ahora en esta posición, que cuando admites 5, 10, incluso 15% de sus solicitantes, hay grado de suerte. No cabe duda de que tomas al 10% superior y ellos pueden llegar a cualquier lugar; tomas el 10% inferior y ellos no llegarían a ninguna parte. Pero en el medio hay muchas probabilidades, yo podría fácilmente no haberlo logrado. Hay otras personas que fácilmente podrían no haber estado allí. Lo que estaba claro es que este no era un ambiente hecho para personas como yo. Eso fue claro en muchas formas diferentes, pero creo que una de las cosas es que crecí sin un hogar. El hogar para mí era un lugar mítico. Nosotros no vinimos aquí como inmigrantes, vinimos aquí como exiliados. Al menos durante los primeros 10-15-20 años mis padres pensaron que nos devolveríamos en cualquier momento. Así que no es que creciera con un sentido real de pertenecer aquí, y esa sensación de no pertenecer no era inusual.

R: ¿En qué momento comenzaste a sentir como que pertenecías?

Sabes, no estoy segura de haber sentido del todo como si perteneciera. Me sorprendió en mi viaje de regreso a Cuba que había un poco de ese sentido de pertenencia. Hasta mis 18 años fui residente y llenaba esa tarjeta cada año, y cada vez que tú llenas esa tarjeta, está la sensación de que tú no eres realmente uno de nosotros. Ahora soy la presidente de la universidad, voy a estas reuniones y, ya sabes, no necesariamente me siento como uno de ellos. En este punto, ciertamente no veo el no pertenecer como una desventaja. Tienes que escalar y hacer tu propio espacio.

● ●

83 Ricardo

"Cuando me di cuenta que soy Latino"

Este es un mapa del mundo, que me recuerda de un momento que viví cuando tenía unos 18 años. Estábamos viajando con mi familia hacia París, y aunque no era la primera vez que yo iba fuera de Colombia esta vez estaba atravesando el charco a Europa. Recuerdo estar caminando en el avión, un Jumbo 747, que tenía segundo piso. En ese entonces uno podía subir y podía llegar hasta donde estaba la puerta de la cabina de los pilotos, en el segundo piso. En la puerta en la cabina tenían pegado un mapa como éste. El mapa mostraba la ruta del avión, así como está aquí, que era Bogotá-Paris, y tenía arriba, escrito a mano, la velocidad, el viento, la temperatura, la duración del vuelo… no había pantallas que tuvieran eso con GPS en tiempo real. Pero en ese momento, yo estaba allí parado frente a la cabina, y sentí la vibración del piso del avión andando, y miré el mapa, y se me transformó el mundo. Se me cambió mi geografía. Con esa leve vibración en el piso, parado delante del mapa, mi espacio dejó de estar centrado en Bogotá, y comencé a ver Colombia, Bogotá, y América Latina desde el otro lado, desde Europa. Mi punto de referencia empezó a ser desde allá y a verme aquí, visto desde allá. Fue una transformación muy curiosa, muy profunda, pero para mí ha estado muy marcada desde entonces, porque fue la primera vez en que me sentí latinoamericano, en que empecé a verme a mí mismo, a mi familia, a mi realidad, a mi mundo, lo que yo conocía, pero visto desde allá, desde otro sitio, desde otra perspectiva.

Ese momento fue muy físico. Yo sentí que el mundo se me dio vuelta. Recuerdo la sensación de la vibración en los pies del avión andando, la vibración no es mucha, el piso no vibra mucho, pero ese zumbido sordo, esa pequeñita vibración de un avión grande volando, esa me cambió el mundo. Antes de eso yo nunca me había sentido latinoamericano. Me había sentido colombiano, pero era colombiano desde dentro, desde dentro de Colombia, viéndome allí en Colombia. Es como si uno es un pescado dentro de la pecera, ver la pecera, pues ve es el reflejo desde adentro, me imagino, no sé qué verán los pescados adentro. Pero esa sensación de verme a mí mismo desde fuera, desde otra perspectiva, donde mi ser bogotano era insignificante, donde mi ser colombiano era muy pequeño, y era más bien ser latinoamericano. Por eso, este mapa es para mí la representación de empezar a verme a mí mismo distinto, verme desde fuera, como latinoamericano, como latino (el ser LatinX vendría mucho más tarde).

107

CDG

BOG

· ·

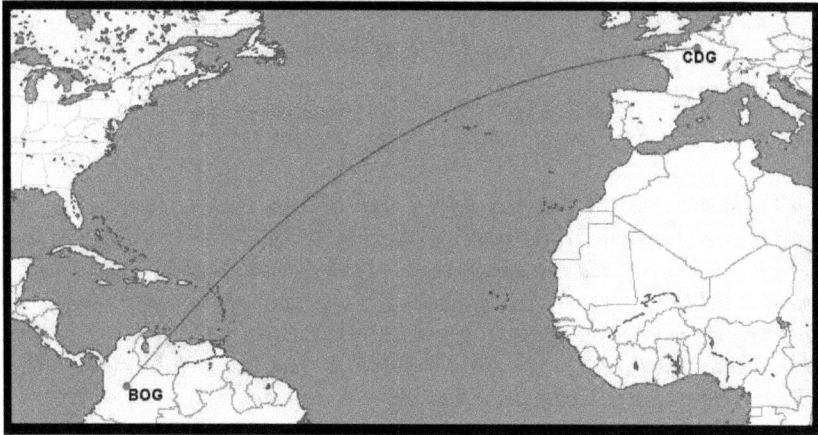

Ricardo   *"When I realized that I am Latino"*

This is a map of the world that reminds me of a moment when I was about 18 years old. My family was traveling to Paris, and although it was not the first time I was out of Colombia, this time I was crossing the pond to Europe. I remember walking around on the plane, a Jumbo 747, which had a second floor. At that time one could go up and could get to where the pilot's cabin door was, up on the second floor. On the door of the cabin they had a map like this, hung with adhesive tape. The map showed the route of the plane, just as it is here, which was Bogotá–Paris, and had written, by hand, the speed, the wind, the temperature, the duration of the flight ... there were no screens that had that GPS information in real time. But at that moment I was standing there in front of the cabin, and I felt the vibration of the airplane floor, and I looked at the map, and my world changed. With that slight vibration under my feet, standing in front of that map, my geography changed. My space wasn't centered in Bogotá anymore, and I began to see Colombia, Bogotá, and Latin America from the other side, from Europe. My point of reference shifted to Europe and to seeing myself here from over there. It was a very curious transformation, very deep, and for me it has been very pronounced since then, because it was the first time I felt Latin American, in which I began to see myself, my family, my reality, my world, what I knew, but seen from over there, from another place, from another perspective.

That moment was very physical. I felt that the world turned around. I remember the sensation of the vibration of the flying plane on my feet. The vibration isn't much, the floor doesn't vibrate much, but that hum, that tiny vibration of a big airplane flying, that changed my world. Before that, I had never felt Latin American. I felt Colombian, but I was Colombian from the inside, from within Colombia and seeing myself in Colombia. It's like being a fish inside a fish tank, seeing the fish tank, because it's a reflection from the inside, I imagine; I don't t know what the fish see inside. But that feeling of seeing myself from the outside, from another perspective, where being from Bogota was insignificant, where being from Colombia was very small, and instead it was being Latin American. Because of this, this map is the representation of starting to see myself differently, seeing myself from the outside, as a Latin American, as a Latino (LatinX came later).

154

84   *Jessica*

"I was in a sea of people with black hair, and I felt at home"

••

When I went to Ecuador the last time, I met a cousin of mine that I had seen only a long time ago, when were little kids. We met again and the funny thing is we had very common interests, we went to rock concerts, and even though we grew up in different countries, I felt at home. Here I sometimes feel like a rockera out of the elements, because there are not many rockeros Latinos; I think there are more people that love rock in LA, where I grew up. It's kind of cool because when I went to Ecuador I was in a sea of people with black hair and it was just amazing. I was like, everybody here is Latino, and I felt really at home. That's why I brought those pictures.

My dad asked me once why I get so emotional when I go to Ecuador. I say because I am at home, this feels so awesome. I think growing up in LA, the only people I knew that I could count as Ecuadorian was my family. We have a very big family. So every weekend we were at my cousin's. We basically were a little colony in LA. That was our culture. We grew up everything Ecuador, and there are a lot of things I didn't learn about till high school or college. Things I was exposed to at school events, or through friends from different cultures. I think growing up in LA with both Ecuadorian sides was about having la cultura; it's part of my life. So when I finally moved here, it was a shock, a cultural shock, because even though in LA we were a minority, Ecuadorians among other Latinos and other cultures, I grew up with that and that was just normal for me. So moving here was a little unique. I found that in LA people just automatically speak Spanish; there is a lot of identity. I feel like here people have no clue where I am from, or if I am talking to someone who is a Mexican descendent, they don't think that I speak Spanish and they are surprised when they hear me speaking Spanish.

Here I feel closer to home because of the weather; even though I was born in LA it is too hot for me. But it is still not quite home because I'm still missing my family. I can't convince them to get up here. Keeping the family close is always something that makes it feel like home. So it is hard because they are not here. I feel like I'm finding my own place. I've got my place here, and I have a little life here but it's always missing the family. They visit a lot, and I visit them, but it isn't enough.

45

Jessica

"Yo estaba en un mar de gente con pelo negro y me sentí como en casa"

Cuando fui a Ecuador la última vez conocí a un primo mío que había visto hace mucho tiempo, cuando éramos niños pequeños. Nos encontramos de nuevo y lo chistoso es que teníamos intereses muy comunes, fuimos a conciertos de rock y, aunque crecimos en diferentes países, me sentí como en casa. Aquí a veces me siento como una roquera fuera de los elementos, porque no hay muchos roqueros latinos, creo que hay más personas que aman el rock en LA, donde crecí. Es como genial porque cuando fui a Ecuador estaba en un mar de gente con pelo negro y era simplemente asombroso. Yo estaba como, todos aquí son latinos, y me sentí realmente en casa. Es por eso que traje esas fotos.

Mi papá me preguntó una vez por qué me pongo tan emotiva cuando voy a Ecuador Y digo que es porque estoy en casa, esto se siente increíble. Creo que, al crecer en Los Ángeles, como ecuatoriana, las únicas personas que conocía con las que podía contar era mi familia. Tenemos una familia muy grande. Así que cada fin de semana estábamos en casa de mis primos, básicamente éramos en una pequeña colonia en Los Ángeles. Esa era nuestra cultura. Crecimos con todo Ecuador, y hay muchas cosas que no aprendí hasta la escuela secundaria o la universidad, cosas a las que fui expuesta en eventos escolares o por amigos de diferentes culturas. Creo que crecer en Los Ángeles con ambos lados ecuatorianos fue sobre tener la cultura, es parte de mi vida. Entonces, cuando finalmente me mudé aquí, fue un shock, un shock cultural, porque a pesar de que en Los Ángeles éramos minoría, ecuatorianos entre otros latinos y otras culturas, crecí con eso y eso era normal para mí. Así que mudarse aquí fue un poco único. Descubrí que en Los Ángeles la gente habla español de manera automática, hay mucha identidad. Siento que aquí la gente no tiene idea de dónde soy, o si hablo con alguien que es descendiente de mexicanos, no creen que yo hable español y se sorprenden cuando me oyen hablar español.

Aquí me siento más cerca de casa debido al clima, aunque nací en Los Ángeles, hace demasiado calor para mí. Pero no es del todo en casa aún, porque sigo extrañando a mi familia. No puedo convencerlos de que vengan aquí. Mantener a la familia cerca siempre es algo que lo hace sentir como en casa. Entonces es difícil porque ellos no están aquí. Siento que estoy buscando mi propio lugar, tengo mi lugar aquí, y una pequeña vida aquí, pero siempre le está haciendo falta la familia. Ellos me visitan mucho, y yo los visito a ellos, pero no es suficiente.

• •

85 *Bianca*

"Transition to middle class is very strange"

••

I brought something else that is totally random: these are earrings. Talking about my transition to middle class, these are earrings that I got from my fiancé's great-grandmother. It was after she passed away, and in the will she had given everybody whatever, and since I'm marrying into the family next year, everyone was like, oh, you're practically in the family, just take something of the grandmother. It was really funny to me, because there wasn't any pomp or circumstance, it wasn't fancy or anything. They just had three suitcases of jewelry, tons of jewelry, just thrown out on the floor, literally on the floor. We had to get on our hands and knees and just dig in, you know, tons of jewelry. I kept telling my fiancé, I think those are real! And he was like, no, if they were real, why would they have them just thrown out like that, and I'm like, I think that they're real. I did take it into a jewelry store everything that I got from his grandmother that day and everything was real. And I was like, how on earth! In my family, these would not have just been thrown out on the ground. They would have been kept in a locked box or in a safety deposit, but his family just has so much money. They flew my partner out to Alaska once when he was a little boy just because he wanted to learn how to ice fish; they paid for him to take a helicopter to Alaska from Washington State, and they had people look after him with a nanny in Alaska just because he wanted to go. And over here my father and I used to have to go dumpster diving for cans just to try to pay for food. I remember when I was a kid we used to go to abandoned houses and try to steal all the copper and all the metal so that we could pay for clothes or whatever food stamps wouldn't cover. So I went from that to being in a family where dropping several thousand dollars on a pair of earrings is nothing. We're taking a family trip for a week and a half in Hawaii, and I don't have to pay a single penny, because the whole family is like, oh we'll cover it, no big deal. To go from what I went from to the middle class just through marriage is pretty interesting. I've actually gone through a lot of grief trying to figure out that transition to middle class; it's very strange.

Plus, with the education that I've gotten it's going to be different. I'm a social worker; I'm working on my doctorate in social work right now, I'm in my fourth year finishing up my qualifying exam for candidacy and then I'll be ABD. I was a practicing social worker for a few years. I used to work in child behavioral health, mostly and domestic violence.

100

• •

Bianca   "La transición a la clase media es muy extraña"

Traje algo más que es totalmente aleatorio: estos son aretes. Hablando de mi transición a la clase media, estos son los aretes que obtuve de la bisabuela de mi prometido. Después de que ella falleció, y en su testimonio les había dado a todos cualquier cosa, y como me voy a casar y formar parte de la familia el próximo año, todos decían como, oh, tú eres prácticamente parte de la familia, solo toma algo de la abuela. Fue muy gracioso para mí, porque no había pompa, no era elegante ni nada. Solo tenían tres maletas de joyas, toneladas de joyas, simplemente tiradas en el piso, literalmente en el piso. Tuvimos que ponernos de rodillas y entrarle, ya sabes, toneladas de joyas. No dejaba de decirle a mi prometido: ¡Creo que son reales! Y él estaba como, no, si fueran reales, por qué ellos los tendrían tirados así, y yo decía como, yo creo que son reales. Lo llevé a una joyería, todo lo que obtuve de su abuela ese día y todo era real. Y yo pensaba, ¡cómo así! En mi familia, estos objetos no habrían sido simplemente arrojados al suelo, habrían estado guardado en una caja cerrada o en un depósito de seguridad, pero su familia simplemente tiene muchísimo dinero. Ellos una vez llevaron a mi compañero a Alaska cuando era un niño pequeño solo porque él quería aprender a pescar en el hielo, ellos pagaron para que él tomara un helicóptero a Alaska desde el estado de Washington, y tenían personas que lo cuidaban con una niñera en Alaska solo porque él quería ir, y aquí mi papá y yo solíamos tener que buscar latas en los basureros para tratar de pagar la comida. Recuerdo que cuando era niña solíamos ir a casas abandonadas y tratar de robar todo el cobre y todo el metal para poder pagar por la ropa o lo que sea que los cupones de alimentos no cubrieran. Así que pasé de eso a estar en una familia donde gastar varios miles de dólares en un par de aretes no significa nada. Estamos planeando un viaje familiar durante una semana y media a Hawái, y yo no tengo que pagar un solo centavo, porque toda la familia dice, oh nosotros lo cubrimos, no es gran cosa. Pasar de lo que fui a la clase media solo a través del matrimonio es bastante interesante. De hecho, he atravesado una gran pena tratando de descubrir esa transición a la clase media, es muy extraño.

Además, con la educación que he recibido, va a ser distinto. Yo soy trabajadora social, en este momento estoy trabajando en mi doctorado en trabajo social, estoy en mi cuarto año terminando mi examen de clasificación para la candidatura y luego seré ABD. Estuve practicando como trabajadora social durante algunos años, solía trabajar en la salud del comportamiento infantil principalmente y en la violencia doméstica.

86

Andrés B.

"Soy cónsul honorario de la República de Macondo"

Siento que me tengo que esconder. O que esto de ser latino no es algo que se permee en mi vida diaria como me gustaría. Yo aquí soy bastante gringo, soy bastante americano, pero me gustaría sentirme más latino o participar más en actividades con los latinos. El evento del otro día fue muy raro para mí. Me dieron un reconocimiento por ser latino.

R: A mí también me pareció raro, pero luego me dio la idea de hacer este proyecto con estas entrevistas. En realidad, fue una idea de mi hermana cuando le conté del reconocimiento, ¡así que este libro fue su idea!

Lo que dice en mi puerta de ser cónsul honorario de la República de Macondo tiene el sentido de que cuando llegué acá, algo que aprendí durante todos los años que llevo acá, en Estados Unidos, que está compuesto por gente de todas partes del mundo, es que muchas veces soy el único chileno o sudamericano que la gente conoce. Entonces en cierta manera somos embajadores culturales de nuestros países. Ese es el sentido, y creo que cada uno de nosotros tiene que ser un embajador cultural de nuestra cultura. No somos los que llegamos tarde, no somos flojos, no solo sabemos hacer jardines, hacemos muchas otras cosas, y yo creo que en ese sentido mi presencia aquí trata de ser eso. Hablo muy bien inglés, escribo muy bien en inglés, leo mucho en inglés, conozco mucho de la cultura norteamericana, conozco mucho de cualquier país de Latinoamérica porque creo que uno tiene esa obligación de contar la experiencia, de contar lo que ha vivido. Cuando te digo que no me siento muy latino es porque yo tengo amigos acá en Seattle que viven todo el día en función de ser latinos, comen comida latina, van solo a restaurantes latinos, se juntan solo con latinos, lo cual está bien, pero no creo que para mí esté completamente bien. A veces me gusta, pero no. No podemos aislarnos del resto de la comunidad, creo yo.

Eso no quiere decir que yo deje de ser latino; por ejemplo, en mi casa se comen arepas, y la arepa venezolana, que es distinta a la colombiana, es la comida preferida de mis hijas. Pero el otro día conversando con mis hijas, mis hijas se sienten muy latinas. Fuimos a ver este Cirque du Soleil de México, que está inspirado en México, y mis hijas se sienten parte de esa cultura, les gusta mucho, les gusta mucho ir a Chile, quieren conocer Perú, quieren ir a Costa Rica. Ellas se sienten y se identifican como latinas en el colegio, a pesar de que hablan muy bien inglés y que han vivido toda su vida acá. En casa hablamos español, ellas contestan en inglés. Entre ellas hablan en inglés, a nosotros nos contestan en inglés, cuando quieren algo nos hablan en español, pero definitivamente ellas son bilingües y biculturales.

90

Andrés B. *"I am an honorary consul of the Republic of Macondo"*

I feel like I have to hide. Or that this being Latino is not something that permeates my daily life as I would like. I'm pretty gringo here. I'm quite American, but I'd like to feel more Latino or participate more in activities with Latinos. The other day's event was very strange for me. They gave me a recognition for being Latino.

R: I also felt it strange, but then it gave me the idea to do this project with these interviews. Actually it was my sister who first suggested it, when I told her about the recognition. So this was her idea!

What's written on my door, about being honorary consul of the Republic of Macondo, refers to something I've learned in all the years that I have been here in the United States, which is made up of people from all over the world; and that is that many times I am the only Chilean or South American that people know. So in a way we all are cultural ambassadors of our countries. That's the meaning, and I believe that each one of us must be a cultural ambassador of our culture. We are not the ones who arrive late, we are not lazy, we don't just know how garden, we do many other things, and I believe that in that sense my presence here tries to be that. I speak English very well, I write very well in English, I read a lot in English. I know a lot about American culture, I know a lot about any country in Latin America because I believe that one has that obligation to talk about their experience, to tell what they have lived. When I tell you I do not feel very Latino, it's because I have friends here in Seattle who live all day in the role of being Latino, eating Latino food, only going to Latino restaurants, getting together only with Latinos, which is fine, but I do not think it's completely fine for me. Sometimes I like it, but no. We can't isolate ourselves from the rest of the community, I think.

That does not mean that I stop being Latino; For example, we eat arepas at my house. The Venezuelan arepa, which is different from the Colombian one, is my daughters' favorite food. But the other day talking with my daughters, my daughters feel very Latina. We went to see this Cirque du Soleil show from Mexico, inspired by Mexico, and my daughters feel part of that culture, they like it a lot, they like to go to Chile, they want to know Peru, they want to go to Costa Rica. They feel and identify themselves as Latinas at school, despite the fact that they speak English very well and have lived all of their lives here. At home we speak Spanish, they answer in English. Between themselves, they speak in English, they answer us in English. If they want something they speak to us in Spanish, but they are definitely bilingual and bicultural.

87

Genia

"I have multiple flowers"

··

In the mexican culture they tell the girls to take care of their flower: "cuídate tu florecita," que quiere decir cuidar tu virginidad. Cuando era menor, más chica, pensaba que solamente tenía una flor y yo quería proteger mi flor, yo quería decidir qué hacer con esa flor. And when what happened happened, I thought that I no longer had a flower, that that flower had never been mine. Then I learned that I have many flowers, and that is not the only flower that I have. Flowers can come from different parts. For example, how I feel internally toward myself, my relationships with other people, when I help people, that's like a way of having flowers. There are different stages for myself, physically, emotionally, spiritually, and I have different flowers for everything. They are all in different stages, some are flourishing, some still need to be supported and taken care of. I have multiple flowers.

I know there are certain things I value and that I want to do, como cambiar en el mundo, ayudar a personas que son de bajos recursos o que son latinas, especialmente a las mujeres, y especialmente si ellas have been raped. Rape is very common, it happens to one out of every four women, and we are sometimes told, because of religion of our social system, they make us think that our worth lies in what is between our legs. Pero nuestro valor no está allí, esa no es la única flor, it's not your worth. You have so much more that's your worth! I thought that my world was over when that happened, and I learned that it wasn't everything, that wasn't all that I had, there are so many other different, beautiful parts of myself that I didn't like, ever realized and I think that if that hadn't happened maybe I would have never realized that, or it would have taken me a lot longer to realize that there are so many other beautiful things about myself.

62

Genia   "Tengo muchas flores"

En la cultura mexicana dicen a las niñas "cuídate tu florecita," que quiere decir cuidar tu virginidad. Cuando era menor, más chica, pensaba que solamente tenía una flor y yo quería proteger mi flor, yo quería decidir qué hacer con esa flor. Y pues yo pensé que cuando pasó, pensé que ya no tenía flor y que esa flor nunca había sido mía. Después aprendí que yo tengo muchas flores, que esa no es la única flor que yo tengo, y que las flores pueden venir de diferentes partes. Por ejemplo, como me siento internamente hacia mí, mis relaciones con personas, cuando ayudo a otras personas, cuando ayudo a la gente, es como una manera de tener flores. Hay diferentes etapas para mí, físicamente, emocionalmente, espiritualmente, y tengo distintas flores para todo. Todos están en diferentes etapas, algunas están floreciendo, algunas aún necesitan ser apoyados y cuidadas. Tengo múltiples flores.

Sé que hay ciertas cosas que yo valoro que quiero hacer, como cambiar en el mundo, ayudar a personas que son de bajos recursos o que son latinas, especialmente a las mujeres, y especialmente las que han sido violadas. La violación es muy común, es como que una de cada cuatro mujeres ha sido violada, y a veces por la religión o por ciertos sistemas nos hacen pensar que nuestro valor está a no medio de nuestras piernas. Pero nuestro valor no está allí, esa no es la única flor, ese no es tu valor. ¡Tienes mucho más que es tu valor! Pensé que mi mundo se había acabado cuando eso sucedió, y aprendí que no lo era todo, que no era todo lo que yo tenía, que hay muchas otras partes distintas y hermosas de mí que como yo nunca había descubierto y creo que, si eso no hubiera sucedido, tal vez nunca me hubiera dado cuenta de eso, o me hubiera llevado mucho más tiempo darme cuenta de que hay muchas otras cosas hermosas sobre mí misma.

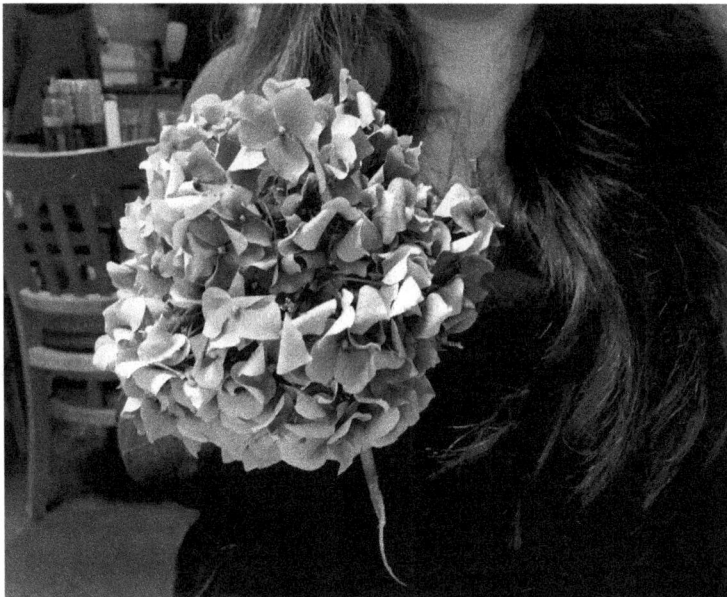

88

Miguel

"I moved around a lot, but the family farm felt like home"

••

I have a sister who is eleven years younger than I am, and between the two of us we counted we went to eighteen different schools: Canada, Kansas, Spain, San Francisco, where I started kindergarten, Oregon for high school, and college in Philadelphia. I went to college in Santa Cruz, and then I moved to Boston. As of about six months ago ,Seattle is the longest I've ever lived anywhere. My sister being younger, she ended up living in a whole bunch of other places— California, Denver, and other stuff.

R: So does that make it home? The place where you've lived the longest?

Well, no, but my sister got married a few years ago and she and her husband moved in on the same block we live in, and my parents recently moved to Seattle as well. From having moved all over the place, suddenly the family is all kind of here. Another place I used to call home is my maternal grandparents' farm in California. It's in the northern edges of the wine country, a family farm that has a long tradition as a gathering place, where people go and spend a few weeks or part of the summer. So while I was moving around and living in different places, that was home. In the farm there was a little house, with a bunch of trees around it and a big tree and a sandbox. That's where my grandmother lived until the end of her life. It was very rustic, very poor. She had a window over her sink and there was no light, and she would open it for air and you'd get bugs on the window, so there were several generations of frogs that would live under the soap dish, and many bugs on the window when it comes down. That was when I was growing up and moving around, so it was so familiar there, sitting around under the tree. Remembering it gives me a very relaxing feeling; to me it was always a place of refuge. There is now a little bit of a sense of loss, because while the place is still there, many of the people aren't.

Migration probably hasn't been a big part of my personal story, but certainly nomadness has. There wasn't a super strong sense of home. There are places which were home for me and touchdowns, but it wasn't like what everybody knows as home. There never was that place.

99

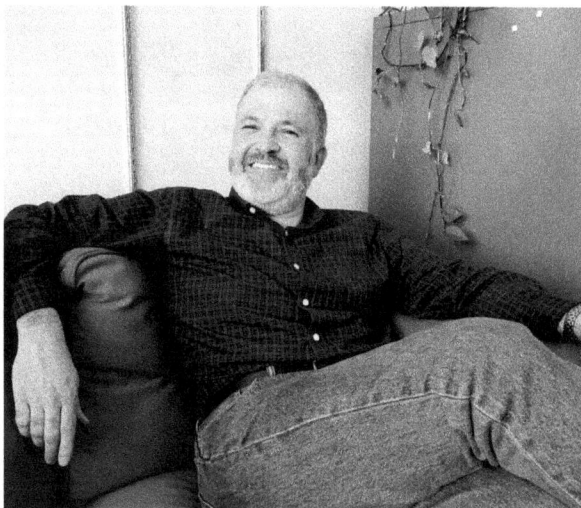

Miguel

"Me mudé mucho, pero la granja familiar se sentía como el hogar"

Tengo una hermana que es once años más joven que yo, y entre los dos contamos que fuimos a dieciocho escuelas diferentes. Canadá, Kansas, España, San Francisco, donde comencé el jardín infantil. Oregón para la secundaria y la universidad en Filadelfia. La escuela en Santa Cruz, y luego me mudé a Boston. Desde hace aproximadamente seis meses, Seattle es la ciudad en la que más tiempo he vivido de todas. Mi hermana, al ser más joven, terminó viviendo en muchos otros lugares, California, Denver y otras cosas.

R: Entonces, ¿Eso hace que se hogar? ¿El lugar donde has vivido más tiempo?

Bueno, no, pero mi hermana se casó hace unos años y ella y su esposo se mudaron a la misma cuadra en la que vivimos nosotros, y mis padres se mudaron recientemente a Seattle también. De haberse mudado por todas partes, de repente la familia está casi toda aquí. Otro lugar que solía llamar casa es la granja de mis abuelos maternos en California. Está en los bordes del norte del país del vino, una granja familiar que tiene una larga tradición como lugar de reunión, en donde la gente va y pasa unas semanas o parte del verano. Entonces, mientras me estaba mudando por varios lugares y viviendo en diferentes lugares, ese era mi hogar. En la granja había una casita, con un montón de árboles alrededor y un gran árbol y una arenera. Ahí es en donde vivió mi abuela hasta el final de su vida. Era muy rústico, muy pobre. Ella tenía una ventana sobre el fregadero y no había luz, y ella la abría para que entrara aire y llegaban insectos a la ventana, así que había varias generaciones de ranas que vivirían debajo de la jabonera, y muchos insectos en la ventana al bajarla. Eso fue cuando estaba creciendo y mudándome, así que era tan familiar allí, sentado debajo del árbol. Recordarlo me da una sensación muy relajante, para mí siempre fue un lugar de refugio. Ahora hay un poco de sensación de pérdida, porque, aunque el lugar todavía está allí, muchas personas ya no están.

La migración probablemente no ha sido una gran parte de mi historia personal, pero ciertamente el nomadismo si lo ha sido. No había un sentido súper fuerte del hogar, hay lugares que eran el hogar para mí, pero no eran como lo que todos conocen como el hogar. Nunca hubo ese lugar.

89

India

"You have this lingering self-doubt"

....

There weren't many Latinos at Brown, and I also had a hard time identifying with a lot of the Latinos that were there because they were from different parts of the country. There were a lot of Latinos there from the East Coast, a lot of Dominicans and Puerto Ricans, people from New York, New Jersey and Massachusetts, and there were a lot of Latinos from either Southern California or Texas, but there weren't any Latinos there from the Northwest. The people that I gravitated more to hang out with were from L.A. because that's where my dad is from; I kind of understood that, and they were also the ones that were Mexican-American. I think we all felt that impostor syndrome, like, what are we doing here, why did they let us here? Everyone else here is mostly white and very smart. I remember there was a guy in my freshman dorm who got a perfect score on his SAT and I didn't even know that was possible! I had been around smart people in high school, but it felt like going there was just this big, big jump, and it's wasn't just that there was one or two people in your in class: it was everybody in your class!

R: What did that to you as a Latina?

It was wonderful! I mean, I thrived on that intellectual community, and I felt really stimulated by it, but I also had to study so hard it exhausted me. I think I always felt this, my first two years especially, I felt this huge pressure to keep up and to prove myself and to prove that I was actually not an impostor: that I was worthy, I had a reason to be there, and that I could hang with the other students. It was a struggle of those two competing feelings: on one level, this is exactly where I should be; I should be with all these smart people. I think these big thoughts the way they think, and I'm having this really rich, stimulating conversations, and I'm trying to figure out what I want my contribution to be in the world. But at the same time, there are very few people that look like you and you have this lingering self-doubt.

R: And does that impostor syndrome linger?

You know, it started to go away in my PhD program, but of course it does linger. I feel like having a woman of color as my PhD chair helped a lot. I began to see that there were other role models, other people that look like me in the academy, and it made it possible for that to be a place where I can survive and thrive. I think in my PhD program I began to really understand that I had something to offer, that my perspective and my scholarship was unique, and so I think as you gain confidence in what you can contribute, the doubt dissipates because you realize how unique Latinos are in the academy. So many students need us, and the world needs our perspective, the intellectual world needs our perspective, research needs our perspective.

77

India   "Tú tienes una duda constante de ti misma

No había muchos latinos en Brown, y también se me dificultó el identificarme con muchos de los latinos que estaban allí, porque eran de diferentes partes del país. Había muchos latinos de la costa este, muchos dominicanos y puertorriqueños, gente de Nueva York, Nueva Jersey y Massachusetts, y había muchos latinos, bien del sur de California o de Texas, pero no había latinos del noroeste. La gente con la que me atraía más pasar el rato era de L. A. porque de ahí es de donde es mi padre, de alguna manera lo entendí, y ellos eran los que también eran mexicano-americanos. Creo que todos sentimos ese síndrome impostor, como, ¿qué estamos haciendo aquí? ¿por qué nos dejaron aquí? Todos los demás aquí son en su mayoría blancos, y muy inteligentes. Recuerdo que había un chico en mi dormitorio de primer año que obtuvo un puntaje perfecto en su SAT y yo ni siquiera sabía que eso era posible. Había estado rodeada de gente inteligente en la secundaria, pero se sentía que el ir allí era un gran, gran salto, y no era solo que hubiera una o dos personas en tu clase, ¡eran todos en tu clase!

R: ¿Qué te hizo eso como latina?

¡Fue maravilloso! Quiero decir, prosperé en esa comunidad intelectual, y me sentí realmente estimulada por ello, pero también tuve que estudiar muy duro, eso me agotó. Creo que siempre sentí esto, especialmente mis dos primeros años, sentí esta gran presión para mantener el ritmo, y para probarme quién era, y para demostrar que en realidad no era una impostora, que era digna, que tenía un motivo para estar allí y que podía estar con los otros estudiantes. Fue una lucha de esos dos sentimientos compitiendo: en un nivel, aquí es exactamente donde debería estar, debería estar con todas estas personas inteligentes, tengo estos grandes pensamientos de la forma en que ellos piensan, y estoy teniendo estas conversaciones realmente abundantes, y estimulantes, y estoy tratando de descubrir lo que quiero que sea mi contribución para el mundo. Pero, al mismo tiempo, hay muy pocas personas que se parecen a ti y tú tienes esta duda constante.

R: ¿Y persiste ese síndrome de impostor?

Ya sabes, comenzó a desaparecer en mi programa de doctorado, pero por supuesto que persiste. Yo siento que tener una mujer de color como presidente de mi doctorado me ayudó mucho. Comencé a ver que había otros modelos a seguir, otras personas que se parecen a mí en la academia, y eso hizo posible que fuera un lugar en el que puedo sobrevivir y prosperar. Creo que en mi programa de doctorado comencé a comprender realmente que tenía algo para dar, que mi perspectiva y mi beca eran únicas, y entonces, creo que a medida que adquieres confianza en lo que puedes aportar, la duda se disipa, porque te das cuenta que tan únicos son los latinos en la academia. Muchos estudiantes nos necesitan y el mundo necesita nuestra perspectiva, el mundo intelectual necesita nuestra perspectiva, la investigación necesita nuestra perspectiva.

90   Diana

"Todo significa otra cosa"

∙∙

Como mujer latina ha sido difícil. Por ejemplo, en mis clases a veces soy la única mujer latina que está ahí, aunque también hay muchos latinos en mis clases, pero hay veces que las experiencias necesarias no se relacionan a las mías, y como que yo tengo que sacar esa conversación para decir, yo también tengo sus mismas experiencias pero diferentes, no puedes decirme que esas experiencias yo las vivo cuando realmente no todos viven la misma, de la misma manera. Por ejemplo, sales con sus estudios de psicología que dicen esto, esto y esto, pero realmente para mí no significan nada porque no se relaciona conmigo, no se relaciona con mi comunidad. También hay cosas que a veces dan coraje, especialmente en psicología, siento que todos esos estudios están hechos en personas que son blancas y de clase media, y yo no me identifico con una persona blanca ni clase media, entonces es difícil poder tratar de decir: yo no me identifico con esto. Al mismo tiempo sé que por ser mujer latina, que soy de color medio clarito, también tengo una ventaja, entonces hay veces que mucha gente no se da cuenta que soy latina y me dicen: eres asiática o eres esto. Y pues yo digo: no, soy mexicana; y se quedan así como sorprendidos. Es como un estereotipo tener que decir que eres latina, y que todo significa otra cosa. Pero de esa misma manera, hay muchas mujeres latinas aquí, por ejemplo, aquí en el ECC las mujeres que están básicamente corriendo este edificio, y de ahí sabemos que sí se puede, las mujeres latinas podemos estar ahí en esas posiciones, eso es lo que significa ser latina.

5

∙∙

Diana   *"Everything means something else*

As a Latina, it has been difficult. For example, in my classes I am sometimes the only Latina there, even though sometimes there are Latinos in my classes, but there are times when certain experiences are not related to mine, and I have that conversation to say, "I also have the same experiences but different." You can't tell me you have the same experience when we all live them differently. For example, you point out your psychology studies that say "this, this and this," but really, for me they do not mean anything because they do not relate to me, they do not relate to my community. There are also things that sometimes anger me, especially in psychology, I feel that all these studies are done with people who are white and middle class, and I do not identify with a white person or middle class. It is difficult to try to say, "I don't identify with this." At the same time, I know that being a Latina woman with a lighter complexion, I have an advantage– sometimes people do not realize that I am Latina and they tell me, "You are Asian or you are this." Then I say, "No, I'm Mexican" and they are surprised. It is like a stereotype to have to say that you are Latina, and that everything has different meaning to you. And at the same time, there are a lot of Latina women here, for example, here in the ECC, the women who are basically running this building, and because of that we know that it is possible– Latina women can be in those positions. That's what it means to be Latina.

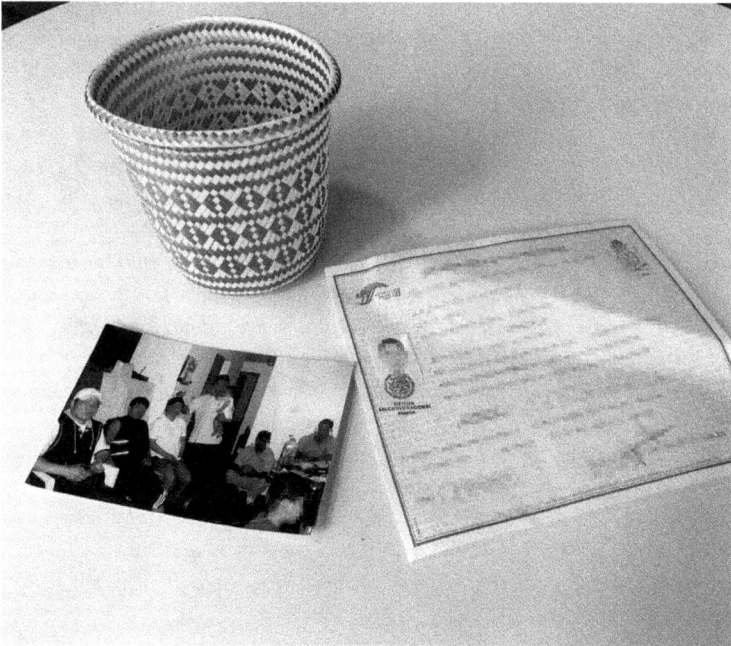

91

Vero

"Academia is not always a welcoming place for people of color"

··

Academia is not always a welcoming place for people of color, so I think it is important that you have any project where you're able to reflect a community in a positive light; a project that says "You belong here" is important. We always belong here, but in an institution this size it sometimes doesn't feel that way. In high school I never had a Latino teacher. I had to wait all the way to community college where I had two, and then when I transferred to university the only other chicana was Sheryl, who was doing really powerful theater work. I knew of Gloria Anzaldua going to the libraries, but other than that I didn't really see Latinas in academia.

Latinos in the academy, people of color in the academy, that needs to continue to be highlighted. Because we still don't exist here, we still don't have enough LatinX faculty members, or enough LatinX administrators and students. We have laws that don't always support our students, we have administrations that slash funding for financial aid, so it's clear to me that these stories are still necessary because we need to be reflected. With the marginalization that continues, our students need to see stories like these, because it shows that we exist, that we persist, and we also thrive. It is a privilege to be here, because there are many who don't make it here. If you have a thousand kindergarteners, only 500 of those are ever going to make it all the way to high school, and only half of those even go to college, and a smaller percentage actually finish, and even a smaller percentage go to graduate school. So I think these stories are very positive, or can be positive because they can show our estudiantes what is possible. It might not be their journey, but at least it will show them that things are possible.

20

• •

Vero   "La academia no es siempre un lugar amable con las personas de color"

La academia no siempre es un lugar amable con las personas de color, así que creo que es importante que tengas un proyecto cualquiera en el que puedas reflejar una comunidad de manera positiva, un proyecto que diga "tu perteneces aquí" es importante. Siempre pertenecemos aquí, pero en una institución de este tamaño a veces no se siente así. En la escuela secundaria nunca tuve un maestro latino. Tuve que esperar todo el camino hasta la universidad comunitaria en donde tenía dos, y luego, cuando me trasladé a la universidad, la única otra chicana era Sheryl, quien estaba haciendo un trabajo de teatro realmente poderoso. Sabía de Gloria Anzaldúa que iba a las bibliotecas, pero aparte de eso, realmente no veía a las latinas en la academia.

Los latinos en la academia, las personas de color en la academia, eso debe seguir siendo destacados. Debido a que todavía no existimos aquí, todavía no tenemos suficientes miembros LatinX en la facultad ni suficientes administradores y estudiantes de LatinX. Tenemos leyes que no siempre respaldan a nuestros estudiantes, tenemos administraciones que recortan fondos para la ayuda financiera, así que tengo claro que estas historias aún son necesarias, porque necesitamos ser reflejados. Con la marginación que continúa, nuestros estudiantes necesitan ver historias como estas, porque muestra que existimos, que persistimos y que también prosperamos. Es un privilegio estar aquí, porque hay muchos que no lo logran aquí. Si tienes mil niños de jardín infantil, solo 500 de ellos van a completar el camino hasta la secundaria, y solo la mitad de ellos siquiera van a la universidad, y un porcentaje menor de hecho terminará, e incluso un porcentaje más pequeño irá a la escuela de posgrado. Entonces, creo que estas historias son muy positivas o pueden ser positivas porque pueden mostrarles a nuestros estudiantes lo que es posible. Puede que no sea su travesía, pero al menos les mostrará que las cosas son posibles.

92 *René*

"Latino role model"

I come from Mexico City. I'm middle class there, but here all of a sudden I was placed in a category, in an ethnic category, in a class category, and that was a little bit shocking for me. I see that for my students it means something, to have someone that comes from Mexico. They could be born here, but it's not very common for them to see a Mexican immigrant, a Mexican-American, in a position of authority, a person that is respected by their colleagues; for them it means something. I just had a meeting with one of my former students, a third generation Mexican-American. We had class in the fall, and he keeps making appointments with me just to talk about stuff; he keeps me updated with his life, with his plans. I have realized that immigrant kids see me and it's a little surprising for them. They really feel a connection, and they come to office hours and they ask me questions, because they realize that when they look at me, they think, wow! My parents may have a humble situation but they have given me certain opportunities, I could be just like my professor.

About a month ago I got this email from a kid from Idaho, a small town in Idaho. He was a third generation Mexican-American kid growing up in a small community. He said: I want to come to Seattle and finish college there, and I want to study what you study; I want to get a PhD in sociology to study immigration. So I said, yeah, let's meet. This kid shows up, he's all dressed, he has a list of topics he wants to discuss with me, I can tell that he's read a little about my research, he's asking me very thoughtful questions, he's ready! He's prepared! So determined! And then, I give him the royal treatment, I spent two hours with this kid. I'm an assistant professor, but I dedicate two hours to this kid, and we talked about his classes, and about his plans, his goals...

R: He's not admitted yet.

He hasn't even applied yet, hasn't even applied.

R: But you're that role model.

Exactly! So I walk him around the department, and he sees how everybody treats me, like, "Hi professor Flores!", and everybody is respectful and deferential to me. At one point I run into one of my colleagues, an Anglo woman who is an associate professor already, and I arrange for them to have a spontaneous meeting. I'm in the room when they were talking, and my colleague was very gracious, very generous with her time, but I could tell how different that meeting was from my meeting with him. With me he was cracking jokes, smiling, relaxed; with her, despite the fact that she was very polite, he was just stiff, he wouldn't smile, he was serious, he was very different, he didn't feel fully at ease like he felt with me. That was something very telling. He was saying the same things, but he was coming across in a very different way— a little bit hesitant, a little bit timid, in a way he didn't behave with me. With me he was very confident and funny. I realized that my ethnicity played a role there as well; he felt much more comfortable with me. And I can see how those little interactions could have bigger effects in a longer time period. I'm starting to see that whether I want it or not, I'm going to be a model for them.

René   "Modelo a seguir latino"

Vengo de ciudad de México, allí soy de clase media, pero aquí, de repente me pusieron en una categoría, en una categoría étnica, en una categoría de clase, y eso fue un poco impactante para mí. Veo que para mis alumnos eso significa algo, tener a alguien que viene de México. Ellos pudieron haber nacido aquí pero no es muy común para ellos ver a un inmigrante mexicano, un mexicano-estadounidense, en una posición de autoridad, una persona que es respetada por sus colegas, para ellos es significativo. Acabo de tener una reunión con uno de mis antiguos alumnos, un mexicano-estadounidense de tercera generación. Tuvimos una clase en el otoño, y él sigue haciendo citas conmigo solo para hablar de cosas, me mantiene actualizado de su vida, de sus planes. Me he dado cuenta de que los jóvenes inmigrantes me ven y es un poco sorprendente para ellos, realmente sienten una conexión, y vienen en horas de oficina y me hacen preguntas, porque se dan cuenta de que cuando me ven, piensan ¡wow! Mis padres podrán tener una situación humilde, pero me han dado ciertas oportunidades, yo podría ser así como mi profesor.

Hace como un mes recibí un correo electrónico de un chico de Idaho, una pequeña ciudad en Idaho. Era un chico mexicano de tercera generación que crecía en una comunidad pequeña. Él dijo: Quiero venir a Seattle y terminar la universidad allí, y quiero estudiar lo que tu estudias; Quiero obtener un doctorado en Sociología para estudiar inmigración. Entonces dije, sí, reunámonos. Este chico vino, está muy elegante, tiene una lista de temas que quiere discutir conmigo, puedo decir que ha leído un poco sobre mi investigación, me está haciendo preguntas muy reflexivas, ¡está listo! ¡Está preparado! ¡Muy decidido! Y luego, le di el tratamiento real, pasé dos horas con este chico, soy profesor asistente, pero le dedico dos horas a este chico, y hablamos sobre sus clases, y sobre sus planes, sus objetivos...

R: Aún no ha sido admitido.

Él ni siquiera ha aplicado todavía, ni siquiera ha aplicado.

R: Pero tú eres ese modelo a seguir.

¡Exacto! Así que lo llevo por el departamento, y él ve cómo todos me tratan, como "¡Hola, profesor Flores!", Y todos son respetuosos y deferentes conmigo. En un momento me encontré con uno de mis colegas, una mujer anglosajona que ya es profesora asociada, y arreglé para que ellos tuvieran una reunión espontánea. Yo estaba en la habitación cuando ellos estaban hablando, y mi colega fue muy amable, muy generosa con su tiempo, pero pude ver cuán diferente fue esa reunión de mi reunión con él. Conmigo él estaba bromeando, sonriendo, relajado; con ella, a pesar de que ella era muy cortés, él estaba rígido, no sonreía, estaba serio, era muy diferente, no se sentía completamente a gusto, como se sentía conmigo. Eso fue algo muy revelador. Él estaba diciendo las mismas cosas, pero estaba llegando de una manera muy diferente, un poco dubitativo, un poco tímido, de una manera en la que no se comportó conmigo. Conmigo, él estaba muy confiado y divertido. Me di cuenta de que mi origen étnico también desempeñó un papel allí, él se sintió mucho más cómodo conmigo. Y puedo ver cómo esas pequeñas interacciones podrían tener efectos más grandes en un período de tiempo más largo. Estoy empezando a ver que, aunque lo quiera o no, voy a ser un modelo para ellos.

103

93 Anaid

"El precio que paga el latino por vivir en Estados Unidos es muy alto"

Para mí ser latina ha sido uno de muchos beneficios, pero también reconozco que la experiencia de vivir en Estados Unidos siendo latino en general es de desventaja. Y el precio que paga el latino por vivir en Estados Unidos que es un precio muy alto. Yo creo y esto consciente que mis padres pagaron el precio de ser latinos en Estados Unidos, y trato de tomar decisiones conscientemente, no para evitar el costo, pero si voy a pagar el precio, que sea conscientemente y no sin haberme dado cuenta que las decisiones que estaba tomando iban a tener repercusiones a largo plazo para mí y para las siguientes generaciones.

He tenido algunas sorpresas como profesora con la experiencia de ser latina. Me he encontrado con alumnos en situaciones en las que inicialmente no entendía cuál era la causa del problema, cuál era la causa de la preocupación de algún alumno, y después de reflexionar, me di cuenta que era una preocupación superficial; lo que ese alumno en particular sabia o conocía de mí, era lo que podía ver: más o menos pueden tener alguna idea de mi edad, y pueden estar seguros de que soy inmigrante, y en base a eso sacar conclusiones. Entonces es por parte de los alumnos que a veces he sentido las desventajas más grandes de ser latina.

R: ¿Que te discriminan? ¿Que no te consideran creíble?

Exactamente, la falta de credibilidad. Mis colegas nunca se hubieran imaginado que eso pudiera pasarle a un profesor, cómo iba a llegar una alumna a gritarme a mí, a mí oficina. Entonces viene la alumna y me dice: quiero que sepa que yo tomo muy en serio mi vida y no se la confío a cualquier persona y el hecho que estoy tomando su clase es porque no tengo opción. Y yo me quedé así como, que, oh, ¿qué está pasando?. ¿Qué sucedió, qué dije, qué pude haber dicho o hecho en la primera clase, que a esta persona le hiciera sentir que el conductor no tenía licencia para manejar? Por lo pronto le contesté a la alumna que le agradecía que me hubiera hecho saber su preocupación, que tratara de no preocuparse tanto, que la clase iba a mejorar conforme fuera pasando el tiempo, porque lo que ella conocía era apenas la introduccción.

Hay quienes han sido muy honestos conmigo y me dicen: nunca me hubiera imaginado que eso podía pasarle a alguien. En los 10 - 15 años que llevo en esta universidad, jamás había oído que eso le ocurriera a un profesor. Esos dos puntos de referencia son valiosos para mí. Esta parte de la experiencia de ser latino en la universidad debería estar en la lista de las cosas que se tienen que mejorar.

68

....

Anaid   *"It's a high price Latinos pay for living the United States"*

For me being Latina has been one of many benefits, but I also recognize that the experience of living in the United States as a Latino in general is a disadvantage. The price that Latinos pays for living in the United States is a very high price. I believe, with the awareness that my parents paid the price of being Latino in the United States, and I try to make decisions consciously, not to avoid the cost, but if I am going to pay the price, that it's consciously. Not without realizing that the decisions I was making were going to have long-term repercussions for me and for the next generations. I have had some surprises with the experience of being Latina professor. I have met students in situations where I initially did not understand what the cause of the problem was, what was causing concern for some students. After reflecting, I realized that it was a superficial concern. What that particular student knew or knew about me was what they could see. They may have some idea of my age, and they can be sure that I am an immigrant, and based on that, they draw conclusions. So it's because of students that I have sometimes felt the biggest disadvantages of being LatinX.

R: That they discriminate against you? That they do not consider you credible?

Exactly, that I lack credibility. My colleagues would never have imagined that this could happen to a professor, that a student could come shout at me in my office. How I perceived was like "the bus driver does not have a license! We are going to crash! Somebody do something, please!" And I was the bus driver. The student comes in very concerned to talk to the bus driver, to ask how is it possible that someone without a license is driving this bus. The student told me, "I want you to know that I take my life very seriously and I do not trust it to anyone, and the fact that I am taking his class (or I am on this bus) is because I have no choice. I said like, what, oh, what's going on.' What happened, what did I say, what could I have said or done in the first class, to make this person feel that the driver did not have a driver's license? My response at that time: I thanked the student for letting me know her concerns, that they shouldn't worry so much, that the class was going to improve as time went on, because all they knew was an introduction. I think the student was satisfied at the time, but they left me thinking, what happened? I have colleagues who have supported me a lot and who have shared their experience with me. Above all they have made me understand that part of my experience and my situation has only happened to me. That it is something common among students, and that it's valuable to know to what extent students are concerned when there is an exam. At other times they have been very honest with me and they tell me, "I would never have imagined that could happen to someone. In the 10 - 15 years that I've been in this university, I've never heard that happen to a professor." Those two points of reference are valuable to me. This part of the experience, of being LatinX in a university, should be on the liSst of things that need to be improved.

94 Juan Carlos

"No ves tanta gente que se mira como vos"

Yo me siento que soy estudiante latino, y que mi misión es ayudar a los otros estudiantes latinos que pueden estar en mi misma posición. Soy parte de la asociación de latinos profesionales para los Estados Unidos, y esto me ha ayudado mucho porque he podido inspirar a otros estudiantes, porque yo he podido ver en sus ojos lo mismo que yo veía en mí. Es muy difícil cuando vas a la universidad de Washington, es un gran monstruo, cuando ves los 3 campus, tanta gente, y no ves tanta gente que se mira como vos, el porcentaje de latinos es 7-8%, y cuando quieres hacer una carrera de negocios o ingeniería, cosas así, la representación de latinos no es tanta como la de otras razas. Es bien difícil verte a vos, cuando no ves a otras personas con tu mismo background.

109

••

Juan Carlos   "You don't see many people that look like you"

I feel that I am a Latino student and that my mission is to help other Latino students who may be in the position I am in. I am part of the Association of Professional Latinos for America, and this has helped me a lot because I have been able to inspire other students, because I have been able to see in their eyes what I saw in myself. It's very difficult when you go to the University of Washington, it's a big monster, when you see the 3 campuses with so many people, and you don't see many people that look like you. The percentage of Latinos is 7-8%, and when you want to major in business or engineering, things like that, the representation of Latinos is not as much as that of other races. It is very difficult to see yourself when you do not see other people with the same background as yours.

95 *Bianca*

"The LatinX population is part of my drive"

The LatinX population is part of my drive, and maybe it's selfish because I'm also identified as Latina. I'm American Latina, so I have a lot of privileges that a lot of undocumented persons don't have. But I grew up in a community where it was half and half: half of us were American and half of us weren't, and so I have a love for that community. And maybe it's selfish because that's what I grew up with and that's what reminds me of home– a better time, when my nana was still alive. I think this work needs to be done, selfish or not I think it needs to be done! You look at the dropout rates for LatinX students, you look at the Medicaid rates, even suicide rates, there's a lot of mental health need in the LatinX Community. But we get constantly overlooked, and I think working for the LatinX community is something that needs to be done.

48

Bianca "La población LatinX es parte de mi motor"

La población LatinX es parte de mi motor, y tal vez es egoísta porque también me identifico como latina. Soy una latina estadounidense, así que tengo muchos privilegios que muchas personas indocumentadas no tienen. Pero crecí en una comunidad donde era mitad y mitad, la mitad de nosotros era estadounidense y la otra mitad no, y por siento amor por esa comunidad. Tal vez sea egoísta porque eso es con lo que crecí y eso es lo que me recuerda a mi hogar, una mejor época, cuando mi nana todavía estaba viva. Creo que este trabajo debe hacerse, egoísta o no. ¡Creo que debe ser hecho! Tú miras las tasas de deserción escolar de los estudiantes LatinX, miras las tasas de Medicaid, incluso las tasas de suicidio, hay muchos problemas de salud mental en la Comunidad LatinX. Pero constantemente pasamos inadvertidos y creo que trabajar para la comunidad LatinX es algo que hay que hacer.

96

Angelina

"I'm a mix of cultures"

••

Well, usually how does it feel to be Latina I avoid answering because I've never wanted to claim an identity that is not mine or that is inappropriate. I'm a mix of cultures. All Latinos are a mix by definition, but because of the way I look, I haven't experienced the kind of overt racism that many Latinos in this country experience, and so I don't ever want to claim a sort of status that has been imposed in a painful way for others. Affirmative action and other things are imperfect attempts to create spaces for that, but I never would want to claim that status. As a professor now, I recognize that a lot of times students or Latino students say: it's really important to see someone who looks like me. I recognize myself in those roles, and at the same time I recognize that I feel I have a special situation. It is a joy and a privilege for me to feel that I can understand some part of their background because of my own background. But I also recognize they don't look at me and think: Oh! she looks like me. My experience often doesn't match theirs, and I wouldn't want to pretend it does. It has always been a challenge to figure out how to be authentic to who I am without claiming things that aren't accurate or fair.

R: How does your sense of having some element of Latina background in you help inform your life and your work now?

It's a huge part of who I am, and I am so grateful for it! It's a part of what I do every day. It's true for all of us that our identities inform what we do every day, but even in a more direct and obvious way, it's a big part of my professional life because my research and teaching are about Latin America, human rights in Latin America, and it wouldn't be open to me if I didn't have this element on my background. There are people who study these topics and they don't have a personal connection, I'm sure, but I think my understanding of those topics is greatly enriched by the experiences I had growing up and who I am. As a child growing up, I always felt like I needed to define whether I fit in one category or the other: was I a typical white American or was I Latina, or was I the child of immigrants? Which box did I fit in? That was often difficult for me, and I would sway between either side. As an adult I finally can realize that you can be all of those things and embrace that instead of trying to fit in to one of those boxes. And so now I feel that everything I do is made possible by my having grown up between those cultures and those realities, and it's been a huge blessing.

118

Angelina   "Soy una mezcla de culturas"

Bueno, por lo general, ¿cómo se siente ser latina? es algo que evito responder, porque nunca he querido reclamar una identidad que no es mía o que no es apropiada. Soy una mezcla de culturas. Todos los latinos son una mezcla por definición, pero debido a como me veo, no he experimentado el tipo de racismo abierto que experimentan muchos latinos en este país, por lo que no quiero reclamar nunca un tipo de estatus que haya sido impuesto de manera dolorosa para otros. La acción afirmativa y otras cosas son intentos imperfectos de crear espacios para eso, pero nunca me gustaría reclamar ese estatus. Como profesora ahora reconozco que muchas veces los estudiantes o estudiantes latinos dicen: es realmente importante ver a alguien que se parece a mí. Me reconozco en esos roles, y al mismo tiempo reconozco que siento que tengo una situación especial. Es una alegría y un privilegio para mí sentir que puedo entender alguna parte de sus antecedentes, debido a mi propia formación. Pero también reconozco que me miran y no piensan: ¡oh! ella se parece a mí. Mi experiencia a menudo no coincide con la de ellos, y no quisiera pretender que sí. Siempre ha sido un desafío descubrir cómo ser auténtica para ser quien soy yo, sin reclamar cosas que no sean precisas o justas.

R: ¿De qué manera tu sentido de tener algún elemento de origen latino en ti te ayuda a informar tu vida y tu trabajo ahora?

Es una gran parte de quien soy, ¡y estoy muy agradecida por ello! Es parte de lo que hago todos los días. Es cierto para todos nosotros que nuestras identidades informan lo que hacemos todos los días, pero incluso de una manera más directa y obvia, es una gran parte de mi vida profesional porque mi investigación y docencia son sobre América Latina, Derechos Humanos en América Latina, y no estaría abierto para mí si no tuviera este elemento en mí pasado. Hay personas que estudian estos temas y no tienen una conexión personal, estoy segura, pero creo que mi comprensión de esos temas está altamente enriquecida por las experiencias que tuve mientras crecía y por lo que soy. Cuando era niña y estaba creciendo, siempre sentí que tenía que definir si encajaba en una categoría o en la otra, era yo una estadounidense blanca típica o era latina, o ¿era yo hija de inmigrantes? ¿En qué caja encajaba? A menudo eso era difícil para mí, y me balanceaba entre ambos lados. Como adulto, finalmente puedo darme cuenta de que puedes ser todas esas cosas, y abrazar eso en lugar de tratar de encajar en una de esas cajas. Y entonces ahora siento que todo lo que hago es hecho posible al haber crecido entre esas culturas y esas realidades, y ha sido una gran bendición.

●●●

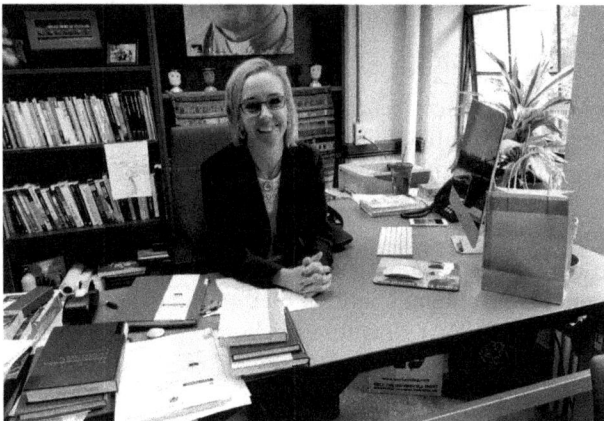

97 Tatiana

"Es que usted se ve como nosotros"

Hace 6 años enseñé una clase de cálculo a principiantes, y comencé a notar que tenía un grupo grande de latinos en mi clase, y algunos de ellos que son de CAMP (College Assistant Migrant Program), que es un programa federal que ayuda a muchachos que vienen de familias que trabajan en la agricultura. Ellos tienen que venir a que uno les firme un papel que dice cómo les está yendo en la clase. Entonces vinieron 3-4 de ellos y me explicaron qué era el programa, que estaban en mi clase y que les firmara, y comenzaron a venir. Yo les dije que tenían que venir a las horas de oficina y demás, y así fue que en particular una de ellas comenzó a venir. El día del examen final yo tenía mis dos clases, 240 estudiantes, en uno de estos auditorios grandes, y ese día noté que había muchos menos latinos tomando el examen. Después, hablando con esta muchacha, ella me explicó que no todos los latinos que habían ido a mi clase estaban registrados en mi clase. Lo que pasaba era que un grupo de ellos había decidido venir a mi clase, y esta muchacha me dijo: mire, el día que nosotros entramos a ese salón con 240 personas y éramos solo nosotros, 3 o 4 latinos y todo el mundo se veía tan diferente, si Ud. no hubiera estado ahí realmente hubiera sido terrible, es que usted se ve como nosotros. Eso me puso a pensar en el efecto que puede tener ver a alguien que se ve como uno.

Entonces fue la primera vez que pensé que realmente puede que sea muy importante esta cosa de verse parecido. Esta muchacha, a quien yo admiro muchísimo, viene de una familia humilde. Ella me decía: mire, mi pueblo es más chiquito que el dormitorio en el que yo vivo ahora. Su mamá trabajaba de empacadora de frutas en Eastern Washington y su papa era camionero, y esta muchacha vino y me dijo: I don't know what it means to be a mentor, but can you please be my mentor?

Realmente fue pensar en ella y pensar en la experiencia de todos estos muchachos lo que me hizo cambiar, hacer las cosas diferente. Come le dije, mi papá fue first generation to college. Mi abuelo era jornalero agrícola, y mi papá solo fue a la escuela pública en primaria 6 meses del año, porque los otros 6 meses necesitaba trabajar recogiendo caña de azúcar. Mi papá era como estos muchachos. Así que he comenzado a hacer cosas un poco diferentes, ahora soy del board del College Assitant Migrant Program, volví a enseñar el curso de cálculo en septiembre tratando de que los estudiantes latinos que entraban estuvieran ahí. Estoy en el board of trustees de IPAM (Institute for Pure Aplied Mathematics) que es un instituto de matemáticas en UCLA, y hacemos un programa que se llama Latinos en las Mathematical Sciences. Fue pensando en mis estudiantes y cómo apoyarlos que comenzamos a hacer esto. En el 2015 hicimos el primer LatMath en Los Ángeles, y el año próximo vamos a hacer LatMath 2018 otra vez.

94

Tatiana   "You look like us"

Six years ago I taught an introductory calculus class I started noticing that I had a large group of LatinX in my class, and some of them were part of CAMP (College Assistant Migrant Program) which is a federal program that helps students who work or who come from families that work in agriculture. They have to come and get a paper signed that shows how they are doing in class. three or four of the students came in, explained to me what the program was about, that they were in my class, and asked that I sign the paper, and they started coming back. I told them that they had to come to office hours and so on, and so that is how one student in particular started to come in. On the day of the final exam I had my two classes, 240 students, in one of these large auditoriums, and I noticed that there were fewer Latinos taking the exam. Then, when I talked to this student, she explained that not all the Latinos who had gone to my class were registered in my class. So what happened was that a group of them had decided to come to my class, and this student said to me: "Look, the day we entered that room with 240 people and it was just us, three or four LatinX and everyone else looked so different, if you had not been there it would have been really terrible. The thing is, you look like us." That made me think about the impact seeing someone that looks like you can have.

So, it was the first time I thought that this thing of looking alike could really be very important. This student, whom I greatly admire, comes from a humble family. She told me, "My town is smaller than the dorm where I live now." Her mom worked at a fruit packing warehouse in Eastern Washington and her dad was a truck driver, and this girl came and told me, "I do not know what it means to be a mentor, but can you please be my mentor?"

It was really thinking about her and thinking about the experience of all these students that made me change, do things differently. Like I told you, my dad was first generation going to college. My grandfather was an agricultural day laborer. My dad only went to school 6 months of the year during elementary school because the other 6 months he needed to work cutting sugarcane. My dad was like these students. Now I am on the board of trustees of IPAM (Institute for Pure Applied Mathematics), which is a mathematics institute at UCLA. A few years ago we created a program called Latinos in Mathematical Sciences. It was thinking about my students and how to support them, that we started this. In 2015 we held the first Latin Math in Los Angeles. People really liked it and were very grateful. The second edition is in March of next year: LatMath 2018. We are doing it again.

• •

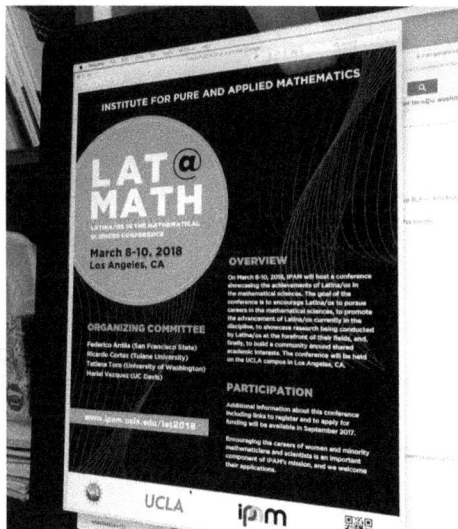

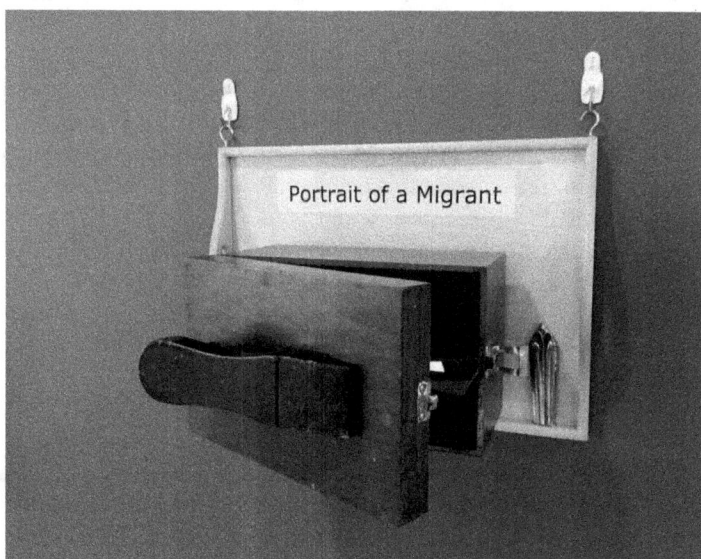

Retrato de un Migrante (Caja de zapatos).
Portrait of a Migrant (Shoebox)
Ricardo Gomez, Exhibition "Immigration: Hopes
Realized, Dreams Derailed", Spaceworks Gallery,
Tacoma, WA. July-August 2017.

4. Éxito y resiliencia

······································

Cuando comencé a buscar participantes para este proyecto, usaba los criterios de éxito sugeridos por el Latino Center for Health en su acto de reconocimiento a la excelencia de LatinX en UW: haber recibido una promoción, haber publicado algo, haber recibido financiación para un proyecto. Estos son logros comunes en una universidad como UW, y lo extendí con criterios parecidos para estudiantes y administradores. De modo que hablar sobre el éxito era inevitable.

Las nociones de éxito entre profesores, administradores y estudiantes LatinX en UW son ricas y variadas. Con frecuencia están asociadas con sobreponerse a obstáculos y conseguir logros importantes (primera en graduarse de high school, primero en ir a la universidad, primera en hacer un post grado, primero en hacerse profesor universitario, primera en obtener tenure o permanencia, primera mujer presidente de una universidad de primer nivel). El éxito está también asociado con el servicio a otros, enseñar y ser mentores, y con hacer del mundo un lugar mejor para todos y todas. El éxito es individual y colectivo, resolviendo necesidades básicas y alcanzando las estrellas. El éxito no es lineal, y se aprende también de los fracasos.

La idea de tener modelos y mentores LatinX es expresada por muchos. Tener el modelo y la ayuda de otros que se parecen a nosotros, y ayudar a otras que se parecen a nosotras. Yo he creado una serie de objetos artísticos que he llamado Retrato de un Migrante, con diferentes tipos de cajas con un espejo adentro. No solo somos migrantes, celebramos ser parte de un grupo que se parece a nosotros.

4. Success and resilience

··

I started looking for participants in this project using the criteria for success suggested by the Latino Center for Health in their recognition of LatinX excellence at UW. Criteria included having been promoted, having published in a journal, receiving grant funding for a project. All these are common events at a place such as UW. I also extended similar criteria for students and staff. This meant that talking about success was unavoidable.

The notions of success among the LatinX faculty, staff and students at UW are rich and varied. They are frequently associated with overcoming obstacles and reaching milestones (first to graduate from high school, first to go to college, first to go to graduate school, first to get a faculty job, first to get tenure, first woman president of a Tier 1 university). Success is also associated with service and mentoring to others, with making the world a better place. Success is both individual and collective, meeting basic needs as well as reaching for the stars. Success is not linear, and failure is a teacher, too.

The idea of having LatinX role models and mentors is particularly salient; having the role model and help of others who look like us, helping others who look like us. I created a series of art objects called Portrait of a Migrant with different types of boxes and a mirror inside. We are not only migrants; we celebrate being part of a group that looks like us.

98 Anggie

"Estoy en una balanza entre aquí y allá"

••

Yo creo que el éxito es ser feliz. Aunque en estos momentos alcancé una de mis metas más importantes que era graduarme de la universidad, siento que lo que me hace feliz no es tanto el poder graduarme sino saber que voy a tener conocimientos que me van a dar más herramientas para dar un buen acompañamiento en una comunidad o en un grupo, para poder dar lo mejor de mí en otros procesos. Aquí en Seattle la vida es muy cómoda, no me tengo que preocupar por muchas cosas en cuanto a seguridad, en cuanto a ingresos económicos, pero el hecho de estar lejos de esos grupos con los que quiero trabajar es difícil, y el hecho de que ya se más cosas, pero estoy por acá.

Me siento como en una balanza, en que no sabes para dónde coger. Estoy tratando de mirar cómo puedo canalizar esas energías, pero es cuestión de ser pacientes. Creo que lo bonito de la maestría es que voy a estar enfocada en la práctica, va a ser todo el tiempo en interacción con niños y adolescentes, y yo creo que ese contacto humano también va a ayudar mucho. En esta balanza, del lado de acá tengo a toda la comunidad, los espacios donde quiero estar en cuanto a ideales, en cuanto a proyectos, en cuanto a cosas que quiero construir junto con otras personas; pero en este otro lado tengo las personas que he conocido. He sido muy afortunada por las personas que he conocido y por los espacios en los que me rodeo, porque son lugares muy ricos en términos de conocimiento, en términos de cultura, en términos de seguridad. No sé cómo va a ser después, pero la mayoría de círculos en los que me rodeo ahorita son círculos donde la gente tiene muchísimos recursos económicos, tantos que uno no se imagina, que uno dice "como pueden tener tanta plata." Entonces estando en estos círculos quiero ver si hay posibilidad de que se pueda canalizar esos recursos para la gente que esta allá.

115

●●●

Anggie   *"I'm on a balance between here and there"*

I believe that success is being happy. Although I achieved one of my most important goals, which was to graduate from college, I feel that what makes me happy is not so much the power to graduate but knowing that I have knowledge that will give me more tools to be of service in a community or in a group, to give the best of me in other processes. Here in Seattle life is very comfortable. I do not have to worry about many things in terms of safety, in terms of income, but being away from the groups that I want to work with is difficult, and the fact that I know more things, but I'm here.

I feel like I'm on a balance, when you don't know which path to take. I'm trying to look at how I can channel those energies, but it's a matter of being patient. I think the beauty of the Master's is that I will be focused practice; it's going to be about interaction with children and adolescents, and I believe that human contact will also help a lot. In weighing my options, on one side I have the whole community, the spaces where I want to be in terms of ideals, in terms of projects, in terms of things I want to build together with other people. But on this other side, I have the people I have met. I have been very fortunate for the people I have met and for the spaces I surround myself with, because they are very rich places in terms of knowledge, in terms of culture, in terms of security. I do not know how it will be later, but most of the circles of people around me right now are circles where people have so many financial resources, so much that you cannot imagine, that you say "How can you have so much money?" I want to see if there is a possibility that the resources in these circles can be channeled for the people who are over there, back home.

186

99

Genia

"Resilience means how you overcome what happened"

....

For me resiliency means how you overcome what happened, how you flourish after that. My resiliency came through learning to love myself again. Sometimes after those events happen to some people it can be destructive and unhealthy for their own self, and then resiliency would be how do you overcome it in a way that is healthy. I think everyone's resilient.

I think that I'm really happy about the different aspects of my life that I've grown into. My life experiences have allowed me to connect with people, listening to their experience, and it's like being able to understand and empathize. So I'm actively trying to help people when I know that something happened to them or they're going through something, whether it's a small thing or a big thing, because people are affected by things in so many different ways. One of the things that I'm really grateful for is how much more connected I feel to the world and the people around me, and it has allowed me to be more caring and kind to other people.

15

Genia   "Resiliencia significa cómo superas lo sucedido"

Para mí, la resiliencia significa cómo superas lo sucedido, cómo creces después de eso. Mi resiliencia llegó al aprender a amarme a mí misma de nuevo. A veces, después de que esos eventos les suceden a algunas personas, puede ser destructivo y no saludable, para sí mismos, y luego la resiliencia sería cómo lo superas de una manera que sea saludable. Creo que todo el mundo es resiliente.

Creo que estoy muy feliz con los diferentes aspectos de mi vida en lo que me he convertido. Mis experiencias de vida me han permitido conectarme con personas, escuchando su experiencia, y es como ser capaz de comprender y sentir empatía. Por lo tanto, estoy intentando activamente ayudar a las personas cuando sé que les sucedió algo o que están pasando por algo, ya sea algo pequeño o grande, porque las personas se ven afectadas por cosas de muchas maneras distintas. Una de las cosas por las que estoy realmente agradecida es cuánto más conectada estoy con el mundo y las personas que me rodean, y eso me ha permitido ser más cariñosa y amable con los demás.

100

Rocío

"My kind of success is my family: do they have food?"

••

It depends how people see success. Having money, having a career is what most people think, but for me success is being happy; having all that I need like food and education. As a woman of color, I think I am resilient because we are in many struggles, but we keep going. I'm walking down the street and then I make it home, that's a success. I think I have been resilient my whole life, and it extends to the story of my family. For me success is very individual because in this country success is when people get money, successful careers. But my kind of success is my family: Do they have food?

119

••

Rocío

"Mi tipo de éxito es mi familia: ¿tienen alimento?"

Depende de cómo la gente vea el éxito. Tener dinero, tener una carrera es lo que la mayoría de la gente piensa, pero para mí, el éxito es ser feliz, tener todo lo que necesito como alimento y educación. Como mujer de color, creo que soy resiliente porque estamos en muchas luchas, pero seguimos adelante. Estoy caminando por la calle y luego llego a casa, eso es un éxito. Creo que he sido resiliente toda mi vida, y se extiende a la historia de mi familia. Para mí el éxito es muy individual, porque en este país el éxito es cuando las personas obtienen dinero, carreras exitosas. Pero mi tipo de éxito es mi familia: ¿tienen alimento?

••

101 Andrés B

"El éxito es ser un ejemplo, una inspiración"

••

Para mí en este minuto de mi vida el éxito personal es poder transmitirle toda esta experiencia que te estaba contando, todo este viaje que aún no considero que haya terminado, poder transmitir todo eso de alguna manera a mis hijas en primera instancia. Si pudiera transmitírselo a más gente, más allá de mi núcleo familiar, mejor todavía. Trato de transmitírselo a los estudiantes que tengo acá, mostrarles que la vida es un viaje y que hay que sacarle provecho y que hay que aprender de las distintas culturas, que hay que viajar. Trato de ayudar en lo que pueda a mis compatriotas chilenos, y no solamente chilenos, de cualquier país, a sentirse orgullosos de lo que son y de trabajar duro. Entonces para mí el éxito en este minuto podría ser: ser un ejemplo, una inspiración.

Hace poco fue mi cumpleaños, mis hijas me decían "papá te queremos mucho pero aparte de eso eres una inspiración para nosotros." Eso, eso es para mí la definición de éxito. Me siento contento, me siento realizado sabiendo que todas estas vicisitudes que me ha impuesto el destino y que me he impuesto yo mismo, no son desaprovechadas y pueden servir de ayuda para las nuevas generaciones, esa para mí es la definición de éxito. Yo no pienso mucho en eso y de hecho cuando me llegó el primer email acerca de este reconocimiento como latino mi primera reacción fue un poco de sentirme insultado. Dije: Por qué me están dando un reconocimiento, ¿porque soy latino? A mí en el último año me ha ido muy mal con esto de conseguirme grants porque la cosa con los grants en el NIH está muy difícil, entonces la verdad es que no me siento en este momento particularmente exitoso. Entonces cuando me llegó esta invitación a participar, dije, pero ¿por qué, porque soy latino? Si ni siquiera parezco latino, no soy ni de piel oscura ni nada. Entonces lo encontré un poco insultante y lo conversé con un amigo, y mi amigo me dice "Son muy pocos los profesores que tienen tenure, que llegan a tener un tenure, latinos, en una institución R1". Yo no sabía que existía esa categoría de R1, R2 y me puse a averiguar qué es esto de R1 y son universidades top con research. Yo sabía que esta era una universidad bastante top y en realidad me puse a pensar que sí, la verdad es que no hay muchos latinos que llegan acá. Ahora, yo siento que llegué acá por mis propios méritos, no por ser latino, entonces en su momento dije bueno, sí, la verdad es que puse este cuento de esta premiación en una perspectiva distinta, y la empecé a valorar un poco más. La verdad es que he sido afortunado, pero también he trabajado duro. Y bueno este reconocimiento al final me parece muy bueno y por eso hay que apoyar la causa, y por eso me gustó mucho tu proyecto de destacar un poco a los latinos que hacen otras cosas distintas, que les va bien como profesionales y no solamente en el mundo de la música y del espectáculo sino en el día a día y en otros aspectos. Por eso me gustó mucho haber participado en la ceremonia el otro día, y me gusta mucho que Ana Mari sea la presidenta de la Universidad.

●●●

Andrés B   *"Success is being an example, an inspiration"*

For me at this moment of my life, personal success is to be able to transmit all of this experience I have told you about—this whole journey that I still don't consider finished. To be able to transmit all of that in some way to my daughters in the first place. If I could transmit it to more people beyond my family nucleus, even better. I try to transmit it to the students I have here, to show them that life is a journey and that we have to take advantage of it and that we have to learn from different cultures, that we have to travel. I try to help my Chilean compatriots as much as I can, and not only Chileans, of any country, to be proud of what they are and to work hard. So for me the success at this moment could be being an example, an inspiration.

Recently it was my birthday. My daughters told me, "Dad we love you very much but apart from that you are an inspiration for us." That, that is for me the definition of success. I feel happy, I feel fulfilled knowing that all these vicissitudes that destiny has imposed and that I have imposed myself, they are not wasted and can be of help for the new generations; that, for me, is the definition of success. I do not think much about that, and in fact when I got the first email about this recognition as a Latino, my first reaction was a bit of feeling insulted. I said: "Why are you giving me a recognition, because I'm Latino?" For me, in the last year, I haven't been successful at finding myself grants because it's difficult to get grants at the NIH, so the truth is that I do not feel particularly successful at this moment. So when I got this invitation to participate, I said, but why, because I'm Latino? I don't even look Latino. I'm not dark skinned or anything. So I found it a little insulting, and I talked with a friend, and my friend tells me, "There are very few faculty who have tenure, who have achieved tenure, that are Latino, in an R1 institution". I didn't know that there was that category of R1, R2 and I started to look into what R1 means, and they are top research universities. I knew that this was a top university and I started thinking that, yes, the truth is that there are not many Latinos who get here. Now I feel that I arrived here on my own merits, not because I was Latino, so at the time I said good, yes, the truth is that I put this story of this award in a different perspective, and I started to value it a little more. The truth is that I have been fortunate, but I have also worked hard. And, well, this recognition at the end seems very good and that's why you have to support the cause. That's why I really liked your project, to highlight a little bit more Latinos who do other things, who do well as professionals and not only in the world of music and entertainment but in day to day and in other aspects. That's why I really enjoyed participating in the ceremony the other day, and I really like that Ana Mari is the president of the university.

113

102

Andrés Z

"Soy feliz haciendo lo que me gusta y ayudando a los demás"

Para mí ser exitoso significa ser feliz. Yo creo que a esta vida vinimos para ser felices. Yo soy feliz haciendo lo que me gusta, y ayudando a los demás a desarrollarse. Esas dos cosas son las cosas que me llenan. Por ejemplo, ahorita estoy en un proyecto de Megaok. Ayer tuve una entrevista con un chavo que está en la preparatoria, le gusta la programación y está usando la plataforma de Megaok en línea para practicar en programación. Entonces, parte del programa de Megaok es darle a los estudiantes un mentor que ya esté trabajando en la industria, y pues ese soy yo. Yo le voy explicando qué caminos debe tomar para hacer lo que le gusta. Por ejemplo, a este chavo le gusta la inteligencia artificial. Entonces yo le dije que en estos momentos la inteligencia artificial está más en desarrollo, si te gusta debías hacer un doctorado. Entonces la idea es hacer una conexión, para que los chavos puedan sacar más provecho.

61

••

Andrés Z   *"I'm happy doing what I like, and helping others"*

For me, being successful means being happy. I believe that in this life we live to be happy. I am happy doing what I like and helping others to develop. Those two things are the things that fulfill me. For example, right now I am in the Megaok project. Yesterday I had an interview with a guy who is in high school, likes programming and is using the online Megaok platform to practice programming. So part of the Megaok program is connecting students with a mentor who is already working in the industry, and that's me. I will explain what paths you can take to do what you like. For example, this guy likes artificial intelligence. So I told him that at the moment artificial intelligence is more in development; if you like it you should do a PhD. So the idea is to make connections so that the kids can get more out of it.

103 Joaquín

"Para mí el éxito es basado en el grupo, en la colectividad"

Cuando me recibí con mi licenciatura, pues yo no solamente me recibí yo, sino que fue mi familia también. Yo pienso que el éxito para mí es basado en grupo, en la colectividad. He podido ayudar a gente, y también gente me ha ayudado a mí. Me gustaría ayudar también a mi familia, a mi hermano, a mi hermana, si ellos quieren más educación; a mis sobrinos o primos, que han decidido hacer cosas que quizás no sean tan productivas para ellos. Quizás cuando yo pueda lograr eso entonces podré decir que hay algo de éxito. Porque no sé, siento que puedo ayudar a otras familias y otra gente, pero si no puedo ayudar a los míos, a lo que es mi familia directa por sangre, pues es como un reto, quizás todavía no he sido tan exitoso. Así que yo creo que el éxito es colectivo. Es de familia, es de grupo. Entonces quizás hay que hacer un poco más todavía, y siempre mantener que el éxito es algo continuo, de todos los días, y se llega inspirado y motivado. Quizás no me he puesto a pensar mucho en eso y es bueno pensarlo, ver cómo uno puede ayudar a la familia y a la comunidad, y quizás ya lo del éxito el tiempo lo dirá.

55

. . . .

Joaquín   *"For me, success is based on the group, on collectivity"*

When I received my degree, because I didn't received it by myself, it was my family, too. I think that success for me is based on the group, on the collective. I have been able to help people, and people have helped me. I would also like to help my family, my brother, my sister, if they want more education, and my nephews or cousins, who have decided to do things that may not be so productive for them. Maybe when I can achieve that, then I can say that there is some success. I don't know, I feel I can help other families and other people, but if I can't help my own family, my blood relatives, it is like a challenge: maybe I have not been so successful yet. So I believe that success is collective. It's family, it's a group. Then maybe there is still more to do, and always keep in mind that success is something continuous, a day-to-day thing, and you are inspired and motivated. Maybe I haven't thought about it very much and it's good to think about it, to see how you can help family and the community, and maybe time will tell what success is.

104 *Miguel*

"I love doing something really hard with a good group of people"

In terms of success, a couple of things come to mind. I'm very proud of my students. We build radio telescopes in remote places; we are now building one in Australia. It's the most desolate place you've seen in your life, it's a four-and-a-half-hour trip to the nearest grocery store. And then we are doing this technically hard and abstract thing: We are trying to see the first stars and galaxies that lived up to thirteen billion years ago in the early universe. Does this say a lot about human condition? It says something about our origin story. I love working on that kind of complex and challenging problem. To be honest, the real success is about building a good team of people to go after this. And you end up with teams with these people building incredible skills for whatever they want in their lives. We contribute to society through a shared challenge. We got people and we are going to go do something that is incredibly hard, that is at the limits of what we people know how to do, it and in fact a lot of the fun is we don't know how to solve the problem; we are trying to invent the tools we need to go to solve that problem. I've done a whole series of things through my career, but what I do is I love really hard problems and building precision instruments to solve them. So seeing the early galaxies, awesome. What I really enjoy is trying to figure out how to solve the problem. There are other things that are just as hard that I would probably enjoy just as much. And science at this level is a team sport. It's not individual; it's teams. And in fact, it's international teams, so it get fascinating. Success is figuring out how to do something really hard with a good group of people.

On a personal level, though, to me what is important is dinner and food and sitting around and talking outdoors in the evenings. It doesn't really matter about what– the subject matter is less important than the talking. That is a very easy pattern that goes through all of my families. So you end up with an informal place where you can sit outside and eat and talk.

• •

32

Miguel "Me encanta hacer algo muy difícil con un buen grupo de personas"

En términos de éxito, un par de cosas vienen a la mente. Estoy muy orgulloso de mis alumnos. Construimos radiotelescopios en lugares remotos, ahora estamos construyendo uno en Australia. Es el lugar más desolado que hayas visto en tu vida, es un viaje de cuatro horas y media al supermercado más cercano. Y luego, estamos haciendo esto que es técnicamente difícil y abstracto. Estamos tratando de ver las primeras estrellas y galaxias que vivieron hace trece mil millones de años en el universo primitivo. ¿Esto dice mucho sobre la condición humana? Dice algo sobre nuestra historia de origen. Me encanta trabajar en ese tipo de problemas complejos y desafiantes. Para ser honesto, el verdadero éxito es construir un buen equipo de personas para perseguir este tipo de cosas. Y terminas con equipos, con estas personas que desarrollan habilidades increíbles para lo que ellos quieran en sus vidas. Contribuimos a la sociedad a través de un desafío conjunto, tenemos gente y vamos a hacer algo que es increíblemente difícil, que está en los límites de lo que nosotros, la gente sabe hacer, y, de hecho, mucha de la diversión es que no sabemos cómo resolver el problema, estamos tratando de inventar las herramientas que necesitamos para resolver ese problema. He hecho toda una serie de cosas a lo largo de mi carrera, pero lo que hago es que me encantan los problemas realmente difíciles y construir instrumentos de precisión para resolverlos. Así que ver las primeras galaxias, impresionante. Lo que realmente disfruto es tratar de descubrir cómo resolver el problema. Hay otras cosas que son igual de difíciles que probablemente disfrutaría de igual forma. Y la ciencia a este nivel es un deporte de equipo. No es individual, es de equipos. Y, de hecho, son equipos internacionales, así que se vuelve fascinante. El éxito consiste en descubrir cómo hacer algo realmente difícil con un buen grupo de personas.

Sin embargo, a nivel personal, para mí lo importante es la cena y la comida, estar sentados y hablando al aire libre por las noches. Realmente no importa sobre qué, el tema es menos importante que la charla. Ese es un patrón muy fácil que pasa por todas mis familias. Así que terminas en un lugar informal donde te puedes sentar afuera y comer y hablar.

105   *Ivette*

"Success is changing the world!"

●●●

I still wear a badge of honor that is the identity of a single mom, though I know that I'm no longer a single mom. I moved to Seattle, I got into school, I fell in love, I had another child, and now I live in Snohomish County. This button that I'm wearing represents my current moment, because I think that the work I've done at Casa Latina changed the way I think about technology, the way I think about who counts as being included.

R: Do you consider yourself to be successful?

That's a trick question. I think that's a tricky thing to answer. Success is changing the world! I think in my life there are moments of success. I think my children are a success, the students that I've taught, the way that I help people think differently, and the way that they help me think differently and expand the way that I think. I think that that's success.

112

●●

Ivette   "¡El éxito es cambiar el mundo!"

Todavía llevo una insignia de honor que es la identidad de una madre soltera, aunque sé que ya no soy una madre soltera. Me mudé a Seattle, llegué a la escuela, me enamoré, tuve otro hijo y ahora vivo en el Snohomish County. Este botón que estoy usando representa mi momento actual, porque creo que el trabajo que he hecho en Casa Latina cambió la manera en que pienso sobre la tecnología, la manera en la que pienso sobre quién cuenta como estando incluido.

R: ¿Consideras que eres exitosa?

Esa es una pregunta capciosa. Creo que es algo difícil de responder. ¡El éxito es cambiar el mundo! Creo que en mi vida hay momentos de éxito. Creo que mis hijos son un éxito, los alumnos a los que les he enseñado, la forma en la que le ayudo a las personas a pensar de manera distinta y expandir la forma en que la que yo pienso. Yo pienso que eso es éxito.

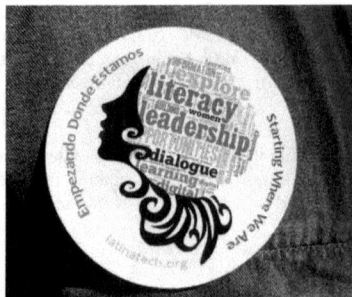

106

Ale

"To be able to travel and to know that my parents are not afraid"

I would say that, yes, I'm successful. For me success means being happy. My parents are also very stressed right now; I would like to see them happy as well. I was just having a really deep talk with my dad last night. We were talking about what would happen to us if he were to leave. He said: I need to talk to you about plan B. And I was sitting there thinking, I'm not going to cry, I can't cry in front of them, so I just listened. He said he had started a life here so he could start a life there. There is so much uncertainty and I just want them to be in peace. That is when I would really be successful, when I have fulfilled their American dream, my American dream, of being successful with a job, being able to pursue my degree without having to do so many things on the side, but just be a normal human being. I would like to be able to do my job every day, to be able to travel and know that my parents are not afraid of anything. That is when I think I'll call myself successful.

49

••

Ale   "Poder viajar y saber que mis padres no tienen miedo"

Yo diría que sí, tengo éxito. Para mí, el éxito significa ser feliz. Mis padres están muy estresados en este momento, me gustaría verlos felices también. Anoche estaba teniendo una charla realmente profunda con mi padre, estábamos hablando de lo que nos pasaría si nos llegáramos a ir, él dijo: necesito hablar contigo sobre el plan B. Y yo estaba sentada allí pensando, No voy a llorar, no puedo llorar delante de ellos, así que simplemente escuché. Dijo que había comenzado una vida aquí para poder comenzar una vida allá. Hay tanta incertidumbre y yo solo quiero que ellos estén en paz. Ahí es cuando realmente sería exitosa, cuando haya cumplido su sueño americano, mi sueño americano de ser exitosa con un trabajo, pudiendo seguir mi carrera sin tener que hacer tantas cosas adicionales, sólo ser un ser humano normal. Me gustaría poder hacer mi trabajo todos los días, poder viajar y saber que mis padres no tienen miedo de nada, ahí es cuando creo que diré que soy exitosa.

107 *Cecilia*

"I overcame my fear of flying and my fear in general"

I'm a faculty member here at the University of Washington, something I never dreamed of. I'm writing a memoir of how I went from shy, fearful child to who I am today. I was very timid because of the way I grew up. I was scared of people, because sometimes when a classmate or stranger approached they were going to hit me. I grew up in a small town in Indiana that was almost all white. I suffered classic forms of discrimination– not being served in stores, for example. When my parents put in an offer on a house in a "good" neighborhood, it was taken off the market. But it was more than that. I was physically attacked, severely injured as a child by a group of classmates. Teachers discouraged me, and gave prizes to the second-best students instead of me.

I didn't think I was smart; I didn't think I was good at anything, and I had become very fearful. To overcome my fears, I learned to fly. I learned to fly airplanes upside down, and I became the first Latina to win a spot on the United States Aerobatic Team. I also broke the record for shortest time from first solo in an airplane to membership on the US Aerobatic Team. CBS Evening magazine produced a video, and you can look up Cecilia Aragón aerobatics on YouTube; it's not very good quality, but it's kind of fun. I overcame my fear of flying and my fear in general, and after that I realized what was keeping me from success and getting my PhD was my fear and my lack of confidence in myself. So I went back to school, even though I had two small children, and I got my PhD. It was very difficult, but I did it; I figured out how and I graduated. Everybody says how impossible it is to get a tenure track position; I never thought I would make it but I did. And here we are.

As a faculty member, I love working with my students, helping them be successful and helping them find the success in creative life that I've always enjoyed. I love my research; I'm very proud of what I've done in Human Centered Design and Engineering. I feel it has the potential to change the world and that's why I'm here. I'm here rather than in industry because I want to mentor students, because I want to produce new research that exists for the good of the world and not merely for a company's profits.

123

● ●

Cecilia   "Superé mi miedo a volar y miedo en general"

Soy miembro de la facultad aquí en la Universidad de Washington, algo que jamás soñé. Estoy escribiendo unas memorias de cómo pasé de ser una niña tímida y asustadiza a lo que soy ahora. Yo era muy tímida por la forma en la que crecí. Tenía miedo de la gente, porque algunas veces, cuando se me acercaba un compañero de clase o un extraño, me iban a golpear. Crecí en una ciudad pequeña en Indiana que era en su mayoría blanca. Sufrí formas clásicas de discriminación, no ser atendida en tiendas, por ejemplo. Cuando mis padres hicieron una oferta por una casa en un barrio "bueno", fue retirada del mercado. Pero era más que eso. Fui atacada físicamente, herida severamente cuando niña por un grupo de compañeros de clase. Los profesores me desalentaban y les daban premios a los segundos mejores de la clase en lugar de a mí.

Yo no pensaba que era inteligente, no pensaba que era buena para nada y me había vuelto muy temerosa. Para superar mis miedos, aprendí a volar. Aprendí a volar aviones de cabeza, y me volví en la primera latina en ganar un puesto en el United States Aerobatic Team. También batí el record del menor tiempo en llegar desde el primer solo en un avión a ser miembro del US Aerobatic Team. La revista nocturna de CBS produjo un video, y puedes buscar Cecilia Aragón aerobatics en YouTube; no es de muy buena calidad, pero es como divertido. Superé mi miedo a volar y mi miedo en general, y después de eso me di cuenta de que lo que evitaba que yo fuera exitosa y obtener mi doctorado era mi miedo y mi falta de confianza en mí misma. Así que regresé a la escuela, aunque tenía dos hijos pequeños, y obtuve mi doctorado. Fue muy difícil, pero lo logré; descubrí como y me gradué. Todo el mundo dice cuan imposible es obtener un contrato de tiempo completo; nunca pensé que lo lograría, pero lo hice. y aquí estamos.

Como miembro de la facultad, adoro trabajar con mis estudiantes, ayudándoles a ser exitosos y ayudándoles a encontrar el éxito en la vida creativa que siempre he disfrutado. Amo mi investigación; estoy muy orgullosa de lo que he realizado en el Human Centered Design and Engineering. Siento que tiene el potencial de cambiar el mundo y eso es por lo que estoy aquí. Estoy aquí en lugar de estar en la industria porque quiero ser mentora de los estudiantes, porque quiero producir una nueva investigación que exista para el beneficio del mundo y no a solamente para las ganancias de una empresa.

108 *René*

"I feel like salmon swimming up the river"

Now that I'm an assistant professor, there are certain things that I didn't expect. I feel like salmon, swimming up the river. I needed to get a lot of my research done, get my publications. I've been in five different states in the last three years. I'm like a traveling salesman, selling bibles from town to town, you know? I've been giving it everything I have because I am an immigrant. There's nobody holding me, there's nothing underneath me; I have to fight and struggle because that's what I have to do. All of a sudden, I was very lucky and I got this position at UW. I accepted it because it's a dream job for many reasons: it's a great city, a fantastic university, but at the same time, it feels like, I was trained to fight and now, am I supposed to stay here for the next 30 years? Is this true? This is like Lake Placid now. I just need to be content and settle down a bit, but that's a little unsettling for me, how to handle that. I would like to do more things.

I think success for me is when you've done things that help others— when you feel like you found some kind of meaning to your life that it is larger than just paying the bills. In that sense I'm still trying to find that. I don't know if that's successful, but I still ask the same questions I asked thirty years ago. Life is like a cycle, right? But I'm still trying to figure it out, so I don't know. I do think that as time goes by, maybe I ask the same questions, but I have a different relationship towards them. I used to be a little bit antsy about not having the answers, and I think I'm much more relaxed now. I'm like, I don't know, there might not be answers after all— who the hell knows? But I'm a little bit more relaxed. I guess it's just getting older!

I like raccoons a lot, but the thing about raccoons is that they have a bad reputation. People call them trash pandas and all that, but I think it's because they're survivors. They work with what they have. They're creative, they're able to survive in multiple environments, they live in back alleys or in the forest. They survive, they thrive, they take care of their families, they take care of each other, and in a way everybody respects raccoons. They're doing their thing, they have respect, and I kind of like that, you know? There's a video online that you can find on YouTube where there's this guy who finds a raccoon in his trashcan; the raccoon is trying to survive, the guy gets a broom and scares the raccoon. He's like, Get out! get out! and the raccoon goes away, and then all of a sudden, the raccoon comes back and jumps at him and he gets all scared! This guy is going to be like, these animals, I need to respect them, they're doing their thing, they're surviving. Just like me. You cannot just abuse them; they have a drive, an attitude. I think it's important to have that, you know? I communicate that with my students as well: you need to have an attitude, you need to keep going. My class is about immigration, so a lot of it is about seeing all the patterns and trying to make sense of them in a systematic way. I get to see how they make sense of their own histories, or the histories of their parents, or their grandparents, and for me that's really rewarding. I can see how things click in their minds. We look at policies, we look at economic conditions, we look at politics, and I think it makes a lot of sense to them, and I like that.

43

René "Me siento como el salmón nadando rio arriba"

Ahora que soy profesor asistente, hay ciertas cosas que no me esperaba. Me siento como el salmón, nadando río arriba. Yo necesitaba hacer una gran parte de mi investigación, obtener mis publicaciones. He estado en cinco estados diferentes en los últimos tres años. Soy como un vendedor ambulante, vendiendo biblias de pueblo en pueblo, ¿sabes? He estado dando todo lo que tengo, porque soy un inmigrante. No hay nadie que me detenga, no hay nada debajo de mí, tengo que pelear y luchar porque eso es lo que tengo que hacer. De repente, tuve mucha suerte y obtuve este puesto en la Universidad de Washington. Lo acepté porque es un trabajo soñado por muchas razones: es una gran ciudad, una universidad fantástica, pero al mismo tiempo se siente como que fui entrenado para pelear y ahora, ¿se supone que debo quedarme aquí durante los próximos 30 años? ¿Es esto cierto? Esto ahora es como Lake Placid. Solo necesito estar contento y tranquilizarme un poco, pero eso es un poco inquietante para mí, cómo manejar eso. Me gustaría hacer más cosas.

Creo que el éxito para mí es cuando has hecho cosas que ayudan a otras personas, cuando sientes que encontraste algún tipo de significado a tu vida que es más grande que simplemente pagar las cuentas. En ese sentido, aún estoy intentando encontrar eso. No sé si eso es exitoso, pero aún hago las mismas preguntas que hice hace treinta años. La vida es como un ciclo, ¿verdad? Pero todavía estoy tratando de entenderlo, así que no sé. Si creo que a medida que pasa el tiempo, tal vez haga las mismas preguntas, pero tengo una relación diferente frente a ellas. Solía estar un poco ansioso por no tener las respuestas, y pienso que estoy mucho más relajado ahora. Soy como, no sé, puede que no haya respuestas después de todo, ¿quién diablos sabe? Pero estoy un poco más relajado. ¡Supongo que es simplemente envejecer!

Me gustan mucho los mapaches, pero la cosa con los mapaches es que tienen mala reputación. La gente los llama los pandas de la basura y todo eso, pero creo que es porque son supervivientes. Trabajan con lo que tienen, son creativos, pueden sobrevivir en múltiples entornos, viven en callejones o en el bosque, sobreviven, prosperan, cuidan de sus familias, se cuidan entre ellos, y de alguna manera todo el mundo respeta a los mapaches. Ellos están haciendo lo suyo, tienen respeto, y eso como que me gusta, ¿sabes? Hay un video en línea que puedes encontrar en YouTube donde hay un tipo que encuentra un mapache en su caneca de basura, el mapache está intentando sobrevivir, el tipo agarra una escoba y asusta al mapache. Él es como, ¡fuera! ¡vete! y el mapache se va, y de repente, el mapache regresa y salta hacia él y ¡el tipo asusta mucho! Este señor va a decir cómo, estos animales, necesito respetarlos, ellos están haciendo lo suyo, están sobreviviendo. Así como yo. No puedes abusar de ellos, tienen un ímpetu, una actitud. Creo que es importante tener eso, ¿sabes? También lo comunico eso con mis alumnos, tienes que tener una actitud, tienes seguir adelante. Es otra cosa sorprendente sobre la que debes saber. Nunca supe en qué tipo de maestro me iba a convertir, pero resulta que soy el tipo de persona al que se pone de pie y obtiene resultados y me gusta inspirar a mis alumnos. Mi clase es sobre inmigración, por lo que una gran parte es acerca de ver todos los patrones y tratar de darles sentido, de una manera sistemática. Puedo ver cómo les dan sentido a sus propias historias, o a las historias de sus padres o de sus abuelos, y para mí eso es realmente gratificante. Puedo ver cómo las cosas hacen clic en sus mentes, observamos las normas, observamos las condiciones económicas, observamos la política, y creo que tiene mucho sentido para ellos, y eso me gusta.

109 Mónica

"Tengo una carrera y tengo una familia"

Mi vida es maravillosa. Tengo un esposo excepcional que me ha apoyado increíblemente, yo creo que él nunca va a entender lo que es estar fuera del país de uno, a pesar de que su padre inmigró de Trinidad, entonces él ha escuchado eso. Pero eso de extrañar la patria, extrañar la familia, extrañar, creo que él nunca va a poder entender. Sin embargo él ha hecho todo lo posible por darme lo que yo he necesitado, él me ha apoyado. Él me apoyó mucho con mis proyectos comunitarios y artísticos, y sostuvo la familia un tiempo mientras yo quería levantar esos proyectos artísticos. Le debo muchísimo, tengo un esposo maravilloso. Tengo a mis hijas, la mayor tiene 13 años, la otra va a cumplir 11, y lo maravilloso de todo esto es que mi trabajo comunitario artístico que he hecho sobre la cultura peruana y la identidad afro-descendiente, también le ha servido a mis hijas. Mis hijas son afro-descendientes, porque mi esposo es afro-americano y afro-trinidario, y entonces ellas también son negras, se identifican como afro-descendientes. Ha sido bien interesante ahora que ya están un poco más grandes ver qué orgullosas se sienten, tienen una conciencia bien sólida de su negritud, de su cultura, y son muy orgullosas de su cultura peruana. Es distinto a con su lado afro-americano porque ellas no han crecido alimentándose de ese lado mucho, en cambio ellas desde mi barriga han estado yendo a meetings, reuniones, casas latinas, centros de las razas, todos estos lugares que son como un segundo hogar para ellas. Ya conocen porque han estado metidas tocando música conmigo, entonces eso es maravilloso, entonces hay un sentido cultural y de identidad muy fuerte en mi hogar.

Me siento realizada como mujer, y definitivamente como madre. He logrado tener mucho. Conozco muchas mujeres que han querido ser madres y no han podido, entonces eso es un privilegio. Tengo una carrera profesional, hice un doctorado, y siempre pienso en mi mamá, quien tuvo razón en muchas cosas, pero no en esto. Los padres se mueren y uno dice: Mi padre tenía razón, mi madre tenía razón, cómo quisiera que estuvieran vivos. Pero hay una cosa en la que mi madre no tuvo razón, porque ella siempre me retó, siempre me dijo: No vas a poder tener una carrera y tener una familia, tienes que escoger, no vas a poder hacer las dos cosas. Sin embargo, lo he hecho. Tuve una carrera, tengo un doctorado, y también he creado mucha actividad artística aquí en la comunidad. Mucha gente que me considera a mí como uno de los miembros de la comunidad que está muy activa, en la cuestión artística, educativa y activista, también como community organizer y eso, porque tengo ese lado activista, no lo perdí. Tengo una carrera en ese aspecto, también tengo una carrera como intelectual, ahora trabajando en la universidad, tengo un trabajo, y tengo mi familia, tengo a esposo y a mis hijas. Entonces todo eso me parece que es exitoso, eso es éxito, soy feliz.

101

Mónica   "I have a career and I have a family"

• •

My life is wonderful. I have an exceptional husband who has supported me incredibly. I believe that he will never understand what it is to be outside of one's country, even though his father immigrated from Trinidad, so he has heard about that. But that of missing the homeland, missing the family, I think he will never be able to understand. However, he has done everything possible to give me what I needed; he has supported me. He supported me a lot with my community and artistic projects, and he supported the family for a while when I wanted to help those artistic projects succeed. I owe him a lot; I have a wonderful husband. I have my daughters: the oldest is 13 years old, the other is going to turn 11, and the wonderful thing about all this is that my artistic community work that I have done on Peruvian culture and Afro-descendent identity has also useful for my daughters. My daughters are afro-descendants because my husband is African-American and African-Trinidadian, so they are also black. They identify themselves as Afro-descendants. It has been very interesting now that they are a little older to see how proud they are; they have a very solid awareness of their blackness, their culture, and they are very proud of their Peruvian culture. It's different with their African-American side because they have not grown up feeding from that side a lot. Instead they since being in my belly, have been going to meetings, Latino homes, race and cultural centers, all these places that are like a second home for them. They already know because they have been involved in playing music with me, so that is wonderful; there is a strong cultural and identity sense in my home.

I feel fulfilled as a woman and definitely as a mother. I have managed to have a lot. I know many women who have wanted to become mothers and have not been able to, so that is a privilege. I have a professional career. I did a PhD, and I always think of my mother, who was right in many things, but not in this. Parents die and one says: "My father was right, my mother was right, how I want them to be alive." But there is one thing in which my mother was not right, because she always challenged me, she always told me: "You will not be able to have a career and have a family— you have to choose; you will not be able to do both." However, I have done it. I had a career, I have a PhD, and I have also created a lot of artistic activity here in the community. There are many people who consider me as one of the active members of the community, in the artistic, educational and activist issues. Also as a community organizer, because I have that activist side; I did not lose it. I have a career in that aspect, I also have a career as an intellectual, now working in the university. I have a job, and I have my family; I have a husband and my daughters. So all of that seems to me to be successful. That's success; I'm happy.

110 Guadalupe

"Tu educación va a ser tu herencia"

Traje la estola del grado en La Raza, we had it on Wednesday. Tengo fotos en mi teléfono. And I have the cap too!

Ahora, después de un buen tiempo de estar viniendo, lo que me dijeron mis papás fue: no te vamos a dejar herencia que sea monetaria, pero te vamos a dejar una educación y eso nadie te la puede quitar, eso va a ser tu herencia. And here it is. Ahora pienso en los 4 años que he estado aquí, es muy poderoso. Somos todos los de la familia los que nos vamos a graduar, it's not just me, es toda mi familia, tíos, tias, all of the ones that couldn't be here pero que han preparado el terreno para que yo pudiera estar aquí. It's taken the whole village, todo el pueblo, to get here, y aquí es donde estoy ahora. En el otoño estaré comenzando un doctorado doble en astronomy and astrobiology, aquí en la Universidad de Washington.

¿He sido exitosa? Creo que todavía viene más. En términos de ser exitosa creo que es un éxito inmenso para toda mi familia. Para mi también, pero no puedo yo sola tomar el crédito por este éxito, porque han sido todos los que me han ayudado en el camino: family, advisors, mentors, friends. Un éxito para la comunidad, no solo para mí, y todavia sigue. It's a stepping stone, ya pisamos un escalón nuevo, ahora el que sigue.

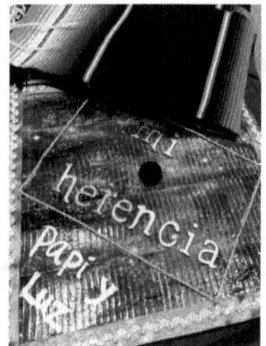

65

• •

Guadalupe   *"Your education will be your inheritance"*

I brought the graduation stole that I just got, at La Raza graduation. We had it on Wednesday. I have pictures on my phone. And I brought the cap, too!

So now, after long time coming, what my parents told me was: We are not going to leave you a monetary inheritance, but we are going to leave you an education and that, nobody can take away from you; that will be your inheritance. And here it is. So I think now, fast forward the 4 years that I've been here; it is powerful. The whole family will be graduating; it's not just me, it is all my family, tíos, tias, all of the ones that couldn't be here but have paved the way and helped me get to where I am. It's taken the whole village, todo el pueblo, to get here, so I think this is where I'm at now, and in the fall I'll be starting a dual PhD in astronomy and astrobiology, here in the University of Washington.

Have I been successful? I think there's more to come. In terms of being success- ful, I think this is a huge success for my family; for myself as well, but I don't think I can take the whole credit of being successful, because it's been everybody who helped me along the way: family, advisors, mentors, friends. A success for the community, not just me, y todavia sigue. It's a stepping stone, ya pisamos un escalón nuevo, ahora el que sigue.

111 Isabel

"Salud, dinero y amor"

Comparado con lo que han pasado otros migrantes, y después de conocer muchas, muchas historias, uno dice: pues sí, estoy más allá del bien y del mal, he conseguido lo que quiero, no me puedo quejar, no me falta nada. Pero todavía extraño parte de mi cultura; creo que es lo que más se extraña. Éxito a nivel material, bueno, pues sigo siendo estudiante así que no puedo decir que soy millonaria, pero hay ofrecimiento de trabajo lo cual mejora el asunto.

El éxito para mí es ahora sí alcanzar el buen vivir. El balance entre la vida laboral, la vida familiar y los amigos, y sentirse conectado con el lugar en donde uno vive. Que no haga falta algo, no tiene que ser comida, no tiene que ser material, pero que uno se sienta tranquilo, al menos no angustiado. Que no falte lo básico, ahora sí que salud, dinero y amor, como decimos. Es lo más importante de esta vida, dinero no tanto, pero salud y amor, yo creo que es lo más importante. Pero sí, éxito, pues ahí la llevo, no me puedo quejar. Ojalá pueda terminar pronto mi doctorado, eso será un pequeño éxito, y también conseguir trabajo.

79

Isabel   "Health, money, and love"

Compared to what other migrants have gone through, and after hearing many, many stories, I think, "Yes, I am beyond good and bad, I have achieved what I want, I can't complain, there isn't anything I lack." But I still miss part of my culture; I think it's what I miss the most. Success on a material level, well, I'm still a student, so I can't say that I'm a millionaire, but there is a job offer which improves the matter.

Success for me now means achieving a good life— the balance between work life, family life and friends, and feeling connected to the place where one lives. That you aren't missing something. It doesn't have to be food or material things, but that you are calm, at least not distressed. That you aren't missing the basics: health, money and love, as we say. It's the most important thing in this life— not so much money, but health and love, I think it's the most important thing. Success, I'm getting there; I can't complain. Hopefully, I can finish my PhD soon— that will be a small success, and getting a job.

112 Marisol
"Este es el mejor momento que he tenido profesionalmente"

Este es el mejor momento que he tenido profesionalmente. Mi libro American Sabor está a punto de salir, lo llevo trabajando desde 1991. Este es el fruto de mi vida musical. Empezamos con una exhibición, en la que se mostró por primera vez la influencia inmensa de los músicos latinos. Es una exhibición que se debe escuchar, en vez de mirar, es como decir la historia con sonido, porque nosotros somos música. Un viajecito sonoro donde por ejemplo cogemos el Cha cha cha, que es de origen cubano y demostramos con el sonido qué es lo que quiero decirte, la riqueza de la música con influencia Latina que se ha producido en el terreno de los Estados Unidos. La exhibición fue muy exitosa, viajó por más de 12 ciudades, hasta la llevamos a San Juan, Puerto Rico. Hoy está a punto de salir el libro, American Sabor. Y he vuelto a la universidad como profesora, yo me siento como pez en el agua en el salón de clase, tengo una pasión por estar con los estudiantes, ellos me nutren de vida y de esperanza y yo hago lo mismo con ellos.

Como yo no he seguido ese camino más tradicional del tenure track en la academia, yo soy más mentora directa. He sido mentora de muchos, pero en ese aspecto yo no me siento exitosa. En lo que sí me siento exitosa es en lo poquito que he podido hacer y que he visto los resultados. Yo he visto cómo no solamente siendo mujer y puertorriqueña, sino viniendo de una clase trabajadora, yo no soy la única puertorriqueña que ha podido salir adelante, pero muy pocos han hecho doctorados saliendo del barrio, del fanguito como se llama. Habemos pocos y eso ha sido lo que me ha dado un orgullo y un éxito, me siento súper accomplished, me siento que he abierto puertas, que he roto barreras, eso es lo que yo siento.

16

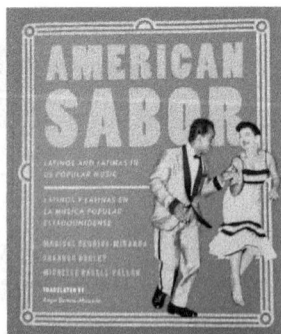

Marisol   *"This is my best professional moment"*

This is my best professional moment. My book "American Sabor" is about to come out; I've been working on it since 1991. This is the fruit of my musical life. We started with an exhibition, in which we showed for the first time the immense influence of the LatinX musicians. It is an exhibition you have to listen to, not look at. It is like telling history with sound, because we are music. It is a musical trip where we take, for example, the cha cha cha, that is of Cuban origin, and we show through sound the richness of the music and its Latino influence, produced in the United States. The exhibition was very successful. It traveled in more than 12 cities; we even took it to San Juan, Puerto Rico. Today the book is about to come out. And I've come back to the university as an instructor. I feel like a fish in water when I'm in the classroom. I have a passion for being with the students; they nourish me with life and hope, and I do the same with them.

I have not followed the more traditional path of the tenure track in academia; I am more of a direct mentor. I've been a mentor to many, but in that regard, I don't feel I'm successful. In what I do feel successful is in the little I've been able to do and where I can see the results. I see that being a Puerto Rican woman, coming from a working class, I've succeeded. I'm not the only Puerto Rican who has succeeded, but very few have finished doctorates when they started in the barrio, in the mud, as we call it. There are few of us, and that is what gives me the most pride, the most success— that I feel super accomplished. I have opened doors, I have broken barriers. That is what I feel.

113   *Angelina*

"I feel like I make a positive difference"

I'm very fortunate to do a job that I love, and I feel that in my job I can make a difference, so I think in that regard I'm successful. There are many different understandings of what it is to be successful.

R: So what is the meaning of success for you?

That is a really deep question. I'm reluctant to label myself as successful because it would seem that I've arrived at a static status, and I think I should always be striving towards success. I guess maybe the success that I wish for my children is feeling that they are dedicating their lives to something they find meaningful, something they believe improves the world and has a positive effect on others, and that they're able to get by. I don't think of financial success, as some people may include that in the definition, but I don't think that is a primary thing of what makes somebody successful. It is important to me that I can get by and provide for my family, but more important is to feel that when I get out from bed in the morning, that I have a meaningful life, both in my private life as a parent and a person, but also in my professional life. I really feel blessed that I get to do things that I feel like make a positive difference. I'm reluctant to say that I embody success, but I do feel grateful for where I am in my life and what I do, so in some regard that is success, yeah!

10

Angelina   "Siento que hago una diferencia positiva"

Soy muy afortunada de hacer un trabajo que amo, y siento que en mi trabajo puedo marcar la diferencia, así que creo que en ese sentido soy exitosa. Hay muchas formas distintas de entender lo que es tener éxito.

R: Entonces, ¿cuál es el significado del éxito para ti?

Realmente es una pregunta profunda. Soy reacia a etiquetarme como exitosa porque parecería que he llegado a un estado estático, y creo que siempre debería esforzarme hacia el éxito. Supongo que tal vez el éxito que deseo para mis hijos es sentir que están dedicando sus vidas a algo que consideran significativo, algo que creen que mejora el mundo y tiene un efecto positivo en los demás, y que son capaces de salir adelante. No pienso en el éxito financiero, ya que algunas personas pueden incluir eso en la definición, pero no creo que eso sea lo principal de lo que hace a alguien exitoso. Para mí es importante poder salir adelante y proveer para mi familia, pero lo más importante es sentir que cuando salgo de la cama por la mañana, tengo una vida significativa, tanto en mi vida privada como madre, como persona, sino también en mi vida profesional. Realmente me siento bendecida de que puedo hacer las cosas que siento que hacen una diferencia positiva. Soy reacia a decir que encarno el éxito, pero si me siento agradecida por el lugar en el que estoy en mi vida y lo que hago, por lo que en cierto aspecto eso es el éxito, ¡sí!

114 Anaid

"El éxito ha sido poner mis propias metas y alcanzarlas"

Para mí el éxito ha sido poder poner mis propias metas y alcanzarlas, no tener que atenerme o seguir las metas que alguien más establece para mí, la sociedad o mis papás o alguien más, sino tener mis propias metas y alcanzarlas.

84

....

....

Anaid   *"Success has been setting my own goals and reaching them"*

For me success has been being able to set my own goals and reaching them; not having to stick to or follow the goals that someone else sets for me —society or my parents or someone else— but having my own goals and achieving them.

115 *Jessica*

"We need role models, and also mentors"

....

R: What does it take to help encourage other Latino/Latinas who go to college to go to graduate school?

I would say it takes a lot of things. It takes a lot of confidence building, a lot of "sí se puede" in their life, a lot of coaching, but mostly a lot of people believing and encouraging them. There are also practical things: financial support and all of that. But I think in terms of when a student wants to seek the financial support, it is about the motivation to do it and its really about them believing in themselves, having the confidence in whatever they are interested in doing. Finding a passion, and knowing that the passion is OK to follow. Often times students get stuck in narrative thoughts, whether they stem from their family or from society, and this filters the types of things they study. If they are not in a field that they are passionate about, it creates a lack of motivation to pursue their dreams. I think they sometimes need help finding their passions and figuring out how to make that passion move forward, and learning on that passion. I think that is what really helps motivate them to continue to want to do something, whether it be education in an academic setting or anywhere else.

R: I've heard some people talking about the importance of having Latino or Latina role models. What do you think of that?

I think it's tricky, because in my personal experience, I have found that having a Latino role model wasn't enough. It's a start, but it's harder to have those role models learn to be more than role models so that they can become mentors. I think that's when it gets tricky, because I've been placed in positions where somebody was perceived by others as a role model, and perhaps being a mentor, but to me as a first-generation student in college, I wasn't getting what I needed to get there. I ended up getting that mentorship from another person who was not a LatinX role model. Again, this is from my perspective as first generation Latina in college. What helped me in my path to my PhD was to have someone literally walking me through every step, and providing an opportunity that I can meet with them regularly and say this is what I've written so far, and they give feedback. I think that opportunity to connect to someone just to give you feedback on a one-to-one basis is so important. Every stage has a different role, right? You've been through this, too. And it is different for each person as well. Sometimes it's just knowing I'm on the right track. Am I doing these correctly? So what is needed is not just a role model, someone I can identify with because she looks like me, but a mentor —someone who can help guide me on the way.

122

Jessica   "Necesitamos modelos y también mentores"

R: ¿Qué se necesita para ayudar a alentar a otros latinos/latinas que van a la universidad para que vayan a la escuela de posgrado?

Yo diría que se requieren muchas cosas. Se requiere generar mucha confianza, mucho de "sí se puede" en sus vidas. Una gran cantidad de orientación, pero sobre todo mucha gente que les crea y los anime. También hay cosas prácticas, apoyo financiero y todo eso. Pero creo que cuándo un estudiante desea buscar el apoyo financiero, se trata de la motivación para lograrlo y realmente se trata de que ellos crean en sí mismos, que tengan confianza en lo que sea que les interesa hacer. Encontrar una pasión y saber que está bien seguir la pasión. Muchas veces los estudiantes se atascan en pensamientos narrativos, que vienen de su familia o de la sociedad, y esto filtra los tipos de cosas que ellos estudian. Si ellos no están en un campo que les apasiona, se crea en ellos una falta de motivación para perseguir sus sueños. Creo que ellos a veces necesitan ayuda para encontrar sus pasiones y descubrir cómo hacer que esa pasión avance, y aprender a actuar sobre esa pasión. Creo que eso es lo que realmente ayuda a motivarlos para que sigan queriendo hacer algo, ya sea la educación en un entorno académico o en cualquier otro lugar.

R: He escuchado a algunas personas hablar sobre la importancia de tener modelos latinos. ¿Qué piensas de eso?

Creo que es complicado, porque en mi experiencia personal he descubierto que tener un modelo latino no era suficiente. Es un comienzo, pero es más difícil formar a esos modelos para que sean más que modelos, para que puedan convertirse en mentores. Creo que ahí es cuando se pone complicado, porque he estado en situaciones en las que se suponía que alguien debía ser percibido por otros como modelo a seguir, y tal vez como mentor, pero para mí, como estudiante de primera generación en la universidad, yo no estaba obteniendo lo que necesitaba para llegar allí. Terminé recibiendo esa tutoría de otra persona que no era LatinX. De nuevo, esto es desde mi perspectiva como Latina de primera generación en la universidad. Lo que me habría ayudado en mi camino hacia mi doctorado era tener a alguien literalmente llevándome de la mano a través de cada paso, ofreciendo oportunidades. Poder reunirme con ellos regularmente y decir esto es lo que he escrito hasta ahora, y me dan su retroalimentación. Yo creo que esa oportunidad de poderse conectar con alguien solo para que te den retroalimentación de manera personalizada es muy importante. Cada etapa tiene un papel diferente, ¿cierto? Has pasado por esto también. Y es distinto para cada persona también. A veces es solo saber que voy por el camino correcto. ¿Estoy haciendo esto correctamente? Entonces, lo que se necesita no es solo un modelo, alguien con quien pueda identificarme porque se parece a mí, sino un mentor, alguien que puede ayudar a guiarme en el camino.

116

Vero

"I think failure teaches you a lot more"

I think I'm successful because I have choice and I have privilege and I acknowledge that, and I'm able to make independent decisions. That's one thing that I really wanted: to go to school and make choices for myself, and not to depend on anybody. An education and degrees in this country allow you to do that. For me to be successful means not to be dependent on anybody, to not be a burden on anybody, especially on my family. And then it also means being able to help, because I think everybody wants to help their parents, everybody wants to help out. I think that I'm successful because I am practicing what I live, what I wanted to do, which was to be able to make decisions. If I wanted to move next year, I could do that; if I needed to stay, I could do that as well. Success defined by capitalism, probably not, because I don't have any money, but that'll change. I'm going to get a job, I'm going to have a lot of choices, once I complete my degree. Smaller successes are really just made up of perseverance and just not giving up. I don't want to say that I'm the smartest person, but I am persistent, and I find solutions to problems.

I'm always more drawn to stories of failure, to be honest, I think failure is better, because I think failure teaches you a lot more. When I'm invited to be a speaker, I always talk about things that didn't work, things that I would've done differently, what I wish somebody would've told me. Because I think you learn more from that. When we do our bios, it's always glossy, pretty, bonito, you know? I think our students need to know that that's just one area, and those stories of struggle are a little bit stronger for them.

8

....

Vero   "Pienso que el fracaso te enseña mucho más"

Creo que tengo éxito porque tengo opciones y tengo privilegios, y lo reconozco y puedo tomar decisiones independientes. Eso es algo que realmente quería, ir a la escuela y tomar decisiones por mí misma, y no depender de nadie. Una educación y títulos en este país te permiten hacer eso. Para mí el ser exitosa significa no depender de nadie, no ser una carga para nadie, especialmente para mi familia. Y luego, también significa poder ayudar, porque creo que todos quieren ayudar a sus padres, todos quieren ayudar. Creo que soy exitosa porque estoy practicando lo que vivo, lo que quería hacer, que era poder tomar decisiones: si yo quisiera mudarme el próximo año, podía hacerlo; si tuviera que quedarme, podía hacer eso también. El éxito definido por el capitalismo, probablemente no, porque no tengo dinero, pero eso va a cambiar. Voy a conseguir un empleo, voy a tener muchas opciones una vez que termine mi carrera. Los éxitos más pequeños en realidad solo se componen de perseverancia y simplemente no rendirse. No quiero decir que soy la persona más inteligente, pero soy persistente y le encuentro soluciones a los problemas.

Siempre estoy más atraída hacia las historias de fracaso, para ser sincera, creo que el fracaso es mejor, porque pienso que el fracaso te enseña mucho más. Cuando me invitan a ser ponente, siempre hablo sobre cosas que no funcionaron, cosas que habría hecho de otra forma, lo que me hubiera gustado que alguien me hubiera dicho. Porque creo que aprendes más de eso. Cuando hacemos nuestra biografía, siempre es brillante, bonita, ¿sabes? Creo que nuestros estudiantes necesitan saber que esa es solo un área, y esas historias de lucha son un poco más fuertes para ellos.

117 *Juan Carlos*

"Difficulties are only going to make you stronger"

You feel the pressure. I can tell you, it is strong and debilitating. But you can have an effect, a change in other people, and you can tell them that they, too, can do it. That it will be a lot of work, but at the end of the day you will see that it was worth it, and that you can do it for other students of the next generation. Being able to do that is what motivated me to keep on working harder. One of the things I want to do is to go beyond students. I want to do something, a project that can help others in Latin America. I can combine my skills with those of students from other departments and we can do a joint project, something that will help improve the lives of others at that level.

Yo siento que si tienes un goal que quieras, if you want to achieve a goal, then there shouldn't be anything that's going to stop you. Obviously there's going to be obstacles and there's going to be difficulties along the way, but you could always talk to somebody that could help you and give you advice. I think it is important that you always keep that in mind and always have that drive, because if you lose that drive, you are going to feel that you are giving up on your hopes, you are giving up on what you believe; your family friends, and everybody that is supporting you believes in you, and I think there are no excuses for giving up. There might be difficulties and things along the way, but those are only going to make you stronger.

125

Juan Carlos   "Las dificultades te hacen fuerte"

Se siente una buena presión, te puedo decir que es grande y es bien debilitante. Pero puedes hacer un efecto y un cambio en la gente, y les puedes decir que ellos sí pueden, que va a ser un montón de trabajo, pero al final del día vas a poder ver que sí vale la pena, y que después vas a poder hacer eso mismo para los estudiantes de las siguientes generaciones. Y poder hacer eso es algo que me motivó a seguir trabajando duro y más duro, y una de las cosas que quiero hacer es moverme fuera de los estudiantes, quiero ayudar más allá de los estudiantes, quiero hacer algo, un proyecto que yo pueda ayudar a la gente de Latinoamérica, combinar los skills y las habilidades que yo tengo con las de estudiantes de diferentes departamentos, y poder hacer un proyecto o algo, que podamos cambiar y facilitar la vida de la gente a ese nivel.

Yo siento que si tiénes un objetivo que quieras, si quieres alcanzar un objetivo entonces no debería haber nada que te va a detener. Obviamente van a haber obstáculos y van a haber dificultades en el camino, pero no siempre vas a poder hablar con alguien que te podría ayudar y darte consejos. Yo creo que es importante que siempre tengo eso en mente y siempre tengas ese impulso, porque si pierdes ese impulso, vas a sentir que estás perdiendo las esperanzas, estás perdiendo eso en lo que crees; tu familia, amigos y todos los que te están apoyando creen en ti, y yo creo que no hay excusas para rendirse. Podrá haber dificultades y cosas a lo largo del camino, pero eso solo te hará más fuerte.

118 *Magdalena*

"I just want to help people"

To me, success is something I feel like I'm already living: to come from Mexico, to be undocumented, to be able to go to college, to have a job that I love, and I love my coworkers and my place, to be married, to have my home, and to have a car and his side of the family. That's success to me: the material things are great, I love having some cash flow for material things. But ultimately to me this is it. My success isn't the same as others. I have friends that are very wealthy, that have husbands that work for Microsoft, Google, Amazon. The young ladies themselves are very well accomplished working as lawyers, they make a lot of money between the two of them. I learn a lot from them and I learn a lot from different pockets of friends, and I'm content with what I have. I am happy! If I was chasing someone else to have more money, I have to think why I'm unfulfilled in other areas, so I can't really get jealous or envious for other people that have money, because the things that are most important are my relationship with my husband and the closeness I have with my family. That is success to me! And that's the only way that I can describe it. To stay true to myself and the things that make me happy. Ultimately, I think that is the goal, to be happy.

I keep going back to my dad. He left me what he could because he wanted to provide his family with an opportunity. I know that we didn't get a lot of help. We were so isolated and he didn't want to ask for help, so I didn't have a lot of role models, I didn't have a lot of teachers that look like me. At church we didn't know anybody that I could say was a role model— quite the opposite; they were "anticollege." So when I came to UW and I saw that I could be in a place where there are people that look like me, that are there to support, that really helped me to gain a lot of confidence and give me purpose, in terms of what I could do as well. So when I was given the opportunity to work here at the Ethnic Cultural Center, part of me felt like it was my duty. I was like, I have to be that person because nobody was there for me, and I know what it was like not to have anybody to talk to, even a shoulder to cry on. I didn't want people to go through that, so I've been at the Ethnic Cultural Center for eighteen years, because I want to be that person for other people. I can't describe it; it's just something that drives me.

One of the things I want to do is to figure out what drives people, so when I invited you to lunch I wanted to get to know Ricardo the person, and a setting like lunch could be more casual so we can talk about non-work stuff and what we are potentially going to be doing. I'd rather do that than walk into a meeting room thinking, gosh, it's a Latino professor, and he is very intelligent and he is reading all these things, and who am I to be at the same table with him? I could have done that and it would really intimidate me, but what I like to do is to know people one on one. So, that's what I do here. Meet new people, new students, and my job is to make them feel comfortable, get to know them, and to give them confidence —especially for students that are shy or introverted— to give them the confidence to believe in themselves, that they can do anything they want. Partly because that wasn't given to me, but on the other side also because I just want to help people.

97

Magdalena   "Yo solo quiero ayudar a las personas"

Para mí el éxito es algo que siento que ya estoy viviendo: venir de México, ser indocumentada, poder ir a la universidad, tener un trabajo que amo, y amo a mis compañeros de trabajo y mi lugar, estar casada, tener mi casa y tener un automóvil y su lado de la familia. Eso es el éxito para mí, las cosas materiales son geniales, me encanta tener un flujo de efectivo para cosas materiales. Pero finalmente para mí esto es todo. Mi éxito no es el mismo que el de los demás; Tengo amigas que son muy ricos, que tienen maridos que trabajan para Microsoft, Google, Amazon, las jóvenes mismas están muy bien trabajando como abogadas, ganan mucho dinero entre los dos. Yo aprendo mucho de ellos y aprendo mucho de diferentes grupos de amigos, y estoy contenta con lo que tengo. ¡Yo estoy feliz! Si estuviera persiguiendo a alguien más para tener más dinero, tengo que pensar por qué yo no estoy satisfecha en otras áreas, así que realmente no puedo ponerme celosa o envidiosa por otras personas que tienen dinero, porque las cosas que son más importantes son mi relación con mi esposo y la cercanía que tengo con mi familia. ¡Eso es el éxito para mí! Y esa es la única forma en que puedo describirlo. Ser fiel a mí misma y a las cosas que me hacen feliz. En definitiva, creo que ese es el objetivo, ser feliz.

Sigo regresando a mi padre: él me dejó lo que pudo porque quería brindarle una oportunidad a su familia. Sé que no recibimos mucha ayuda, estábamos tan aislados y él no quería pedir ayuda, entonces yo no tenía muchos modelos, no tenía muchos maestros que se vieran como yo. En la iglesia no conocíamos a nadie que yo pudiera decir que fuera un modelo a seguir, todo lo contrario, eran anti universidad. Entonces cuando vine a la Universidad de Washington y vi que podía estar en un lugar donde hay personas que se parecen a mí, que están ahí para brindar apoyo, eso realmente me ayudó a ganar mucha confianza y darme un propósito, en términos de lo que yo también podría hacer. Entonces, cuando tuve la oportunidad de trabajar aquí en el Ethnic Cultural Center, parte de mí sentía que era mi deber. Yo estaba como, tengo que ser esa persona porque nadie estaba allí para mí, y sé lo que es no tener a nadie con quien hablar, incluso un hombro en el cual llorar. Yo no quería que las personas pasaran por eso, así que he estado en el Ethnic Cultural Center durante dieciocho años, porque quiero ser esa persona para otras personas. No puedo describirlo, es solo algo que me motiva.

Una de las cosas que quiero hacer es descubrir qué motiva a la gente, así que cuando te invité a almorzar, quería conocer a Ricardo, la persona, y un entorno como el almuerzo podría ser más informal para que pudiéramos hablar sobre cosas que no son de trabajo y de lo que vamos a estar haciendo potencialmente. Prefiero hacer eso en vez de entrar a una sala de reuniones pensando, oh Dios, es un profesor latino, y es muy inteligente y está leyendo todas estas cosas, y ¿quién soy yo para estar en la misma mesa con él? Podría haber hecho eso y sentirme realmente intimida, pero lo que me gusta hacer es conocer a la gente cara a cara. Entonces, eso es lo que hago aquí. Conocer nuevas personas, nuevos estudiantes, y mi trabajo es hacer que ellos se sientan cómodos, llegar a conocerlos y darles confianza, especialmente para los estudiantes que son tímidos o introvertidos, darles la confianza de creer en sí mismos, que pueden hacer lo que quieren. En parte porque eso no me fue dado a mí, pero, por otro lado, también solo porque quiero ayudar a la gente.

119 *Bianca*

"We need to tell more real stories"

....

I think that a lot of people assume that if you're in college, then you're rich. When I was a kid, my nana always said that college was for white people because she always used to say that white people are rich; white people have money. I think that that a lot of people make the assumption that if you go to college you must be rich; you must have money. But no! I busted my ass, I worked three jobs to put myself through college while going to school full-time. It sucks, I'm not going to say it doesn't, and you want to quit every single day, but you do it and I think that that's the way that we can get more underrepresented people in school, or even just to achieve their dreams. Whether it's inside the academy or not, we need to tell more real stories of real people that have been through crap but still find a way to make it happen.

I can't think of any one time I ever heard of a story like mine, of somebody getting their doctorate. Even in my cohort I have several people that that come from maybe not so great backgrounds, but it's still not where I came from, still not what I experienced, and honestly, my story and from where I come from, it's very normal. Where you're not raised by mom and dad and there's nobody to take you to little league practice because, guess what, there is no little league, there are no trips to the library, there are no trips to the park, there are no vacations or any of that stuff. You're surrounded by gang culture, and you have very few options for even playing with friends, because my nana knew that the house on the corner was selling drugs or that that house over there was a gang family; you know what I mean. It was a lonely childhood and a lonely upbringing, but it's better than being in a gang right now, so I guess it worked out. But I don't hear a lot of that— telling people that yeah it happens and people go through this crap but you can still do something with it, and you can still rise above your circumstance. You just need to have somebody who's willing to do the work. Because I'm not especially smart. I was just smart comparatively to my peers in elementary school, so I got higher scores, which is why I think I was in the gifted program. I don't think that I was ever gifted— I think it's just that I was really studious and I had nothing else to do every day. I wouldn't go home and play with friends; I would go home and study, cook, clean, etc., and so I got As on all the tests. So you don't have to be super smart; I think you just have to do the work and be willing to make some sacrifices.

37

....

●●

Bianca   "Necesitamos contar más historias reales"

Creo que muchas personas asumen que, si estás en la universidad, entonces eres rico. Cuando era niña, mi nana siempre decía que la universidad era para la gente blanca, porque ella siempre solía decir que los blancos eran ricos, que las personas blancas tienen dinero. Creo que mucha gente asume que si vas a la universidad debes ser rico, debes tener dinero. ¡Pero no! Yo me rompí el trasero, trabajé tres trabajos para ingresar a la universidad mientras asistía a la escuela tiempo completo. Eso apesta, no voy a decir que no, y quieres renunciar todos los días, pero lo haces y creo que esa es la manera en que podemos obtener más personas poco representadas en la escuela, o incluso solo para lograr sus sueños. Bien sea dentro de la academia o no, necesitamos contar más historias reales de personas reales que la han pasado mal pero aun así encuentran una manera de hacer que las cosas pasen.

No puedo pensar en ninguna ocasión en la que haya escuchado una historia como la mía, de alguien obteniendo su doctorado. Incluso en mi grupo tengo varias personas que provienen de orígenes tal vez no tan buenos, pero ni siquiera estos son como donde yo vengo, no son lo que yo experimenté, y honestamente, mi historia es muy normal donde yo vengo. Donde no eres educado por tu mamá y tu papá y no hay nadie que te lleve a la práctica de las Pequeñas Ligas, porque adivina qué, no hay pequeñas ligas, no hay paseos a la biblioteca, no hay paseos al parque, no hay vacaciones ni nada de eso. Estás rodeado de la cultura de las pandillas, y tienes muy pocas opciones incluso jugar con amigos, porque mi nana sabía que la casa de la esquina estaba vendiendo drogas o que esa casa de allí era de una familia de pandillas, tu sabes a qué me refiero. Fue una infancia solitaria y una crianza solitaria, pero es mejor que estar en una pandilla en este momento, así que supongo que funcionó. Pero no escucho mucho de eso, diciéndole a la gente que sí sucede y la gente pasa por esta porquería, pero aún puedes hacer algo con ello, y aún puedes superar tus circunstancias. Solo necesitas tener a alguien que esté dispuesto a hacer el trabajo. Porque no soy especialmente inteligente, solo fui inteligente en comparación con mis compañeros en la Primaria, así que obtuve puntajes más altos, por lo que yo creo que yo estaba en el programa para dotados. No pienso que yo fuera muy talentosa, creo que solo era realmente estudiosa y que no tenía nada más que hacer todos los días. No me iba a casa a jugar con amigos, me iba a casa a estudiar, cocinar, limpiar, etc., así fue que obtuve Aes en todos los exámenes. Entonces no tienes que ser súper inteligente, creo que solo tienes que hacer el trabajo y estar dispuesto a hacer algunos sacrificios.

120 *Guillermo*

"I'm successful just because I'm here in college"

••

I like getting involved in multiple things; that's success. But I don't like to think about success so much because I feel it is the only thing that people here care about. But I think of myself as successful just because I am here. I graduated from high school and went off college, and I'm very happy about that. If you don't have a college degree, you're just not seen as worthy, which sucks, because my mother is just as worthy as I am, but she unfortunately doesn't have the ability to get that degree because it's so expensive and she's older. And I do recognize that I'm having the privilege to be at UW. Because I deserve to be here as other people are here because the tax dollars that are used to run this institution, they're paid by my community, too. The college degree doesn't ensure success, but it does give you the ability to enter spaces that were otherwise denied for you. So I think that that's why it's so important to be here– I'm representing all the people in my family because nobody, none of us, have been able to make it to college. We look at our families and, damn, there's a reason, there's a reason why we're not able to save money. Because we don't own property, every paycheck that we get goes to rent. We are behind at least two generations. By the time I turn fifty, I may be able to hopefully own land or own a house, which will then set the future generations for me. I wouldn't have learned this if I hadn't come to the university.

108

••

Guillermo   "Soy exitoso porque estoy aquí en la universidad"

Me gusta involucrarme en muchas cosas, eso es el éxito. Pero no me gusta pensar tanto pensar en el éxito porque siento que es lo único que le importa a la gente de aquí. Pero me considero exitoso solo porque estoy aquí, yo me gradué de la secundaria y salí de la universidad, y estoy muy feliz por eso. Si tú no tienes un título universitario, simplemente no eres visto como digno, lo que apesta, porque mi madre es tan digna como yo, pero desafortunadamente ella no tiene la capacidad de obtener un título, porque muy costoso, y ella es mayor. Y yo si reconozco que estoy teniendo el privilegio de estar en la Universidad de Washington, porque merezco estar aquí, así como otras personas están aquí, porque los impuestos que se utilizan para administrar esta institución también son pagados mi comunidad. El título universitario no garantiza el éxito, pero si te da la posibilidad de ingresar a espacios que de otro modo te serían negados, así que es por eso que yo creo que es tan importante el estar aquí, yo estoy representando a todas las personas de mi familia, porque nadie, ninguno de nosotros ha podido llegar a la universidad. Nosotros miramos a nuestras familias y, maldición, hay una razón, hay una razón por la cual no podemos ahorrar dinero, porque no tenemos propiedades, cada cheque que recibimos va a la renta, estamos atrasados al menos dos generaciones. Para cuando yo cumpla los cincuenta años, es posible que tenga la suerte de poseer tierra o ser dueño de una casa, lo que luego establecerá mis futuras generaciones. Yo no hubiera aprendido esto si no hubiera venido a la universidad.

121 Diana

"Saber que mi familia está bien"

Siento que hasta que no tenga mi título en la mano no voy a decir: ¡sí se pudo! Siento que podría asistir a todas las ceremonias de graduación, pero hasta que no tenga el papel para enseñárselo a mis papás, mira aquí esta, no voy a poder decir: ¡sí se pudo!

Exitosa, no sé, siento que tiene muchas maneras de definirse eso. Para mí sería como poder saber que mi familia está bien, el éxito para mí sería que mí familia no tuviera necesidad económica, o la necesidad de tener que estar escondiéndose por cosas migratorias. Entonces siento que el éxito va a ser, no necesariamente que yo sea exitosa, porque mi familia son los que la que pelearon para traerme y estar conmigo y ayudary apoyarme a lo que estoy haciendo, entonces mientras ellos estén bien creo que ya va a ser el éxito. Ya no tengo que decir que sea de mi parte, y que yo estoy ganándome un dinero o que estoy trabajando, sino que mientras ellos estén bien, eso sería el éxito; es diferente.

124

••

Diana   *"Knowing my family is okay"*

I feel that until I have my title in hand I won't be able to say, "Yes I could!" I feel like I could attend all the graduation ceremonies, but until I have the paper to show my parents, "Look, here it is," I will not be able to say, "Yes, I could!"

Successful, I don't know; I feel that there are many ways to define that. For me it would be, like, being able to know that my family is, well, success for me would be that my family had no economic need, or the need to have to be hiding because of immigration issues. Then I feel that success will be, not necessarily me being successful, because my family are the ones that fought to bring me here, and help me and support what I am doing, so if they are okay, I think that it is going to be success. I don't have to say it's about me and that I'm earning money or that I'm working, but as long as they're well, that would be success; that is the difference.

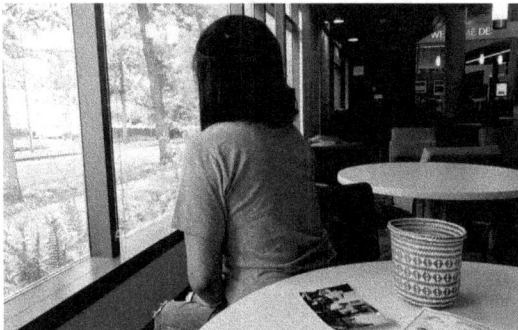

122 Ricardo

"No sé el futuro para dónde va ni qué trae"

Hace poco fue mi cumpleaños y le dije a mi esposa que me tomara esta foto, que salió una foto victoriosa, energética, de mucha fuerza interior, de mucha energía. Es energía en el presente, en el salto sostenido en el presente, porque no sé el futuro para dónde va ni qué es lo que trae. Pero sé que aquí donde estoy, hoy tengo raíces, porque tengo familia, y tengo una relación con Mary, y estoy en un momento que nunca me hubiera imaginado en ninguno de mis capítulos anteriores de la vida, nunca me hubiera imaginado estar aquí donde estoy. Y sin embargo aquí es donde estoy y soy feliz.

El éxito en abstracto, yo creo que significa alcanzar lo que uno se propone. Pero para mí, personalmente y no en abstracto, el éxito es estar en una situación donde puedo encontrar realización personal, donde puedo encontrar un sentido profundo de la vida, un significado a la vida, un sentido de comunidad, de no estar solo, y de hacer algo por ayudar a que la vida de otros pueda ser mejor. El hacer algo por que la vida de otras personas en el planeta pueda ser mejor, que podamos dejar este planeta en mejores condiciones que lo que encontramos. Yo creo que el éxito es de realización personal, y esto tiene que ver con vida en comunidad y aporte para el mejoramiento de la vida del plantea y de los otros. Y en ese sentido creo que he sido exitoso. Si el éxito fuera alcanzar lo que uno se propone, pues no he sido exitoso, porque sistemáticamente he fallado en alcanzar lo que me he propuesto, pero he alcanzado otras cosas que han sido mucho más interesantes y mucho más valiosas. La vida me ha llevado por sus propios vericuetos y sus propios atajos, no por donde yo pensaba que iba a ir.

11

Ricardo   *"I don't know where the future is headed or what it will bring"*

•••

Not too long ago it was my birthday and I asked my wife Mary to take this picture of me. The result was a victorious, energetic photo with a lot of inner strength, a lot of energy. It is energy in the present, in the sustained leap in the present, because I don't know where the future is headed or what it will bring. But I know that here, where I am today, I have roots, because I have family, and I have a relationship with Mary, and I am in a moment that I would have never imagined in any of the previous chapters of my life. I would have never imagined being here where I am, and yet, this is where I am and I am happy.

I think abstract success means achieving what you set out to do. But for me, personally, and not in the abstract, success is being in a situation where I can find personal fulfillment; where I can find a deep meaning in life, a sense of community, of not being alone, and to do something to help improve the lives of others. Doing something so that the lives of other people on the planet can be better, that we can leave this planet in a better condition than how we found it. I believe that success is one of personal fulfillment, and this has to do with life in community and contribution for the improvement of live on the planet and of others. And in that sense, I think I've been successful. If success meant achieving the goals you set out to do, then I have not been successful, because systematically I have failed to achieve what I have set out to do, but I have achieved other things that have been much more interesting and much more valuable. Life has taken me through its own paths and its own shortcuts, not through the paths I thought I was going to take.

123 *Ana Mari*

"I do feel the weight of it"

I spent a year as acting president of the university, and sometimes I like to joke: I'm still acting like a president. On the one hand it doesn't feel unnatural. I've been here for a very long time; I know the place. I'm someone who always felt a lot of responsibility. I think this is a job that has a lot of responsibility. When you are a professor you have a lot of responsibility, but I think in this job the weight can be very heavy at times. You make the best decisions you can. When you make the decisions, they don't always turn out the right way, but at the end of the day you're responsible. It's not like I go around worrying, carrying the weight of the world in my shoulders every morning, but there are times when it really hits in a very big way. As a faculty member, nobody wakes up in the morning saying: How can I add value to the university? As faculty members we want to do the best research we can, and this happens to be the place that's your vehicle for doing that. And it's not like you don't care about the university, but that doesn't come first, so there, it's not the same. This is a difficult time in our country at universities, and not just because of the politics, but also financially, and at the end of the day, I have to make decisions that you wish were different. And I do feel the weight of it.

There are times when you feel a little strange. I go to parties and there is me, and there's the president, and at times there is an overlap, but there are times when they are fairly separate. Sometimes I know that I'm someplace because I'm the president. It doesn't mean that I don't like the people and they don't like me, but I'm saying I know why I'm there, and I think it's a guard against taking it too seriously.

I feel good about what I have accomplished and I'm accomplishing in my life, but I don't think for me the success is the position; it's about the work. There are obviously different aspects of success. On a personal level it's having good relationships, being able to engage with people, being close to family. My partner and I have been together for 28 years. People ask me all the time what's your legacy going to be, and for me it's my students. I'm teaching a freshman seminar on leadership and I don't think of leadership as necessarily with a capital L, like what I'm doing now. I think you practice leadership, but the interesting part of my transition is that I used to lead from the margins and now I'm leading from the center, and sometimes actually I have to remind myself of that. I think that a life well lived has to do with whether you were able to create meaning for yourself. Do you feel that you've made a contribution? Do you feel that you've made whatever you were part of better than it was before you got there?

I think that at the university in particular, you take that seriously because we're all about the future, and that is sometimes where the most difficult position is. The most difficult decisions are not about what's the best in the short-term, but rather, where I am leaving this institution. And I do feel that right now. All our institutions are a part of a democracy that I care for deeply, and they are under attack, including the universities. Especially this last year, I hear from professors and students that this is important. They ask: What should I be doing? And I feel that the work we do here, teaching the next generation, helping them to find their own voice, certainly not giving them one but helping them find their own voice, giving them the tools to do critical analysis, the tools to understand methods, so that you can get at truth, I can't think of anything more important.

Ana Mari — "Yo si siento el peso de todo esto"

Pasé un año como Presidente Interino de la universidad, y algunas veces me gusta bromear: todavía estoy actuando como presidente. Por un lado, no lo siento antinatural. He estado aquí por mucho tiempo, conozco el lugar, soy alguien que siempre sintió mucha responsabilidad. Creo que este es un trabajo que tiene mucha responsabilidad. Cuando eres profesor tienes mucha responsabilidad, pero creo que en este trabajo el peso puede ser muy pesado a veces. Tomas las mejores decisiones que puedes. Cuando tomas las decisiones, éstas no siempre resultan bien, pero al final del día eres el responsable. No es como si me la pasara preocupado, cargando el peso del mundo en mis hombros cada mañana, pero a veces éste te impacta de gran manera. Como miembro de la facultad, nadie se despierta por la mañana diciendo: ¿cómo puedo agregar valor a la Universidad? Como miembros de la facultad queremos hacer la mejor investigación que podamos, y este resulta que es el lugar que nos permite hacer eso. Y no es que no te importe la Universidad, pero eso no es lo primero, así que no es lo mismo. Este es un momento difícil en nuestro país en las universidades, y no solo por la política, sino también financieramente, y al final del día tengo que tomar decisiones que desearías que fueran diferentes. Y yo si siento el peso de ello.

Hay momentos en los que te sientes un poco extraño. Voy a fiestas y ahí estoy yo, y está el presidente, y en ocasiones hay una superposición, pero hay momentos en los que ambas están bastante separadas. A veces sé que estoy en algún lugar porque soy la presidente. Esto no significa que no me gustan las personas y que yo no les gusto a ellos, pero estoy diciendo que sé por qué estoy allí, y creo que es un defensa contra tomarlo muy en serio.

Me siento bien con lo que he logrado y lo que estoy logrando en mi vida, pero no creo que para mí el éxito sea la posición, se trata del trabajo. Obviamente, hay diferentes aspectos del éxito. A nivel personal es tener buenas relaciones, ser capaz de relacionarse con las personas, estar cerca de la familia. Mi pareja y yo hemos estado juntos como durante 28 años. La gente me pregunta todo el tiempo ¿cuál va a ser tu legado?, y para mí son mis alumnos. Estoy enseñando un seminario de primer año sobre liderazgo y no pienso en el liderazgo necesariamente con L mayúscula, como lo que estoy haciendo ahora. Creo que tu practicas el liderazgo, pero la parte más interesante de mi transición es que yo solía liderar desde las márgenes y ahora estoy liderando desde el centro, y algunas veces realmente tengo que recordarme eso a mí misma. Creo que una vida bien vivida tiene que ver con si fuiste capaz de crear un significado para ti mismo. ¿Sientes que has hecho una contribución? ¿Sientes que has hecho algo de lo que formas parte mejor de lo que era antes de llegar allí?

Creo que en la Universidad en particular tú lo tomas en serio, porque a todos nos interesa el futuro, y a veces ahí es donde está la posición más difícil. Las decisiones más difíciles no son sobre qué es lo mejor a corto plazo, sino dónde estoy dejando esta institución. Y si siento eso en este momento. Todas nuestras instituciones son parte de una democracia que me importa profundamente, y están siendo atacadas, incluyendo a las universidades. Especialmente este último año, escuché de profesores y estudiantes que esto es importante, ellos se preguntan: ¿qué debería estar haciendo? Y siento que el trabajo que hacemos aquí, enseñando a la próxima generación, ayudándoles a encontrar su propia voz, ciertamente no dándoles una, sino ayudándoles a encontrar su propia voz, dándoles las herramientas para realizar análisis críticos, las herramientas para entender los métodos, para que puedas llegar a la verdad, no puedo pensar en nada más importante.

51

124 *Antonio*

"Success comes in different sizes, especially when you have a disability"

....

I definitely believe that successes come in all different sizes. Like, being alive every day is a success when you grow up in a world that continues to marginalize you and marginalize your identity, and the fact that you make it every day, that's a success. For me, getting into college was a success because it wasn't expected that I was going to because I was born with a disability. I was born with cerebral palsy, which is a neurological condition that affects how my brain works in a way that in turn affects my movements, so that's why I have difficulty walking and using my arms to do certain things.

You know, I am LatinX, but there are also different identities that I hold and having a disability is one of them. It was just harder for me to do pretty much everything, especially academics, and I had to work extremely hard and overcome a lot of physical obstacles and the psychological weight of having a disability. There are physical challenges involved doing academic work, like studying, writing; those things take more energy from me because of my disability. But I also definitely felt that I struggled to really find a community of people outside of my family. My family was very supportive, but I didn't really find a community of people who supported me and supported the struggles I was having because of my disability. Every challenge I had to face as a result was a reminder that I wasn't supposed to do it. I wasn't supposed to be successful, and so I had to overcome that in my mind. Just being able to do schoolwork and graduate from high school, that's an amazing accomplishment in itself, but for me, getting into college was on my mind for my entire life, and when I was able to achieve that, it really meant a lot to me.

114

Antonio	"El éxito viene de distintos tamaños, especialmente cuando tienes una discapacidad."

Definitivamente creo que los éxitos vienen en diferentes tamaños, como, estar vivo todos los días es un éxito, cuando creces en un mundo que continúa marginándote y marginando tu identidad, y el hecho de que lo logras todos los días, eso es un éxito. Para mí, llegar a la universidad fue un éxito porque no se esperaba que fuera a lograrlo porque nací con una discapacidad. Nací con parálisis cerebral, que es una condición neurológica que afecta el funcionamiento de mi cerebro, de una manera que a su vez afecta mis movimientos, por eso es tengo dificultad para caminar y usar mis brazos para hacer ciertas cosas.

Ya sabes, soy LatinX, pero también hay identidades diferentes que mantengo y tener una discapacidad es una de ellas. Simplemente fue más difícil para mí hacer prácticamente todo, especialmente lo académico, y tuve que trabajar muy duro y superar muchos obstáculos físicos y el peso psicológico de tener una discapacidad. Existen desafíos físicos relacionados con el trabajo académico, como estudiar, escribir; esas cosas me quitan más energía debido a mi discapacidad. Pero definitivamente también sentí que me costaba realmente encontrar una comunidad de personas fuera de mi familia. Mi familia fue de gran apoyo, pero realmente no encontré una comunidad de personas que me apoyaran y apoyaran las luchas que estaba teniendo a causa de mi discapacidad. Cada desafío que tuve que enfrentar como resultado fue un recordatorio de que se suponía que yo no debía hacerlo, se suponía que no debía ser exitoso, así que tuve que superar eso en mi mente. Solo poder hacer las tareas escolares y graduarme de la secundaria, eso es un logro asombroso en sí, pero para mí llegar en la universidad estuvo en mi mente toda mi vida, y cuando lo pude lograr, realmente significó muchísimo para mí.

125 *Linda*

"Success is my happy family playing with a ball in the park"

....

For me the meaning of success starts at home with your family, with a happy family. We live in a highly competitive world, and it is very easy to think about success from that perspective— what kind of job you have, how much money you make, whether your children go to an ivy league school, but you can have all of that and still feel that you have nothing in life. But when I look at my kids and my husband, success becomes much more simple and mundane. The other day we went out to the park near our house and we were just throwing balls! We didn't have anything else except this rubber ball and the four of us. We stood in each corner and we were just pitching at each other, and then catching, and that was so perfect— the four of us playing ball in the park, just enjoying the moment with each other. That's success for me, knowing that my husband and I were able to create a family that support each other, watching my kids grow up feeling that they're being supported, seeing them happy and being loved by their parents.

R: Did anybody take a picture that day at the park?

No, they didn't. I don't know, I may have to look. I wish I had a better memory, but I actually don't have a good memory. I will check.

R: I have a picture with my family playing ball in the park. Maybe we can use that one.

76

....

Linda   "El éxito es mi familia feliz jugando con una pelota en el parque"

· ·

Para mí, el significado del éxito comienza en casa con la familia, con una familia feliz. Vivimos en un mundo muy competitivo, es muy fácil pensar en el éxito desde esa perspectiva, qué tipo de trabajo tienes, cuánto dinero ganas, si tus hijos van a las mejores universidades. Pero puedes tener todo eso y aún sentir que no tienes nada en la vida. Pero cuando veo a mis hijos y a mi esposo, el éxito se convierte en algo más sencillo y más mundano. El otro día salimos al parque cerca de la casa, y estábamos ¡solo tirando pelotas! Eso es todo lo que teníamos, una pelota. No teníamos ningún equipo lujoso, solo teníamos esta pelota de goma, y los cuatro de nosotros, parados en cada esquina, lanzándonos la pelota de uno al otro. Era un momento perfecto, los cuatro jugando a la pelota en el parque, simplemente disfrutando el momento el uno con el otro. Eso es el éxito es para mí, saber que mi esposo y yo pudimos hacer una familia, que nos apoyamos mutuamente, ver a nuestros hijos crecer sabiendo que los apoyamos, verlos felices y amados por sus padres.

R: ¿Alguien tomó una foto ese día en el parque?

No, no lo hicimos. No sé, de pronto, tendría que mirar.

R: Tengo una foto con mi familia jugando a la pelota en el parque. Tal vez podamos usar esa.

Exhibición de Fotohistorias
Fotohistorias Exhibition
Allen Library Research Commons, UW.
May-Jun 2015.

Acerca de Fotohistorias

....

Fotohistorias es un método de investigación sencillo y poderoso basado en el uso de fotografías (o, en este caso, también objetos), tomadas o traídas por los participantes, las cuales son usadas como punto de partida para conversar sobre sus experiencias y vivencias personales [1]. Las fotos se cargan así de un sentido propio que va más allá de lo que muestran, llenándose de significados nuevos que dan cuenta de pensamientos, recuerdos, experiencias o emociones de las personas entrevistadas [2]. Las historias que las personas comparten suelen ser más profundas y genuinas que lo que habitualmente se lograría a través de entrevistas solamente, ya que las fotos y objetos permiten externalizar las sensaciones y darles una materialidad particular, elegida por los participantes, y ahondada por el entrevistador mediante preguntas de exploración y seguimiento.

Además de usar Fotohistorias en estas entrevistas con LatinX en UW, he estado usando variaciones de este método para explorar prácticas de información y sentidos de identidad y pertenencia con migrantes Latinos en Seattle, en la frontera entre EEUU y México, y en Colombia, por ejemplo, [3]–[10]. Más recientemente, he usado otras variaciones de Fotohistorias como parte de procesos de diagnóstico y evaluación participativa con pueblos indígenas Tseltales en Chiapas, México [11]–[13]. En todos estos casos me asombro de la aparente sencillez del método, y la sorprendente riqueza de sus resultados.

Pasos para usar Fotohistorias:

1. Definir el tema o temas de interés. Puedes hacer esto antes de comenzar (como en este libro), o juntamente con los participantes (como en el trabajo participativo en Chiapas).

2. Identificar fotos: Le pides a las participantes que identifiquen (o traigan) una foto, situación u objeto que represente o les recuerde del tema en cuestión.

3. Producir las fotos: Tomas fotos a los objetos o fotos que los participantes te traen, o vas con ellos a tomar las fotos de la situación u objeto que han identificado.

4. Conversar sobre las fotos: Usando las fotos u objetos como punto de referencia, inicias una conversación en que vas preguntando qué representan, qué evocan, qué hacen recordar, y vas profundizando en los temas que se abordan con preguntas adicionales o de seguimiento, con el fin de llegar más hondo.

About Fotohistorias

. . . .

Fotohistorias is a research method that combines the power of images and interviews. It uses photography (and also objects, in this case), taken or brought by the participants. The images and objects are used as a starting point to talk about the lived experiences and perceptions of the participants [1]. In this way, the photos are given new meanings that go beyond what they show, as the words fill them with the values, thoughts, memories, experiences and emotions of the participants [2]. The stories that the interviewees share tend to be deeper and more genuine tan what you would usually get using interviews alone since the photos and objects allow participants to externalize their feelings and experiences, giving them a unique materiality— one that is selected by the interviewee, and deepened by the interviewer through further exploratory and probing questions.

In addition to using Fotohistorias in these interviews with LatinX at UW, I have been using variations of this method to explore information behaviors and practices, notions of identity, and sense of belonging among LatinX migrants in Seattle, at the US-Mexico border, and in Colombia (for example, [3]–[10]). More recently, I have used other variations of Fotohistorias as part of participatory assessment and evaluation with Tseltal indigenous people in Chiapas, Mexico [11]–[13]. In all these experiences, I have been amazed by the apparent simplicity of the Fotohistorias method and by the surprising richness of its results.

Steps to use Fotohistorias:

> **1. Define the theme or themes of interest:** *You can do this before starting (as in this book) or jointly with participants (as in the participatory work in Chiapas).*

> **2. Identify the photos:** *You ask the participants to identify (or bring with them to the interview) a picture, object or situation that represents or reminds them of the chosen theme(s).*

> **3. Produce the photos:** *You take pictures of the photos or objects brought by the participants, or you go with them to take the pictures of the situation or object they identified.*

> **4. Talk about the photos:** *Using the photos or objects as a starting point. You hold a conversational interview in which you ask about what they represent, what they remind the participant of, what they evoke. You go deeper into the themes that you discuss with additional open-ended and probing questions.*

Acerca de Fotohistorias

....

5. Transcribir y analizar los resultados: Para terminar, transcribes las entrevistas y analizas los datos para encontrar patrones, similitudes, diferencias, etc. Yo uso un programa informático de análisis cualitativo para ayudar en la codificación y análisis. Luego preparas los resultados para distribución. En general, yo edito los fragmentos de entrevista seleccionados para hacerlos más cortos, claros y concisos.

Con estos pasos sencillos encuentro que las experiencias y los significados propios afloran en las palabras de cada participante de manera única, complementadas y enriquecidas por lo que muestran las imágenes, a la vez que las imágenes se enriquecen y toman un sentido nuevo complementadas por los testimonios.

En esta colección, he optado por dejar que las palabras y las imágenes se sostengan solas, sin necesidad de añadir más análisis, contexto o explicación que lo que ofrezco en las cortas introducciones a cada capítulo.

About Fotohistorias

....

5. Transcribe and analyze: *You then transcribe the interviews and analyze the data to establish patterns, commonalities, differences, etc. I use a qualitative analysis software to help with the coding and analysis. Finally, you prepare the results for distribution. I generally edit the selected interview fragments to make them short, clear and concise.*

With these steps I find that the images help elicit experiences and meanings in the words of the participants in a deep and unique way, complemented and enriched by the images. At the same time, the images are enriched and amplified with new meanings by the words of the participants.

In the collection in this book, I chose to let the words and images speak for themselves, without adding any more analysis, context or explanation than what I offer in the short introductions to each chapter.

Otros ejemplos con Fotohistorias
Other examples with Fotohistorias

....

[1]   K. Yefimova, M. Neils, B. C. Newell, and R. Gomez, "Fotohistorias: Participatory Photography as a Methodology to Elicit the Life Experiences of Migrants," in *Proceedings of HICSS 48*, Hawaii, 2015.

[2]   L. Gomez, R. Gomez, and S. Vannini, "The power of Participatory Photography in ICTD programs: freedom to explore beyond images," in *Proceedings of HICSS 50*, Hawaii, 2017.

[3]   R. Gómez, "Raíces y ramas al viento: experiencias colombianas de migración y prácticas de información," *Revista CS*, no. 22, pp. 33–53, 2017.

[4]   R. Gomez, "Ni aquí ni allá: Nociones de hogar y sentido de pertenencia en el contexto de la migración," *Anuario Electrónico Estudios en Comunicación Social "Disertaciones"*, vol. 11, no. 1, pp. 169–194, 2017.

[5]   R. Gomez and S. Vannini, "Notions of home and sense of belonging in the context of migration in a journey through participatory photography," *Electronic Journal of Information Systems in Developing Countries EJISDC*, vol. 78, no. 1, pp. 1–46, 2017.

[6]   V. E. Guajardo, R. Gomez, and S. Vannini, "Information and learning: trust, place, and migration," *IConference 2016 Proc.*, 2016.

[7]   B. C. Newell, R. Gomez, and V. E. Guajardo, "Information seeking, technology use, and vulnerability among migrants at the United States–Mexico border," *Information Society.*, vol. 32, no. 3, pp. 176–191, 2016.

[8]   R. Gómez, "Vulnerabilidad y prácticas de información: experiencias de migrantes latinos (indocumentados) en EE. UU.," *Revista CS*, no. 20, pp. 93–121, 2016.

[9]   S. Vannini, R. Gomez, and V. Guajardo, "Security and Activism: Using participatory photography to elicit perceptions of Information and Authority among Hispanic migrants in the US," Proceedings of *iConference 2016 Proc.*, 2016.

[10] R. Gomez and S. Vannini, *Fotohistorias: Participatory Photography and the Experience of Migration.* Charleston, SC: CreateSpace, 2015.

[11] R. Gomez, C. Zubair, J. Berwick, and M. Morales, *Living Fully - Vivir Plenamente - Lekil Cuxlejalil: Lekil Cuxlejalil among Tseltal Mayan Communities in Chiapas - Lekil Cuxlejalil en las comunidades Tseltal Maya en Chiapas.* One Equal Heart Foundation, 2017.

[12] R. Gomez, M. M. Tafurt, J. Berwick, and Y. Iribe, *Women's Words - Voz de Mujer: Women's contribution to living fully among Tseltal Mayan communities in Chiapas - Las mujeres y el buen vivir en las Comunidades Tseltal Maya en Chiapas.* One Equal Heart, 2017.

[13] M. Beltrán et al., *Radio Ach' Lequilc'op: Voice of Tseltal Maya Communities in Chiapas: Voz de las Comunidades Tseltales Maya en Chiapas - Sc'op bats'il swinquilel lum ... Chiapas.* One Equal Heart Foundation, 2018.

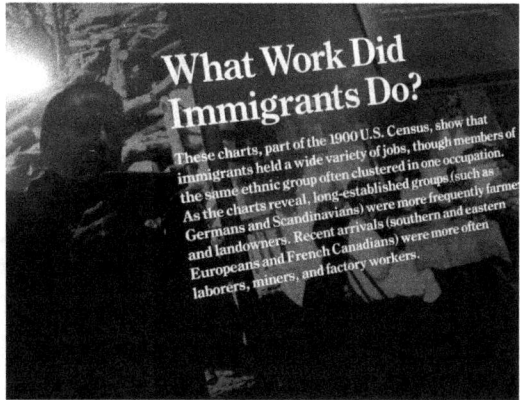

¿Qué trabajo hacían los inmigrantes?
What Work Did Immigrants Do?

Yo soy yo, yo soy tú, tú eres yo, nosotros somos nosotros.
I am me, I am you, You are me, We are us.

Autoretratos en Ellis Island - Museo Nacional de la Inmigración
Selfies at Ellis Island - National Museum of Immigration
R. Gomez, 2018

Cierre

· ·

Termino de escribir este libro y continúa sin resolverse legalmente la suerte de los DREAMers, muchachos y muchachas indocumentadas que fueron traídas a EE.UU. como menores de edad. Hay alrededor de 400 estudiantes indocumentados en UW, y algunos aparecen en esta colección. De todos los obstáculos en la experiencia LatinX en UW, la incertidumbre es tal vez el más difícil de sobrellevar.

Sin embargo, entre todos podemos ayudar y salir adelante, aportar a la sociedad y construir un futuro mejor. Espero que este libro sirva de estímulo a muchos otros LatinX que dudan de su capacidad de éxito y resiliencia. Les invito a explorar oportunidades educativas y académicas, aunque a veces parezca que son imposibles, y les recuerdo que hay toda una comunidad de apoyo que está dispuesta a ayudar.

Todos los fondos recaudados por la venta de este libro se usan en becas para estudiantes LatinX en la Universidad de Washington.

Este libro está disponible en Amazon.com

Closing

··

As I finish writing this book, the legal situation of the DREAMers, brought as minors without documents to the US, continues unresolved. There are around 400 undocumented UW students; some of them appear in this collection. Of all the obstacles faced by LatinX at UW, uncertainty is probably the most difficult to overcome.

Nonetheless, we can all help each other, contribute to society, and build a better future for all. I hope this book will be an inspiration for many other LatinX who doubt their resilience and capacity for success. I invite you to explore educational and academic opportunities, even if they sometimes feel impossible to reach. I remind you there is a whole village out there willing to offer support and help.

All proceeds from the sale of this book go to scholarships for LatinX students at the University of Washington

This book is also available on Amazon.com

Índice - *Index*

por número de historia - *by story number*

www.ingramcontent.com/pod-product-compliance
Lightning Source LLC
Chambersburg PA
CBHW072121270326
41931CB00010B/1629